# コーネル・ウェストが語る
# ブラック・アメリカ
## 現代を照らし出す6つの魂

コーネル・ウェスト
クリスタ・ブッシェンドルフ 編
秋元由紀 訳

白水社

CORNEL WEST
BLACK PROPHETIC FIRE

# コーネル・ウェストが語る　ブラック・アメリカ

現代を照らし出す６つの魂

いつも預言者らしく魂に火をつけ
ブラックの人びとを導いた非凡なふたり
デイヴィッド・ウォーカーとハリエット・タブマンに

BLACK PROPHETIC FIRE
by Cornel West
in dialogue with and edited by Christa Buschendorf



Japanese translation rights arranged with Beacon Press, Boston
through Tuttle-Mori Agency, Inc., Tokyo

心性の気高きは、死すべき身として
その目をあえて
人類なべての運命に向け、率直に、
真実をなんら曲げずに、
運命がわれらにあてがう不幸を、
みすぼらしくも、心もとない
その身の上を告白する者、
苦悩にあってはおのれを
雄々しく、強く持し、（…）[*1]

――ジャコモ・レオパルディ

変革の風が吹いている
革命家たちがいるからそして人びと――
この地に呪われたる者たちが
自由になる

――エリカ・ハギンズ

コーネル・ウェストが語る　ブラック・アメリカ　目次

## 訳者による注記

### 「ブラック」

本書で著者は、アメリカの黒人の呼称として今日広く使われている「アフリカ系アメリカ人（African-American）」ではなく「ブラック（原書ではBが大文字のBlack）」を用いている。著者はその理由を次のように説明する。「『ブラック』あるいは『ニグロ』を使うのは、わたしにとって、アメリカという国民国家に恐怖によって支配され、傷つけられ、悪者扱いされてきた貴い民が持つ歴史上の特殊性を忘れずにいることを意味する。その特殊性が込められていない『アフリカ系アメリカ人』というフレーズは受け入れたことがない」（二〇一四年十一月十三日、ニュージャージー州プリンストンで行なわれたジェームズ・コーンとの対談での発言）。したがって、日本語版でも原書のBlackを「ブラック」と訳出することを原則とした。

### 「預言者的」「預言的」

原書に頻出するpropheticは、著者の思想を語るうえで欠かせない概念である。本書では、すでに刊行されている著者の邦訳本に倣い「預言者的」あるいは「預言的」の訳語を当てた。著者によれば、預言者的な人物とは真実を語り、嘘を暴き、証言する人のことである。本書に登場する六人の賢人も、ブラックの人びとや正義への愛を原動力とし、ときの権力の都合に屈したり人気や金に左右されたりせず、著者の考える預言者らしく、物事の本質を見抜き、悪を悪と認め、それについて恐れずに発言した。

# 凡例

- 原著者による注は、章ごとに（1）（2）と番号を振り、「原注」として巻末にまとめた。
- 訳者による注は、該当箇所に＊1、＊2と番号を振り、「訳注」として巻末にまとめた。
- 引用部分における引用者の補足は［　］で記した。
- 原注における訳者の補足または原注にある文献の邦訳書の書誌情報は〔　〕で記した。
- 本文中の書名については、邦訳のあるものは邦題のみを、ないものは逐語訳に原題を初出時のみ併記した。

# はじめに
# ――いまこそ預言者的精神を語り継ごう

ブラックの人びとを救い、高めてきた魂の炎がいま、消えかかっているのではないか。アメリカで何百年も大切に受け継がれてきた魂が、わたしたちの目の前で衰えているのではないか。ブラックの人びとを導いた賢人や社会運動がわたしたちの心の深いところに響くことはもうないのだろうか。正義を求めて燃えるのがどんなに尊いことかをわたしたちは忘れてしまったのか。本書には、そんなことを考えながら行なった対話が収められている。

マーティン・ルーサー・キング・ジュニアが暗殺されてから、ブラック・アメリカでは明らかに何かが死んでしまった。暗殺後に起きた大規模な反乱に触発され、ブラック全体の自由獲得をめざして懸命な努力がなされたが、そんな奮闘はそれが最後となった。そうした勇敢な行動に対して当局は弾圧を強め、巧みな取り込み戦略をとった。人びとの意識も根底から変わり、「わたしたち」ではなく「わたし」が大事にされるようになった。ブラック全体の敗北感が強まっただけでなく、アメリカ文化でもてはやされる個人主義神話にブラックの人びとも心を奪われてしまったのである。かつてブラックの人びとは、コミュニティに奉仕し、他者を向上させ、他者に力を与えるのに喜びを見出すことに価値を置いていた。しかし今日、ブラックの人びとの大半は富や健康や地位を追求する個人主義的な営為にいそしむようになってしまった。かつてブラックの人びとのあいだでは、預言者らしくあらゆる声に耳を傾ける伝統が脈々と受け継がれていた。今日、ブラックの人びとの大半は金を追いかけるというつまらないまねをしている。アメリカ社会は大企業に支配され、アメリカ文化とは金に執着する生活様式で、世界中の資本主義的な社会や文化も同じである。ブラックの預言者的な精神は──ほかの集団に受け継がれる同様の精神とともに──現代のそんな流れに逆らう力強い勢力である。誠実さと強欲とは相容れない。品位を保ちながら言い逃れをすることはできない。正義に値段をつけることもできない。本書を出す動機の根底には、現代に、とくに若い世代のあいだでブラックの預言者的精神をよみがえらせたいという思いがある。この精神にふたたび火をつけ、ブラックの賢人たちとかれらが率いた運動の記憶を絶やさずにおきたい。ブラックの預言者的精神は近代世界でもっとも貴重な財産の一つだと思う。それはアメリカの民主主義という一斤のパンを作るパン種である。この精神がなくなれば、アメリカのもっともすぐれた部分があらかた失われ、近代世界のもっともすぐれた部分も一部が忘れられてしまうだろう。

この本で取り上げる六人の偉人は全員、人びとの苦しみを証言するために勇敢に声を上げた。ブラックの預言者的精神を受け継いだ六人は、不正義を克服し世界をすべての人にとってよりよい場にするためのより広い取り組みに連なっている。六人は個人として際立っていながら「わたしたち」意識によって動かされ、他者が必要としていることを気にかける。さらに重要なのは、六人はくだらない快楽を追い求めるのではなく、たいへんな重荷を担うのを辞さないことだ。かれらの人としてのあり方や行動の奥には途方もない犠牲とつらい孤独感がある。しかしわたしたちはまさに六人のあり方や行動に多大な恩を受けているのである。

残念なことに、六人は一般に「自力で立身出世した人」、あるいは「カリスマを備えた一指導者」といった文化的偶像の型にはめられて記憶されている。六人のうち男性である四人はとくにそうだ。四人が組織の指導者や代表者としての役割を果たさなかったと言いたいのではない。ただ、社会運動と関係のないカリスマ的指導者などというものは存在し得ないことは指摘しておきたい。指導者と運動は不可分である。奴隷制廃止運動がなければフレデリック・ダグラスもあり得なかった。パン・アフリカ主義や国際労働運動やブラック解放運動がなければW・E・B・デュボイスもあり得なかった。反帝国主義や労働運動や公民権運動がなければマーティン・ルーサー・キング・ジュニアもあり得なかった。アメリカ版アパルトヘイトに反対する運動やプエルトリコ独立運動がなければエラ・ベイカーもあり得なかった。ブラック・ナショナリスト運動や人権擁護運動がなければマルコムXもあり得なかった。そしてリンチというアメリカ版テロリズムに反対する運動やブラックの女性運動がなければアイダ・B・ウェルズもあり得なかった。

社会運動で人が担う役割にはジェンダーに基づく差があり、それによってその人が歴史書や大衆文化でどう扱われるかが変わってくる。男性はよく目立つ立場にいるために一目置かれ、カリスマがあるために運動の代表者に選ばれることが多い。他方で、カリスマを持つ女性指導者も多いのに、彼女たちは女性であるために代表者に選ばれにくく、運動の組織化を粘り強く続けるだけになりがちである。その結果、女性が演説をしたり運動の政治思想の形成に貢献したりしても、その発言はしかるべき評価を受けない。本書のねらいの一つには、アイダ・B・ウェルズの勇気ある発言や行動を紹介し、彼女の預言者的精神を感じ取ってもらうこと、またエラ・ベイカーが真に民主的な感性を持ち、社会を根底から変えるのに運動がどれほど重大な役割を果たすかを六人のなかでもっともよく理解していたことを明らかにすることがある。

オバマが大統領であるいま、本書の重要性は増している。ホワイトハウスにブラックの大統領がいるために、ブラックの預言者的精神がかえって理解しにくくなるからである。アメリカ社会でどれほど高い地位に就いたかというような白人の評価基準をブラック解放運動の尺度にするなら、現在はまさにブラックの歴史上究極の成功の瞬間である。しかしブラックの人びと、とくにブラックの貧困層や労働者階級の苦しみの度合いをブラック解放運動の尺度とすれば、現在はブラックの歴史上で最悪の瞬間である。それも、悲しいことにこの状況は以前から変わらないのである。ブラックの中流階級は財産の六〇パーセント近くを失い、賃金は上がらず物価だけが上がるのでブラックの労働者階級も痛手を被っている。ブラックの貧困層も大量失業、老朽化した学校、劣悪な住環境、ニュー・ジムクロウ下での大量収監[*2]などに痛めつけられている。ブラックの預言者的精神のレンズを通すとオバマの時代は惨憺たるものに映るのである。そんな見方をするのはブラックである大統領個人に対する攻撃ではない。むしろ、この状況に連帯責任を負うブラックの大統領が率いる体制全体に対する非難である。

ブラックの預言者的精神のレンズを通して見ると、米国内外で社会運動がいかに重要な役割を果たしてきたかがよくわかる。ウォール街占拠《オキュパイ》運動は三〇年来の階級間戦争に対するグローバルな反応だった。上から降ってきたこの階級間戦争で中流階級は労働者階級と貧困層に押し下げられ、労働者階級と貧困層の困窮もさらにひどくなった。二〇〇八年の金融危機は、ウォール街の金融寡頭体制が欲にとらわれやりたい放題だったことと、ウォール街に支配された米国政府がその体制を救うために緊急援助を行なったことが主な原因だった。この金融危機で、アメリカ社会がどれほど大企業に支配されているかがあらわになった。また、ウォール街がしていたことの犯罪性がきわめて高かったにもかかわらず、ただの一人も投獄されなかった。貧しい人、とくにブラックである人がクラック所持で捕まればすぐさま刑務所送りになることを鑑みれば、アメリカの司法制度がいかに不公正であるかがよくわかる。大手銀行と大企業がどんなに大きな権力を握っているかは、大衆注意散漫兵器[*3]の生産を専門とする大企業メディアによってうまく隠されている。ある勢力が一丸となって実態を隠しておこうとするのは、ペンタゴンやCIAを含む軍産複合体も同様である。ペンタゴンもCIAも人の殺害にかかわるのに、その活動内容がアメリカの一般市民に明らかにされることはほとんどない。チェルシー・マニング、ジュリアン・アサンジ、ジョン・キリアコウ、エドワード・スノーデンなど米国政府の不正行為を公開する勇気ある告発者たちは厳しい処罰を下される。ドローンが無実の民間人に爆弾を落としている問題が議論されるのもアメリカ人が犠牲になったときだけだ。アメリカ人以外の民間人が何百人もの子供を含めて何千人も犠牲になっていることを大企業メディアはろくに取り上げようとしない。ブラックの預言者的精神に則れば、生まれて間もない貴い子の命は、その子がパキスタン、イエメン、ソマリア、ハイチ、ガザ、テルアヴィヴ、ラゴス、ボゴタその他のどこにいようとも、米国で生まれて間もない貴い子の命と変わらぬ価値を持つのである。

ブラックの預言者的レンズを通すと、貧しい人びとや労働者による反撃もよく見えてくる。米国の大企業、中東のアラブ諸国の専制支配、イスラエルによる占領、アフリカでは米軍と中国の資金に支えられた独裁政治、ラテンアメリカでは大手銀行や大企業と手を組んだ金融寡頭支配、ヨーロッパでは大手債権者に利益をもたらし一般市民を痛めつける緊縮財政、どれもが反撃を受けている。ブラックの預言者的精神は、取り組む問題はローカルだが、その性質はどこまでもグローバルなのである。

本書に収録された対話に込められている深い願いとは、ブラックの預言者的精神がけっして消えないこと。ブラックの預言者的な営みがいつまでも盛んであること。あらゆる肌の色の若い兄弟姉妹たちが新たに、正義を求めて魂を燃やすのがいかに尊いことか、また他者、とりわけもっとも小さい者たち、地に呪われたる貴い人びとを呼び起こし、立ち上がらせることに勝る喜びはないことに気づき、感じてくれること！

コーネル・ウェスト

＊

一九九九年十一月のこと、ハーヴァード大学のアフリカン・アメリカン学部が『コーネル・ウェスト選集（*The Cornel West Reader*）』の刊行を記念し、ウェストの輝かしい業績を称え、エマーソン・ホールで講演会を行なうとの案内があった。同ホールはハーヴァード・ヤードにある哲学部の拠点である。そのときわたしはサバティカル中で、ハーヴァードの図書館に通いながらドイツの哲学者アルトゥール・ショーペンハウアーのアメリカでの受容を論じる本の草稿に手を入れる毎日だった。案内を見て、ヘンリー・ルイス・ゲイツ・ジュニア教授が集めて広く評判になっていた「ドリーム・チーム」[*4]のスター選手の一人、コーネル・ウェストの話をぜひ聞きたいと思った。ウェストの評判はかねて耳にしていたが、著書を読んだことはほとんどなく、一緒に本を出すことになるとは夢にも思っていなかった。

講演でウェストは、講堂の壁にある、ハーヴァード哲学部の黄金時代を支えた者たちの等身大の肖像画に聴衆の目を向けさせた。ウィリアム・ジェームズやジョサイア・ロイスの姿もある。ウェストはアメリカのプラグマティズムを論じた著書『哲学を回避するアメリカ知識人』でジェームズを大きく取り上げている。驚いたことに、それからウェストはロイスが生涯を通してショーペンハウアーの深いペシミズムと格闘したことを話しはじめた。ウェストによれば、ショーペンハウアーは人間の生に満ちる苦しみと悲しみについて、暗い、しかし現実的なとらえ方をしていて、それを受け入れるしかないと思い込んでいた。けれども、とウェストは続けた。ロイスはショーペンハウアーと正面から向き合いながらも、その絶望には屈しなかった。むしろ、ショーペンハウアー流のペシミズムに対して唯一可能な選択肢、つまり人間の力を理屈抜きに信じてみることを選んだのだという。ウェストの講演でショーペンハウアーとロイスの話を聞くことになるとは！

講演が終わってからわたしはコーネル・ウェストに挨拶し、自分がいまショーペンハウアーに（それをいえばロイスにも）取り組んでいるのだと説明した。

ウェストはこう答えた。「そういえばドイツにアメリカのショーペンハウアー受容を研究している女性がいると聞いています」

「それはわたしのことです」

「ぜひお話を」

それがわたしたちの今日まで続く対話の始まりだった。

いまではもちろん、ショーペンハウアーが人間の苦難に注目し、生きとし生けるものに深い思いやりを抱いていたことを考えれば、コーネル・ウェストがショーペンハウアーに関心を持ったのは不思議でないことがわかる。ウェストがロイスに着目したのも当然である。ウェストは人間の生が持つ深い悲劇性を真正面から受け止めながらも、本人の表現を借りるなら「希望の虜《とりこ》」になったままだからだ。実際、ウェストがロイスやショーペンハウアーといった哲学者に強く惹かれるのは、かれらが発した問いがウェスト自身の思想、何よりもウェストのアメリカ民主主義理解に根底からかかわるからである。なんといっても、ウェストは「プラグマティズムと悲劇的なもの」と題した講演で認めたように、ハーマン・メルヴィルと同様に「悲劇の中に悪があることを深いところで感じ取ってこそ民主主義の意味と価値が理解できる」と考えている(1)。ウェストが同じ講演で詳述しているとおり「そこに悲劇を感じ取るのは、なんらかの可能性があるという感覚をなくさずにいようとする試みである。なんらかの希望があるはずだという感覚、なんらかの力が働くはずだという感覚、敗北と幻滅が訪れ意気消沈したときにそれに抵抗しようとする感覚をなくさずにいようとする試みである」[2]なら、このことをブラックの人びとほどよく理解できる民はいないだろう。ウェストも述べるとおり、マルコムXは「ニガー」を「アメリカ民主主義の犠牲者」と定義しているではないか。[3]

しかしショーペンハウアーやロイス、メルヴィルとは対照的に、コーネル・ウェストは言葉だけでなく身体も駆使する活動家でもある。だからこそ本書に収めた対話では、二十世紀のマルクス主義思想家アントニオ・グラムシの有機的知識人の概念が要となる。ウェストが何度も明言してきたとおり、ウェストの思想と活動は、知識人は文化集団や社会組織に根差すか、強い結びつきを持っているべきだというグラムシの考え方に感化されてきた。これも驚くべきことではない。グラムシの理論的概念に実践面で対応するのが、長年続けられてきたブラックの自由闘争だからである。この闘争では、指導者が自分たちが率いる組織にしっかり根差していることがきわめて重要な要素だった。

大西洋をまたぐ対話に臨むにあたり、わたし自身の認識はフランスの社会学者ピエール・ブルデューの理論に多分に影響を受けてきた。預言者らしい行ないをするブラックの指導者とは、ブラックが集団として、また個人として受けるさまざまな暴力をありのままに見て取る人のことである。したがって、かれらがそれぞれの時代の悪を見るときには、社会学的視点に似たレンズを通して見ていることが多い。そうすると社会の深いところまで染み込んだ力の不均衡を明らかにすることができるのである。しかしそうしながらも、かれらはブラックの具体的な苦しみから目を離すことはない。かれらの「実践の論理」(ブルデューが作り出した用語。理論と実践の二項対立を克服する必要を指す)を理解し、またもっと一般的なところでアメリカのブラックが置かれている状況をよりよく理解するにあたり、ブルデューの概念群はきわめて有益だった。ブルデューは、社会的世界の構造と主体の精神の構造とのあいだに相関関係があると考える。社会にある区分、たとえば支配する者とされる者との力関係を作り出し再生産する区分は、個人がその区分にあてはめる見方《ヴィジョン》と区分《ディヴィジョン》の原理に対応する。ブルデューは社会的世界が徹底的に関係的であると見抜くと同時に――そこには個人主義神話に対する反論も含まれている――権力の仕組みも的確に分析する。ブルデューの理論の中心概念の一つに象徴的暴力がある。象徴的暴力は見つけにくく目立たないので、社会秩序を正当化し、そこに付随する不平等な状況を維持するのに適した手段である。ブルデューの主著の一つ『パスカル的省察』に印象に残る一節がある。ここでブルデューはジェームズ・ボールドウィンの評論集『次は火だ』に収録された小論「十字架の下で（Down at the Cross）」を引用し、象徴的暴力が心理社会的に巧みに作用するさまと、それがブラックの子供の社会化過程にどのような影響を与え、どのような結果を生むかを説明する。ブルデューによれば、ボールドウィンの記述からはブラックの親が社会的世界の支配的な見方《ヴィジョン》と区分《ディヴィジョン》を無意識のうちに子供に伝える様子が読み取れる。親がその支配的権力に対して強い恐怖を抱いていること、また子供が見えない境界を越えてしまい危害を加えられるのではないかという、これも強い不安を抱いていることが子供に伝わるのである。以下がその引用部分である。

　黒人の子供は、この違いにまだまだ気がつかないうちに、さらには、この違いがまだまだ理解できないうちに、もうその違いに反応を示し、束縛され始めているのである。目上の者たちには、自分たちがその子供を保護することのできないある運命に対して、子供に心の準備をさせるべくいろいろな努力をするのだが、その努力は、子供に知らず知らずのうちに、不可解でどうしようもない罰の到来を、秘かに、恐怖のうちに待たせる結果になるのである。子供が「いい子」でいなければならないのは、親たちを喜ばせるためだけでもなく、親たちから罰せられないようにするためだけでもない。親の権威の後には、また別の、はっきりしない、人格のない、はるかに気むずかしい、どこまで残酷なのかわからないような権威が存在するのである。そうした権威の存在は、子供がお説教をされたり、罰を受けたり、可愛いがられたりしているときの両親の声の調子から、子供の意識に入って来る。そして、子供がある特定の限界を越えて踏み迷ったりした時、母親や父親の声に響く、急激で抑えようのない恐怖の響きから、子供の意識に入って来るのである。子供は限界というものがどんなものなのか知らないし、その説明も得られない。その事実はかなり怖るべきことではあるが、それよりも年長者の声に響く恐怖の方が、子供にはもっと怖ろしいのだ[4]。

ボールドウィン自身も預言者的な力強い声を上げるブラックの文学者の一人として、社会秩序の中にある構造的な権力不均衡や不公正、支配者が被支配者に呼び起こす恐怖、そして被支配者が自分に加えられる物理的あるいは象徴的な暴力に苦しむさまを問題にした。

本書で取り上げた六人の賢人も同じことをした。六人はいうまでもなく、それぞれが生きた時代だけにあった悪と戦った過去の預言者である。その時代だけにあった悪は——まさに六人による闘争や犠牲も手伝って——消えたかもしれない。しかし、力の格差とそこから生まれる不平等は、呼び方が変わっただけで、いまも社会秩序にしっかりと根を張っている。一例を挙げると、かつてあった「白人のみ」という張り紙には、社会空間を特権的な場とそうでない場とに分け、被支配者を排除し、侮辱し、統制する境界を作り出す象徴的暴力が備わっていた。今日では、同じ象徴的暴力が警察によるストップ・アンド・フリスクなどのレイシャル・プロファイリング[*5]を通じて行使されている。だからこそ、本書で取り上げる歴史上の人物の功績を正しく評価し、また欠点を理解するためにかれらを当時の文脈に置かなければならないのはもちろんだが、かれらがいかに模範的な人物であったかにも留意しなければならない。六人はみな、それぞれが生きた時代を超えて今日のわたしたちにとっても重要な存在なのである。

対談では、当時起きていた政治的な出来事にもふれているため、本書では六人が歴史に登場する順番ではなく、対談を行なった順番に章を並べた。

本書で取り上げたブラックの預言者たる人物は六人ともすぐれた知識人として権力の仕組みを鋭く分析する。わたしたちはその分析に助けられ、まさに同じ仕組みが当時とは異なるかたちで今日も存在していることを認識できるのである。また、有機的知識人であり活動家でもあった六人が組織や動員について考えたことは、今日の自由を求める闘いにも有益な識見を与えてくれるだろう。六人はまた、思いやりを持ち、恐れることなくこの世の悪と権力者に向き合った預言者でもあった。かれらを見てわたしたちもかくあるべきだと奮い立たされる。

いまこそブラックの預言者的精神を語ろう！

クリスタ・ブッシェンドルフ

第1章

# 火のついた魂は美しい

## ――フレデリック・ダグラス

# フレデリック・ダグラス略年表

**Frederick Douglass［1818-1895］**

| | | |
|---|---|---|
| 1818年 | | メリーランド州で生まれる。 |
| 1834年 | | 奴隷調練者コーヴィーと格闘。 |
| 1838年 | 9月 | 北部に逃亡。アナを呼び寄せ結婚。 |
| | | マサチューセッツ州ニューベッドフォードへ。名前をダグラスに変える。 |
| 1845年 | | 『数奇なる奴隷の半生』(最初の自伝) |
| | 8月 | 所有者に捕まるのを避けるため渡英、奴隷制廃止を訴える(～47年春)。 |
| 1846年 | 12月 | 正式に自由の身になる。 |
| 1848年 | 7月 | セネカフォールズ会議に唯一のブラックとして参加。 |
| 1850年 | | **逃亡奴隷法が成立。** |
| 1852年 | 7月 | 「奴隷にとって7月4日とは何か？」演説。 |
| 1855年 | | 『屈従と自由』(二冊目の自伝) |
| 1859年 | | ジョン・ブラウンによるハーパーズフェリー襲撃を受け渡英(～60年4月)。 |
| 1861年 | 4月 | **南北戦争開戦。** |
| 1863年 | 1月 | **奴隷解放宣言。** |
| | 11月 | **ゲティスバーグ演説 。** |
| 1865年 | 4月 | **南部連合降伏、リンカン大統領暗殺。** |
| 1866年 | | グラント大統領によりサント・ドミンゴ併合検討委員に任命。 |
| 1871年 | | 駐サント・ドミンゴ大使館付書記官。 |
| 1876年 | 4月 | 奴隷解放記念碑除幕式で演説を行なう。 |
| 1877年 | | **「妥協《コンプロマイズ》」(南部再建時代の終了)。** |
| | | ヘイズ大統領によりワシントンDCの連邦執行官に任命。 |
| 1878年 | | アナコスティアに邸宅シダーヒルを購入。 |
| 1881年 | | 『わが生涯と時代』(三冊目の自伝、92年に改訂) |
| | | ガーフィールド大統領により証書登録官に任命。 |
| | 8月 | 妻アナが死去。 |
| 1884年 | 1月 | ヘレン・ピッツと再婚。 |
| 1889年 | | **このころからブラックに対するリンチが激化。** |
| | 7月 | ハイチ駐在公使に任命(10月赴任、翌年7月に辞任)。 |
| 1892年 | 7月 | 「南部におけるリンチ制裁」演説。 |
| 1893年 | | シカゴ万博に関与。 |
| 1894年 | | 最後の演説「いま学ぶべきこと」。 |
| 1895年 | 2月 | 死去。 |

ブラックの預言者的精神について対話を始めたのは二〇〇八年、ちょうどバラク・オバマが大統領選に出ていたときだった。選挙運動中、イリノイ州選出の上院議員だったオバマは、自分を第十六代大統領のエイブラハム・リンカンに重ね合わせて語ることがよくあった。さらに当選後の二〇〇九年一月に行なった就任演説では「自由の新たな誕生」をテーマとし、自分とリンカンとの結びつきをさらに強調した。「自由の新たな誕生」はリンカンがゲティスバーグ演説で使った言葉である。オバマの頭にあったのはどのリンカンなのだろうか？ リンカンが偉大な大統領として歴史に残っているのは、フレデリック・ダグラスや奴隷制廃止運動の寄与があってのことである。しかしそれをオバマは認めているのだろうか？ また、ダグラスの預言者的証言をオバマ大統領の時代に生かすにはどうすればいいのだろうか？

バラク・オバマが脚光を浴びることで、ブラックたちが受け伝えてきた預言者的精神の勢いがかえってそがれてしまう恐れが大いにあった。オバマが率いるアメリカの諸制度を批判すると、それがブラックに対する裏切りだと受け止められてしまうかもしれないからだ。皮肉なことに、オバマの選挙運動がこの上なく盛り上がった結果、オバマの成功に安心してブラック・アメリカが思考停止状態に陥る可能性があるのだ。

フレデリック・ダグラスについての対談を録音したのは二〇〇九年の夏のことである。

クリスタ・ブッシェンドルフ　フレデリック・ダグラスが十九世紀のアメリカ史全般、とくにアフリカ系アメリカ人史の中でひときわ抜きん出た存在であることに疑いはありません。奴隷だったのが驚くばかりの出世を遂げ、たいへん尊敬される弁士となり、著名な活動家として奴隷制廃止運動や女性参政権運動にも加わります。著書はベストセラーとなり、影響力のある新聞の編集者としても成功し、連邦執行官やワシントンの証書登録官、ハイチ駐在公使も務めて、多くのアフリカ系アメリカ人に刺激を与えてきました。W・E・B・デュボイスの自伝的小論「夜明けの薄闇（Dusk of Dawn）」の表紙に、デュボイスがダグラスの大きな肖像の前に立っている写真があります。ダグラスがデュボイスに及ぼした影響の大きさを示しているかのようです。ダグラスがアフリカ系アメリカ人に、もっと広くはアメリカ文化に及ぼした影響をどのように評価していますか？

コーネル・ウェスト　フレデリック・ダグラスは非常に複雑で、込み入った人物です。わたしが思うに、ダグラスは一方で十九世紀に活躍したブラックの自由の闘士《フリーダム・ファイター》としてもっとも傑出した存在であり、もう一方では多分にその時代の人でもあります。これはダグラスが二十一世紀のわたしたちに何も教えてくれることがないという意味ではなく、ダグラスは文脈を超越していると同時に、自分の置かれた文脈にしっかりとはまっているという意味です。ダグラスがアメリカ、ブラック・アメリカ、デュボイスやそれに続く自由の闘士たちに及ぼした影響を考えるとき、わたしたちが最初に感じ取る複雑さはここからも来ているでしょう。

ブッシェンドルフ　ダグラスをその時代の人だと考えるとき、そこにはどのような要因があるのでしょう？　そうした要因があるのも手伝って、ダグラスが割り引いて評価されるようなことになるのでしょうか？

ウェスト　自由を求めるダグラスの闘いは、白人優越主義下の奴隷制という卑劣で悪質な制度と切っても切れない関係にあります。奴隷制廃止以降も人種差別体制《ジムクロウ》などの蛮行がありましたが、白人優越主義下の奴隷制ほどではない。ダグラスの勇気、先見の明、立ち上がろうとする姿勢、言葉を操る弁士としての信じられないほどの才能からわたしたちが学ぶことがあるのは確かです。それでも、奴隷制の終わりとともにダグラスの最盛期もある意味で終わったようなところがあります。ダグラスがその後三〇年間もたいへん重要で影響力のある存在でいつづけたのは間違いない。でも、わたしなどからすればダグラスは絶頂を過ぎてしまうのです。連想してしまうのはスティーヴィー・ワンダーで、ワンダーも『キー・オブ・ライフ』と『シークレット・ライフ』が絶頂期だったでしょう。その後も輝いてはいるのですが。人が頂点を極める瞬間というのがあって、その頂点はただただ崇高で、信じられないほどの高みなのです。ダグラスのように絶頂に達した自由の闘士はアメリカにいないと思います。ある意味ではマーティン・ルーサー・キングでさえダグラスのような高みには至らなかったといえるでしょう。しかしダグラスはその後三〇年も生きた。かなりの年月です。マーティンは絶頂を極めてすぐに凶弾に倒れました。マルコムも絶頂を極めてすぐに凶弾に倒れました。でももしマーティンが一九九八年に死んでいたらどうでしょう。こんなことを言っていたかもしれません。「わたしが何をしているかって？ ユニオン神学校の教授で、キリスト教倫理学を教えていますよ」。二人の人生にはそれぞれ違った段階や局面があります。だからダグラスの評価を低めにする、しないという問題ではなく、ダグラスを文脈に置き、歴史の流れに置くのが重要だということです。人を歴史化し、文脈化すると必然的にその人の複数の姿が見えてきます。さまざまな場面、さまざまな主張。一八八〇年代のダグラスの主張は、一八五二年七月四日、一八五二年七月五日のダグラスの主張とは随分異なるでしょう。

ブッシェンドルフ　そう、その日にダグラスは「奴隷にとって七月四日とは何か？」という有名な演説をしました[1]。でも、ウェストさんが闘士だったころのダグラスを大いに気に入っていても——ほかにもたとえばアンジェラ・デイヴィスが一九六〇年代にダグラスについて同じことを言っています[2]——その後のダグラス、人種統合論者ダグラスのほうを評価する向きもあるようです。また、前半の「人種問題屋」ダグラスが後年の「共和党人」ダグラスと並べて比較されることもよくあります。ダグラスは実利的に過ぎる政治家になってしまったのでしょうか？　後年のダグラスは、依然続いていたアフリカ系アメリカ人の苦しみに疎くなっていたのでしょうか？　ブルジョワになりきってしまったのでしょうか？　一部の批評家が主張するように、ヘレン・ピッツとの二度目の結婚がダグラスの変化を助長したのでしょうか？

ウェスト　奴隷制に反対する自由の闘士ダグラスと、のちの共和党人ダグラスとを対置する従来のやり方は乱暴とはいえ、一理あることはあります。乱暴というのは、人生の第二段階に入ったダグラス、後年のダグラスも大きな存在であることに変わりはなく、ブラックの権利やその延長線上にある女性の権利、その他の人びとの権利のために闘おうとする姿勢を完全には失わないからです。しかしわたしたちにとって肝心なのは、そのころのダグラスは以前ほど国際的でない、以前ほどグローバルでないことです。もっと前、一八四〇年代後半にイギリスの人民憲章《チャーティスト》運動に参加していたころ——このころダグラスは二度も米国を出ることを余儀なくされています。一度は自伝を出版してから、[*6]もう一度はジョン・ブラウンによるハーパーズフェリー襲撃後[*7]——ダグラスはヨーロッパで関係づくりをしていました。自由を求める闘争を地球規模、世界規模にするための関係づくりです。それが後年にはすっかりナショナリスト、愛国者、米国中心の人になります。共和党がめぐらす策略にがっちりからむようになり、野卑な妥協をするのも厭わず、ジムクロウに対してもそれほど声を上げない。南部のブラックに対する蛮行について堂々と、公然と、遠慮なく、勇気を持って発言しようとしないのも気になります。

ブッシェンドルフ　でも、リンチに反対する演説もしましたね[3]？

ウェスト　しました。でもあれはどちらかといえばその場限りのことでした。たとえば一八七六年、奴隷解放記念碑の除幕式でリンカンの立派な像[4]が披露されたときも、ダグラスは当時南部で起きていた問題にほとんど言及しません。演説の冒頭でダグラスは、リンカンは白人の大統領であり、あなた方はリンカンの子供、ブラックの人びとはリンカンの継子なのであると言って、批判的な演説をするように思わせました。その場にいた二万人のブラックの人びとはダグラスが現状について何か言うのを今か今かと待ちましたが、ダグラスは何も言わなかった、[5]一言も発しなかったのです。そののちにはラザフォード・B・ヘイズに利用され、操られるままになり、その結果、連邦軍が南部から撤退した途端にコロンビア特別区の連邦執行官という名誉ある地位に任命されます。あたかも何かの等価交換であるかのように、ですよ。

こう問いかけたくなります。「フレデリック、フレデリック、いったいどうしました！　よくそんなことをさせておけますね。あなたという人は、ブラックはもちろん、自由を愛するすべての人びとから絶大な尊敬を集めていて、実際それに値するのに。自由の闘士として合衆国のどこかの政党の策略にいったん引き込まれてしまうと、途方もなく大きな譲歩や妥協を求められることになるのですね」。思慮深かったダグラスがこのように日和見主義に転換したことは大きな影を落としています。同じことが、ダグラスがアメリカ帝国という装置の一部になって果たした役割にも見えるでしょう。ハイチ駐在公使になったりしましたね。政治体制の中に引き入れられてしまうと、初期のダグラスのように大胆で、自由な考え方をし、思うとおりに発言する自由の闘士でいるのは単純に難しいのです。

ブッシェンドルフ　わたしもそう思います。それでも、闘争の条件があまりに劇的に変化したからこそ、ダグラスがブラックの向上を支援するために権力構造の内部で自分にできることをしようと決めた可能性を考えてみてもいいかもしれません。ウェストさんは最近ジェフ・シャーレットとのインタビューで「自分に限ってはホワイトハウスの一員になるなどということはあり得ない」とおっしゃいましたね。[6]でもそれは一つの選択であり、別の選択をすれば妥協が必要になるかもしれない。それに、ここでも歴史化する必要があります。というのも、ダグラス以前にアフリカ系アメリカ人がそれほど上級の政治職に就いたことはありませんでした。ダグラスがそのような地位に就いたこと自体が非常に重大で象徴的なことで、バラク・オバマが大統領であることが一つの象徴であるのと同じです。

ウェスト　それはそうです。しかし同時に、当時の政治体制が十九世紀でもっとも傑出したブラックの自由の闘士を吸収し、組み入れ、その火勢を弱め、体制の一部にしてしまった様子がありありと見えるのも確かです。ダグラスに続く世代は、一八三〇年代、一八四〇年代、一八五〇年代、一八六〇年代に活躍した燃える自由の闘士としてのダグラスを記憶しているでしょう。でも最後の三〇年間のダグラスは共和党の中枢に組み込まれていて、その共和党にもさまざまな面で白人優越主義はもちろんのこと、男性優越主義や帝国的感覚が染み込んでいます。もしフレデリック・ダグラスが大衆の運動や労働者階級の運動など、人種の垣根を越えた運動の側についていたら、後年のダグラスはどのような姿をとり、後世にどのような影響を与えていたでしょうか？　一八四八年のセネカフォールズ会議では、ダグラスは多人種の女性の権利運動の側についていました。後年も同じようにしていれば受け止められ方はまるで異なっていたでしょうし、主流がかれを組み込むのも難しくなっていたはずです。数年前、新しいアメリカのナショナリズムについてマイケル・リンドが書いた本を読みましたが、(7)そこでフレデリック・ダグラスは英雄のなかの英雄として扱われています。なぜ英雄かといえば、ダグラスは代表的なアメリカ人だからという。父親は白人、七歳のときに亡くした母親はブラックで、母方にはネイティブ・アメリカンの血も流れているということで二十世紀後半には多文化国家アメリカを象徴する存在として扱われ、何やらたいへんな愛国者、ナショナリスト、多文化的な自由主義者だったことになってしまっている。これではもうダグラスは飼いならされてしまったとしかいいようがない。ダグラスの本来持つ力、徹底した自由の闘士としての気力を考えれば、これでは牙を抜かれたも同然です。でもマイケル・リンドには、ダグラスをそのように扱う根拠がある。ダグラス自身がその根拠を提供しているからです。さらに、ダグラスがヘレン・ピッツと再婚すると――ダグラスは白人の女性《シスター》と再婚するのです――さまざまな論議が巻き起こりましたね。それにダグラスがどう対処したかも関係してきますが、ダグラスはただ自分の私生活について正直に語ります――自分を尊敬する人たちに敬意を払って。ダグラスはまた、ある種の安息と平穏、静けさを求め、最後の一〇年間はアナコスティアの贅沢な邸宅で平和に暮らします。ただわたしは、もしも共和党に加わる道を選んでいなかったらダグラスが奴隷制廃止運動のほかにどのような業績を残していただろうかと考えずにはいられません。むろん、人のあり方は人それぞれであり、それ以上でもそれ以下でもないことはわかっているのですが。

ブッシェンドルフ　それでもダグラスが現在もまぎれもない英雄像として扱われているのは、初期のダグラスが歴史に残っているからです。

ウェスト　ダグラスのような人はほかにいません。考えてもみてください。アメリカ史上であれほど炎と電流に満ちた言葉を使い、雄弁をふるって一つの不正義を追及した人はほかにいないでしょう。その点でダグラスに並ぶ者はいないと思います。本当に。それも、ダグラスは正式な教育をまったく受けていないのです。近代世界史上もっとも雄弁な元奴隷だといえるでしょう。

ブッシェンドルフ　そうした比類ない業績があるために、ダグラスはよく「自力で身を立てた人《セルフメイド・マン》」だと見なされてきました。実際、一八五九年には「セルフメイド・メン」と題した講演を始め、中西部を回って好評を博します。

ウェスト　実は、ダグラスが自分のことを「自力で身を立てた人間」ととらえようとしたことにわたしは非常に批判的です。セルフメイド・マンというのはヘンリー・クレイが使って広まった言葉ですが、そういう考え方がわたしは好きではありません。ダグラスが他者に頼りながら自分で進んでいこうとする、その努力の程度はすばらしいと思います。しかし人がまるで何か周辺から隔離された単体、あるいは周りとは関係なく自律する実体であり得るということの観念は、アメリカのイデオロギーのうちでも最悪のものにつながっていきます。わたしはメルヴィルの「人の世の貸借」の観念のほうがいい(8)。

ブッシェンドルフ　たしかにアメリカの個人主義はアメリカ人の考え方のまさに核を成しています。でもわたしがダグラスに感心するのは、一方で自伝の中では自分の進みを妨げた要因と助けた要因、自分をかたち作った社会的要因に相当な関心を示していることです。自分がどのような条件のもとで育ったか、その条件によってダグラスがダグラスという人物になるのがより困難になった、あるいはより容易になったのかを詳しく書いている。そのように体制を分析している点でダグラスは社会学者に近いことをしているように思えます。主人と奴隷の関係や権力構造などの実態を明らかにすることについてダグラスは非常に鋭い感覚を持っていて、その点で現代のわたしたちもまだダグラスから学べることがあるでしょう。当時の権力構造は結局いまだに克服されていないからです。当時のはいまより荒削りなものであったかもしれませんが、同じものがいまでも存在しています。

ウェスト　それはそうです。しかしながらわたしにはそこに二面性が見えます。一つにはいまおっしゃった、ダグラスが、自分が人として花咲くのを妨げる制度や構造、ひいてはほかの人が花咲くのを妨げる制度や構造に対して敏感であったという面があります。でもそれを裏返すと、そんな制度や構造の問題を強調しながらも自分を自力で成功した人間だと見なすことは、個人主義のなかでも最悪の形態のものを助長してしまう可能性がある。鋭い社会学的な分析をしていても、です。たとえば、クラレンス・トーマス*8などは、いかにも自分がどんな困難を克服してきたかを語りそうですね。そんなトーマスがジムクロウ、つまり制度化された人種差別やその他の差別を分析したらどうでしょう。かれは、自分はそうしたことすべてに打ち勝った、自分は自力で身を立てた人間なのだと言うでしょう。社会学的要因の存在を認めることは認めるが、それに勝利するのは自分自身にほかならないというわけです。ホレイショ・アルジャー[*9]の小説の主人公のように。ダグラスの場合、かれが最初の妻アナについていっさい言及しないことにお気づきでしょう。アナはダグラスが南部を脱出する際に決定的な役割を果たしました。金をくれたのもアナ、帽子や服を買ったのもアナなら、ダグラスに外見が似ている男に金をやったのもアナで、その男がダグラスの身分証[*10]を買ったのです。自分がどうやってここまで来たかを振り返るとき、自分という人間の社会的性質について正直であり、その結果として自分のいる社会の構造や制度について敏感であるなら、アナがしてくれたことにふれないはずがないでしょう?

ホレイショ・アルジャーの描く世界は社会学的分析としては鋭いかもしれないが、観念としては時代遅れであるといえます。自力で成功するという主人公を中心に据えているからです。一般にはエイブラハム・リンカンや、もっと前のヘンリー・クレイから現代のクラレンス・トーマスまでが「自力で成功」したことになっていて、そこにダグラスも加えられがちですが、この観念はものごとを非常に曖昧に、見えにくく、わかりにくくするもので、かなり危険だと思います。わたしにとっていちばん重要なのは敬虔さのほうです。敬虔とは、家族、社会運動、市民の機構、社会の中のさまざまなネットワークなど、わたしたちをわたしたちたらしめさせてくれるものを敬いつつ慕うことにほかなりません。だから本来ダグラスは、自分には奴隷制廃止運動によって作られた部分があると率先して認めるべきなのです。ウィリアム・ロイド・ギャリソンがいなければフレデリック・ダグラスもここまで傑出できなかったのですから。しかし他方で、ダグラスはその運動を作るのを助けもしました。

つまり、フレデリック・ダグラスがいなければ奴隷制廃止運動もあれほどのものにならなかったのです。同様に、わたしたちが知るフレデリック・ダグラスの形成にはウェンデル・フィリップスも欠かせません――フィリップスとギャリソンは、ダグラスの最初の自伝のはしがきなどを書いていますね[9]。でも社会性を帯びた敬虔さというわたしが大事だと思う概念を使ってみれば――わたしは自分の回想録でも、自分がどんなものに育まれてきたかを詳しく書きました[10]――自力で成功したことになっている人が実際はどのようにできあがったかがわかってくるでしょう。そこから、わたしたちが人として、個人として何者であるか、社会によってどんな人や個人になっているかをずっと深く、より真実に近いところで理解できるのではないでしょうか。というわけで、ダグラスの限界に固執しすぎているように思われたくはないのですが、かれが偶像視される存在であるからこそ、かれの限界に非常に敏感にならざるを得ません。

ブッシェンドルフ　ウェストさんとは対照的に、世の歴史家はダグラスが自力で身を立てたという見方を強調してきました。個人としてのダグラスと社会の相互関係を取り上げる、あるいは他者からどんな恩恵を受けてきたかをダグラス本人がどう認識していたかに注目する考察はほとんど見たことがありません。おっしゃるとおり、ダグラスが自分を愛し支えてくれた女性にめったにふれないのは事実で、しばしば批判されてきました。最初の妻アナと二人目の妻ヘレンのほかにも、たとえば――。

ウェスト　ジュリア・グリフィンと、ドイツ人女性《シスター》のオティリー・アシングがいます。

ブッシェンドルフ　そうですね。とはいえ、それでもダグラスは自分ではなく他者の力で前に進むことができた局面があったことを認め、それに関していろいろな事実を伝えてくれています。

ウェスト　「ダグラス」という名前もそうでしょう。サー・ウォルター・スコットの『湖上の美人』に出てくる名前ですが、ニューベッドフォードにいたジョンソンという男が提案してくれたのでした。

ジョンソンはこう言いますね。「この町にはジョンソンという名前が多すぎる、君は名前を変えたほうがいい」[*11]。そして「ダグラス（Douglas）」という名前を選んでくれます。ダグラスはボルティモアにあった通りの名前の綴りを思い出し、Sを足しました（Douglass）。これも人の世の貸借の一例です。自分がかたち作られるうえで他者に恩恵を受け、頼っていることを認めている点で敬虔さの表れでもあります。そうして人に頼ることが自分にとって良いものの源となり、将来に向けての出発点、現時点での追い風となってくれる。おっしゃるとおりダグラスはたしかに人に頼ったときのことを書き留めてはいます。でも重視しているとは思えません。それもあって、歴史家はいとも簡単にダグラスをごく狭い個人主義的観念の中だけでとらえてしまうのでしょう。それに、ダグラスが故意に自分像を作り上げた可能性もあります。自力で身を立てた男、のちに女も含まれてきますが、そういう人を重視しがちなアメリカ文化に受け入れられるように。それは批判されてしかるべきでしょう。それでは人が時を経てどうなっていったかの真実に近づきようがないからです。

ブッシェンドルフ　おっしゃるとおりです。でも関係社会学にとくに関心のある者としては、ダグラス自身による社会構造の分析と、ダグラスの人生に関係した偶発的な要因にも目を向けなければなりません。たとえば、ダグラスは奴隷としてマスター・ロイドの農園で働いていたとき、マスター・ロイドの末息子ダニエルと接触する機会がよくありました。これについて最初の自伝では、標準とされる英語を学ぶことができたのはダニエルとの接触のおかげだったと、ついでのように書いているにすぎません。最初の自伝では、マスター・ダニエルが自分を守ってくれ、お菓子を分けてくれたことを強調し[(11)]、『屈従と自由（*My Bondage and My Freedom*）』ではマスター・ダニエルが「黒人の遊び相手たちと一緒にいるときには自然と、自分の聡明さを分け与えてくれた」と書いているのに対し[(12)]、三冊目の自伝『わが生涯と時代』で初めて、北部の人の多くが不思議に思っていたこと、つまり「わたしの話す言葉にほとんど奴隷なまりがないのはどういうわけか」を説明します[13]。そこで初めて、ダニエルとの交流のおかげで支配者の言語を学ぶことができ、そのため南部を脱出してすぐに弁士として頭角を現すことができたと認めているのです。もしもブラック固有の言語しか身につけていなかったら無理だったでしょう。これはほんの一例です[14]。

ウェスト　いい話ですね。それは読み過ごしてはいけない、重要な手がかりだと思います。ダグラスの文章にはこれまで見過ごされてきたことがほかにもたくさん埋まっているのでしょう。ダグラスといえば自身もその概念の普及に随分貢献した「自力で身を立てた」面が強調されがちですが、その狭いレンズを通して見るだけはそこまで読み取れません。

ブッシェンドルフ　ダグラスは「この国の奴隷所有の宗教[15]」に非常に批判的で、キリスト教徒の奴隷所有者の偽善を繰り返し酷評しています。しかし三冊ある自伝を読むと、ダグラス自身の世界観にとって宗教はどのくらい重要だったのかとも考えてしまいます。ダグラスはかなりの程度、啓蒙思想の人のように思えるのですが。

ウェスト　実はつい先日、ハーレムの一三八番通りにあるマザー・ザイオン教会*12で説教をしてきました。牧師のグレゴリー・ロブスン・スミスはわたしの教え子で、あのポール・ロブソンの兄の孫です。マザー・ザイオン教会ではポール・ロブソンの兄が三〇年間も牧師を務めました。わたしはハリエット・タブマン、ポール・ロブソン、フレデリック・ダグラス、ジョン・コルトレーンを輩出したこの教会の伝統にふれ、こう言いました。「なんとすばらしい教会でしょう。わたしはバプティストですが、バプティスト教会からはこの四人に匹敵するような人は一人も出ていませんよ」。でもたしかに、フレデリック・ダグラスの形成に宗教がどんな役割を果たしたか、そしてダグラスが実際には一般に考えられているよりずっと世俗的だったのかというのは知りたいところです。三〇年前、わたしはユニオン神学校の博士論文審査委員として、ダグラスとフォイエルバッハについて書かれた論文を審査したことがあります。ダグラスはルートヴィヒ・フォイエルバッハを大好きになり、ロチェスターでもワシントンDCのアナコスティアでも、ダグラスの家の図書室に入ると最初に目に入るのはフォイエルバッハでした。なかなか興味深いことです。イギリスを訪れたときにも、ダグラスは何よりも先にマリアン・エヴァンズに会いたがりました。エヴァンズとはもちろんあのジョージ・エリオットで、フォイエルバッハの『キリスト教の本質』(16)を翻訳し、名作『ミドルマーチ』などの小説を書いたすぐれた作家です。エヴァンズもフォイエルバッハの虜で、同居していたすぐれたジャーナリストのジョージ・ヘンリー・ルーズとともに、イングランドとヨーロッパの知識人に実に大きな影響を与えました。さて博士論文の主旨は次のとおりでした。ダグラスはAMEザイオン教会で講演や説教をし、同教会から深大な影響を受け、そのことをかなり公然と認めてもいるが、内心では不可知論者だった。フォイエルバッハを読んでからはキリスト教のテーマや題材、表現、物語を使うようになったが、経験的知識に基づく信念を持っていたわけではなかった。ダグラスはこうしたことをあまり公にはできなかったが、私的な場ではさかんに議論をした。というわけで、おっしゃるとおりダグラスは啓蒙思想のほうにずっと寄っているように見えます。何かの宗教的権威を信奉したままだったらそこまではいかなかったでしょう(17)。先日の説教ではこうした話はしませんでした。AMEザイオン教会は、それでもダグラスを輩出したことを誇る権利があります。それをいえばコルトレーンもキリスト教徒ではなかったでしょう。教派にとらわれない信心を持っていたなどといわれますが、それでもコルトレーンをかたち作ったのはAMEザイオン教会です。コルトレーンの祖父は同教会の牧師で、幼いコルトレーンはノースカロライナ州ハムレットと同州ハイポイントで牧師を務めていた祖父の家で育ちました。ダグラスがどの程度世俗的だったかについてはもっと調べなければいけません。

ブッシェンドルフ　ダグラスは途中で立場を変えるようですが、わたしの目を引くのはダグラスのヒューマニズムへの言及の仕方です。まるで、本当は宗教などいらない、人間の尊厳や自由を得る権利など啓蒙思想が唱える価値を信じるので十分だと言いたかったように受け取れるのです。でもおっしゃるとおり、ダグラスはそんな考えを明言することはありませんでした。しばしばほのめかしてはいますが、公に「わたしは不信心者だ」と認めるわけにはいかなかったのでしょう。

ウェスト　そのとおり。イギリスを訪れたときも、ダグラスはロバート・バーンズの生誕地に行きたがりましたね。ダグラスにとってバーンズはたいへん大きな存在だったからですが[18]、バーンズを経て、「でもいちばん気に入っているのは偉大なバイロン卿だ」ということになります。

ブッシェンドルフ　そうそう、自由に関してはバイロンをよく引用しています[19]。

ウェスト　そうです。そしてバイロンを実際によく読んでみるとわかりますが、バイロンは想像の力を非常に重視しながら「神の蝕」論を肯定しています。言い換えれば、バイロンのようなロマン主義にはある種の世俗主義化が伴うので、ダグラスはその点でバイロンから深い影響を受けたはずです。何よりもまず自由の闘士であり、大事なのは想像、背信、変化であり、神ではない。しかしダグラスはそうした世俗主義的な面を前に出すことはできませんでした。先のダグラスとフォイエルバッハについての博士論文は出版されなかったと思います。書いたのはマウント・ホリヨーク大学で教えているジョン・グレイソンです[20]。話を戻すと、ダグラスが啓蒙主義の、さらにいえば世俗主義的なロマン主義思想の所産だったのではないかという問いは非常に重要です。そこから、ではダグラスはブラックの知識人の一人として世俗主義思想に関してどんな業績を残したかという問いにつながるからです。わたしはブラックの知識人のなかでもっとも世俗主義的な思想家は断然リチャード・ライトだと思っていますが、ライトがダグラスについてどう書いているか調べてみたらおもしろいでしょう。

ブッシェンドルフ　先ほど話に出た有名な演説、「奴隷にとって七月四日とは何か？」でダグラスは、白人である「市民のみなさん」と「アメリカの奴隷の側に立つ」自分とを明確に区別しています。両者の地位の違いは「この独立記念日はあくまであなた方のものであり、わたしのものではない」という言葉にもっともよく表れています。[21]これは、アフリカ系アメリカ人は自分たちをアメリカという国家の一員と考えることができるのか、というきわめて根源的な問いにつながります。奴隷解放後も、アメリカという国民国家への帰属意識の問題はアフリカ系アメリカ人にとって非常に重大で、論議を呼んでもきました。一つの答えとして人はみな兄弟であるという考え方があります。人類とは誰もが属する共同体であるという概念で、ブラックの人びとが国家としてのアメリカに誓いを守れと求める際に根拠とするものです。[22]ダグラスのほか多くのブラックの著作家がこの考え方をしており、それはたとえばアイダ・B・ウェルズやW・E・B・デュボイスの自伝からも読み取れます。アフリカ系アメリカ人の国家への帰属意識についてはどうお考えですか？

ウェスト　あるべき国家の姿を前提にするなら、つまり自由で、平等で、公正であり、他の国家に敬意を払い、他国と協調する外交政策をとる潜在力と可能性のある国家を前提とするなら、アフリカ系アメリカ人がその国家への帰属意識を持つことはある程度は望ましいと思いますね。

ブッシェンドルフ　「ある程度」とは？

ウェスト　ある程度というのは、ブッシェンドルフさんもナショナリズムという近代でもっとも強力なイデオロギーにややとらわれすぎているということです。わたしはナショナリズムというものをどうしても信用できません、潜在的なものでも現実のものでも。「地に呪われたる者」[23]にかかわる国際主義が十九世紀後半から二十世紀前半にかけてもっとずっと勢いを増していたら、二十世紀はあそこまで野蛮で、専制的で、排外主義的にならなかったでしょう。最近になってグローバリズムや国際主義が以前よりずっともてはやされ、話題に上るようになってはいますが、それでも資本主義などさまざまな主流の世界観に容易に支配されてしまうことが多いでしょう。

ブッシェンドルフ　でも人類の共同体といった観念はウェストさんが批判しているものの反対にある観念ではありませんか？　どう考えればよいのでしょう？　ナショナリズムに陥らないようにするにはどうしたらよいのでしょう？

ウェスト　わたしに言わせれば、ナショナリズムに対抗する三大勢力は、潜在か現実かを問わず、マルクス主義、根本からの民主化運動や民主主義思想、そして預言者的な宗教観です。マルクス主義の視点に立つと、中心に国際主義やグローバリズムがあり、それが常に労働者階級の運動などと連動しています。だからこそわたしはマルクス主義に深く共鳴するのです。二つ目の根本からの民主化運動も庶民のことを考えている。その人たちがどこにいようが、国がどんな状況に置かれていようが、地理面でどんな場所にいようが関係ありません。三つ目の預言者的宗教は――わたしにとってはとくに、預言者的キリスト教が大きな意味を持つのですが――象徴として十字架がありますね。これが表しているのが破局、つまりローマ帝国に傷めつけられた一人のユダヤ人の身体です。それがある種の愛、もっとも小さな者への気づかいにつながっています。どんな国もその十字架より上位にはなく、あらゆるナショナリズム、あらゆるイデオロギーでさえもその十字架の下位にある。その十字架はまさに人間の条件に含まれる不面目、悲惨、恐ろしさ、破局を表しているのです。その苦しみをなんらかの声、使命、先見に変貌させて（「マタイによる福音書」の第二五章にあるように）もっとも小さな者に力をやるにはどうしたらいいのか？(24)　わたしにとってこの三つは互いにからみ合っています。だからマルクス主義もなくてはならないし、根本からの民主主義もなくてはならない。

ブッシェンドルフ　それでは、なぜナショナリズムに対抗する勢力に啓蒙思想に出てくる同胞愛や普遍主義を含めないのでしょうか。歴史上で啓蒙思想がたまたまあのように発展し、合理性も伴ったから進歩が疑われなくなったという点であまりに楽天的であり、偏りすぎていると考えるからですか？

ウェスト　そこは誰を取り上げるかによります。たとえばヴォルテールの『カンディード』ですが、楽天主義をあそこまで深く掘り下げた作品はないでしょう。パングロスなど登場人物をうまく使っています。またディドロの『ラモーの甥』にも同じことがいえるでしょう。ヨーロッパの啓蒙思想がすばらしいのは、まさに同族の仲間意識や排他主義、ナショナリズムなどを粉砕し、代わりに正義という大きな理想を掲げたことです。ヴォルテールもそう、ディドロもそう、カントもかれなりの自立性と合理性の複雑な概念を通じてそうしましたし、レッシングもそう読めます(25)。

ブッシェンドルフ　では何が引っかかるのでしょう。なぜナショナリズムに対する観念だと考えないのか――そうではなくて、最初からマルクスに含まれているということでしょうか？

ウェスト　そうですね、わたしにとってマルクスとは啓蒙思想の立派な果実の一つであると同時に、ある種のロマン主義の流れを引いてもいます。ロマン主義者を低く評価したいわけではなく、バイロンやシェリーといった人たちはみなすばらしいと思います。シェリーはギリシア独立のために死にましたが、ギリシア独立はかれにとってあらゆるかたちの抑圧に苦しむすべての人びとの独立を求める運動に連なるものでした。だからわたしは啓蒙主義あるいはロマン主義を代表する思想家を軽んじたいのではまったくありません。それに東洋やイスラムのことは十分知りません。そちらにもきっとすばらしいヒューマニズムの伝統があるでしょう。というわけでこの点ではブッシェンドルフさんと同意見です。

ブッシェンドルフ　ジョン・ストーファーがダグラスについての小論で、知識人としてのダグラスのことを次のように書いています。

全編を通してダグラスは著名な白人作家の言葉を引用したり自分の言葉に言い換えて紹介したりする。登場するのはコールリッジ、サー・ウォルター・スコット、シェイクスピア、バイロン卿、アリストテレス、ミルトン、マルティン・ルター、ウィリアム・クーパー、ロングフェロー、ウィティアー。このほか聖書を出典とする箇所も少なくとも三五カ所ある。こうした言及は、ダグラスの知力が増しつつあったことを示すにとどまらず、人種間《カラー・ライン》の差をなくそうとするダグラスの努力のほどを明らかにするものである。ダグラスはW・E・B・デュボイスの先鞭をつけている。デュボイスは『黒人のたましい』(一九〇三年)で「シェイクスピアは、わたしがそばに坐っても顔をしかめたりしない」と言い切った。『屈従と自由』でダグラスはデュボイスと同様、「文化の王国をともに作る者」になろうとし、人種の差を超越したところに存在し、黒人でありアメリカ人であるという二重の自分を、より高く、より真の自分に近い存在に同化させようとした[26]。

しかしダグラスは知識人というよりむしろ活動家であると考える人もいます。ウェストさんはブラックの知識人が置かれる苦境について書いていらっしゃいますが、ダグラスはどんな知識人だったのでしょう? ウェストさんはグラムシの「有機的知識人」の概念を広めてもきましたが[27]、ダグラスも有機的知識人であると考えますか?

ウェスト　ダグラスが知識人であることは確かです。学者ではありませんが、明らかに知識人です。ダグラスは近代で最高の雄弁術を持つ人だったと思います。キケロやクインティリアヌスが「弁ずる知恵」と呼ぶ、印象に残り感動を誘い、理性だけでなく心と魂にも響き、聴いた者に考え、行動させるような話ができました。それができて、ある種の知識人でない人はいないのではないか。そうでしょう。ダグラスは有機的な知識人だとも思います。ダグラスは一つの運動、つまり奴隷制廃止運動によってかたち作られた知識人です。アメリカ史上で最大の運動、いえ、近代で最大の運動といえるかもしれない、少なくとも十九世紀で最大の運動だったことは確かでしょう。そんな運動によってかたち作られ、育まれ、養われた人がいるということ——ダグラスの場合、時間の経過とともにかれの知性がどんな刺激を受けたかや、運動の目的である自由と正義を獲得しようとするうちにさまざまに異なる思想家の著作を読んでいく様子が手に取るようにわかります。学校に行かず、運動の文脈の中で読み書きやものの考え方を本格的に学んだグラムシ流の有機的知識人なんてめったにいないでしょう。そんな人はなかなかいない。マルクスでさえそうではなかった。『デモクリトスの自然哲学とエピクロスの自然哲学の差異』という博士論文を書いたとき、マルクスはどの運動にもまだ参加していませんでした。

　ダグラスについていえば、ウィリアム・コベットを読んでいたのだろうかと思います。コベットはすぐれた文化社会評論家で、労働者階級や大衆が直面する問題に関心がありました[28]。ハズリットは読んでいたのでしょうか[29]。ラスキンは読んでいたのでしょうか[30]。ウィリアム・モリスはどうでしょうか[31]？　どうなのでしょう。ダグラスがカーライルを大いに気に入っていたのはわかっています。これはたいへん興味深いことです。ダグラスはカーライルの『英雄崇拝論』から大きな影響を受けていますし、『衣服の哲学』から『フランス革命史』あたりまでのカーライルは社会批評の面で非常に重要なことを述べています。のちにずっと保守的になり、ニガーについての冊子を出すころにはすっかり衰えてしまいますが[32]。まったく、さっさと死ぬのがいちばんいいこともあるのです。

ブッシェンドルフ　そこからエマーソンにもつながるのではないでしょうか。エマーソンもカーライルが好きでした。

ウェスト　まさにそうです。でもダグラスがエマーソンを読んでいた証拠はありますか？

ブッシェンドルフ　ありますよ。

ウェスト　でも、広く読んでいたのでしょうか？

ブッシェンドルフ　それはわかりません。でもダグラスの二冊目の自伝の序文を書いたジェームズ・マキューン・スミスがそこで代表偉人の観念を使っています。エマーソンの『代表偉人論』を引き合いに出し、ダグラスがまさに「代表的なアメリカの偉人――同国人の模範」であると主張するのです。(33)ダグラスは『英国の印象』も読んでいます。後年、一八八六年になってからですが。(34)

ウェスト　ダグラスはエマーソンをどのくらい広く、深く読んだのでしょう。西インド諸島の奴隷制廃止記念式典でダグラスとエマーソンが同じ舞台に上がったのは知っています。ゲイ・アレンによるエマーソンの伝記に書いてありました。(35)歴史家はそれを大事として扱います。ハーヴァードにいるわたしの親友でエマーソンについてすばらしい評伝を書いたローレンス・ビュエルもそうでした。(36)たしかにエマーソンはそこでダグラスと重なりますが、二人の結びつきは弱く、親しい関係ではなかった。エマーソンは妻を含めて誰とも親しくなかったのです。でも、もし二人が一緒にいた時間がもっと長かったらおもしろかったでしょうね。それより、ダグラスとメルヴィルの関係について最近論文集が出たそうですが……。(37)

ブッシェンドルフ　そう、ダグラスとメルヴィルを比較してみようとした学者がこんなにいるとはなかなかおもしろいことです。

ウェスト　その論文集はまだ読んでいません。スターリング・スタッキーなどがメルヴィルの『白鯨』その他の作品に見られるブラックの要素やブラックによる影響について論じているのは知っていましたが、ダグラスとメルヴィルですか。それはぜひ読みたい。(38)アメリカ文学にはメルヴィルのような人はほかにいませんからね。ウィリアム・スパノスがメルヴィルについて最近書いた本がありますが、なかなか説得力があります。アメリカ帝国主義に対するメルヴィルの批判について書かれたもので、ハイデガー的解釈もしていて、形而上学の考え方や、具体的な実体験がいかなる哲学上の分類にも含まれないことを受け入れる姿勢を批評しています。ウィリアム・スパノスはわたしの大切な仲間《ブラザー》で、マウント・ハーモン校でエドワード・サイードを教えていました。サイードが大学に行く前のことです。[39]スパノスは『バウンダリー2（*Boundary 2*）』を創刊してもいます。これは初のポストモダンのジャーナルで、わたしはありがたいことにポール・ボヴェ、ジョナサン・アラク、ドナルド・ピーズらとともに編集委員を務めました。スパノスはメルヴィルについて二つの大作を出していて、最初のは全編が『白鯨』について、最近出た二作目はその後のフィクション作品についてです。後者は『ハーマン・メルヴィルとアメリカの召命（*Herman Melville and the American Calling*）』という題で、[40]ナショナリズム、排外主義、例外主義的な考え方に走りがちなアメリカに対するメルヴィルの抵抗を扱っています。ぐっと引き込まれる本です。でもメルヴィルはあまりに深い。ダグラスもダグラスなりの深さがあるとはいえ、メルヴィルとはまた全然異なるので、メルヴィルと並べて考えるのは一筋縄ではいかないでしょう。

ブッシェンドルフ　比較が可能かもしれない点として、ダグラスとメルヴィルが権力をどうとらえていたか、権力関係をどう解釈していたかがあります。その点で二人は対等だといえるでしょう。

ウェスト　それはおもしろい。

ブッシェンドルフ　それからもう一つ、預言者としてのあり方という点も。

ウェスト　たしかにそうですね。おっしゃるとおり。

ブッシェンドルフ　ウェストさんの定義によれば、預言者というのは結果を予言する者ではなく、具体的な悪を見てそれとわかる者ですが、ダグラスもメルヴィルもそれができました[41]。

ウェスト　そのとおりです。その点では二人とも根底から預言者であるといえるでしょう。しかし同時に、ダグラスは紛れもなく活動家だったのに対し、メルヴィルが活動家だったとは到底いえません。少なくとも政治活動家ではなかった。言語分野の活動家だったとはいえるかもしれません。そもそも、具体的な悪を見分けることは紛れもなくアクティヴィズムの一つの形態ですからね。メルヴィルとダグラスを比較する研究が行なわれているのには実に興味をそそられます。

ブッシェンドルフ　ナショナリズムに話を戻すと、ダグラスについて最近また別のおもしろい論文が出ています。先ほど話に出たダグラスとメルヴィルについての論文集の編者の一人、ロバート・レヴィーンが書いた『人種と国家を考え直す（*Dislocating Race and Nation*）』の中の一章です[42]。レヴィーンはウェストさんもしておられる、国家の側についた後年のダグラスに対する批評を取り上げます。アメリカの愛国主義などに注力したダグラスについてよく持ち出されるのがサント・ドミンゴ、のちのドミニカ共和国の併合問題です。併合の是非を検討するのにかかわっていたダグラスは、政府の委員会の一員として現地に行き、住民に話を聞くなどしています。そしてグラント大統領との対話の中で併合を勧めたようであるため常に批判されてきました。レヴィーンは当時の議論を吟味し、チャールズ・サムナーやカール・シュルツといった人たちは併合に反対してはいたが、ダグラスの視点からすれば誤った理由で反対していた面もあることを示しています[43]。サムナーらは気候の理論に基づいて反対していたのですが、これが人種差別的でした。サムナーらによれば、併合すれば「熱帯の」黒人住民が増えるが、かれらは文明化して米国国家に加えるのに適していない。地球上には特定の人種のための地域があり、そこには他の人種を入れるべきではないという。

このように、併合に反対するサムナーらの反帝国主義的主張は進歩的であるようで、同時に人種差別的でもありました。対してダグラスは併合を支持していました。サント・ドミンゴの黒人の同意を得るという条件つきではありましたが、ダグラスは同意を得られると考えていた。ご存知のとおり結局併合はされませんでしたが、当時は非常に詳細な計画が立てられていました。ダグラスを批判する大半の歴史家は「併合を支持するなんてよくできたものだ」と批判しますが、このようにレヴィーンはもっとずっと複雑な事情を明らかにしています。

ウェスト　でも仮にダグラスが自分なりに正当な理由を根拠に併合に賛成していたとしても、米国政府の一要員だったわけで、米国政府がダグラスとは異なる理由で併合をした可能性も高いでしょう。併合による効果や影響について、最後には政府の判断が優先されるのですから。

ブッシェンドルフ　そうです。でもレヴィーンは大統領の書類も調べました。大統領の私的なファイルの中に、ある「覚書」があります。これは大統領が自ら作った文書で、「サント・ドミンゴを合衆国に併合するべき理由」を一覧にしたものです。(44) そこにはどんなことが書いてあるのでしょう？　併合をするべき理由とは？そう、経済上の理由が並んでいます。

ウェスト　当然です。鍵は資源でした。

ブッシェンドルフ　そのとおり。でも興味深いことに、理由に人種問題も含まれていました。たとえば、米国のブラジル産品への依存度が低くなれば、当時ブラジルで続いていた奴隷制の撤廃を図るのに有利になる、といったことです。

ウェスト　それはおもしろい。それは重要な事実です。ダグラス自身も奴隷制廃止運動の内部でかなりひどい人種差別に遭っていたことを忘れてはいけませんからね。ダグラスを一人の人ではなくただの象徴と見世物にし、ジョン・コリンズなどは常にダグラスに「理念のことなど考えるな。ただ事実を話せばいい」と言いつけていたほどです。(45) そんな中、ウィリアム・ホワイトのようにダグラスの命を救った人もいました。ハーヴァードを卒業した白人の男《ブラザー》が危険を顧みずにダグラスを助けたのです。ダグラスがインディアナ州ペンドルトンであやうく殺されかけたときのことです[46]。そのように自分を気にかけてくれる白人の仲間がいるのもわかっていました。他方で、奴隷制廃止運動の内部の人種差別についてダグラスは非常に敏感でした。だからこそ、反帝国主義者による人種差別的な言動にも敏感だったであろうことは理解できますね。複雑な事情があったのならそれを認めるのはたしかに大切なことです。ただ最終的にはわたしはもっともな主張をする米国政府よりも、もっともな主張をする反帝国主義の側につきたい。ダグラスは歴史上の間違った側についていたのですよ。ニカラグアにいた、『元黒人の自伝（*The Autobiography of an Ex-Colored Man*）』を書いたジェームズ・ウェルダン・ジョンソンと似ています[47]。ジョンソンが中米にいたのは――この小説を書いたのも中米でのことですが――アメリカ帝国の人員としてでした。ジョンソンは現地で会社の進出を助けつつ、帝都つまり本国アメリカでのさまざまな抑圧行為について書いているのです。同一人物の中にこうした矛盾があるのは興味深いことです。でもそれをいえばわたしたちはみな矛盾を抱えているのでしょうね。

ブッシェンドルフ　ここで現時点でのダグラスの重要性を考えてみましょう。ウェストさんは先日、パブリック・ラジオ・インターナショナルでのタヴィス・スマイリーとのインタビューで、ダグラスがリンカン大統領に影響を及ぼそうとしたこと、リンカンが奴隷制廃止のためにもっと断固として行動するように促したことを話しました。さらにオバマ政権の展望に関連して、今日にもダグラスが必要である。現代のアフリカ系アメリカ人や、かれらに限らずネオリベラル政治の悪影響に苦しむあらゆる人種のアメリカ人が直面する諸問題についてオバマ大統領に圧力をかけるダグラス的人物が必要だ、ともおっしゃいました。オバマは演説などでリンカンやダグラスを引き合いに出します。

ウェスト　まさにそこです。バラク・オバマは頑張っていますが、リンカンを間違ってとらえています。その点でもダグラスがヒントになるかもしれません。ダグラスとリンカンの関係をよく見ると、リンカンはダグラスにアメリカの人種差別主義者の代表だと呼ばれたり、有名な話ですが、ウェンデル・フィリップスには「イリノイから出てきた奴隷狂い」と呼ばれたりしているので、いったいどういうことかと思うでしょう。リンカンのそういう姿を人は真剣に受け止めたがりません。でもそれも歴史に残っているリンカンの一面なのです。オバマがリンカンを間違ってとらえているとはどういうことか。オバマはリンカンが敵手、とくに自分より右にいる者たちに手を差し伸べるような人物だったと思っているのですね。だからリンカンに倣ったつもりで自分と反対の政党や政治団体や勢力から人を迎えたりする。しかしリンカンはその時代の人であるにとどまらないのです。リンカンの尊敬の的だったのはケンタッキー州の奴隷所有者、ヘンリー・クレイでしたし、もっとも親しい友人も奴隷取引業者のジョシュア・スピードです。リンカンはスピードとは四年間も同じ床で寝ていたうえ、何度も会いに行っています。リンカンはケンタッキーに行くたびにスピードがあてがってくれた専用の奴隷を使うのです。

　だからといってリンカンが奴隷制を嫌悪していなかったことにはなりませんが、リンカンが現状にとくに不満もなく、すぐに何かしようと考えてはいなかったことにはなります。イリノイ州の黒人《ブラック・コ》法《ーズ》にも反対しません。この法によりブラックは同州に入るのに金を払わなければなりませんでした。リンカンが連邦議会の下院でワシントンDCでの奴隷取引に賛成票を投じていたこと、一八五〇年の逃亡奴隷法を強く支持したことも歴史上の事実です。逃亡奴隷法に賛成したのでとうとう奴隷制廃止論者たちの堪忍袋の緒が切れたといってもいいでしょう。リンカンは一期目の大統領就任演説で憲法修正第十三条の原案を支持してもいます。これは、南部への譲歩として南部での奴隷制を永続させ、その点について憲法修正を認めない修正条項でした。[*13] それを「はい、受け入れます」とリンカンは言ったのです。それでダグラスは絶望してハイチへの移住を考えたほどだったでしょう。ダグラスは何度かリンカンのことを奴隷制支持派の大統領と呼んでいますが、このときもそうでした。

大半の歴史家はリンカンのこうした面を扱おうとしません。そんな面を直視したくないのです。でもオバマは、そんな面も自分が大好きなリンカンを語るうえで欠かせない一面であることを認めなければなりません。さらに、リンカンはダグラスのいう奴隷制支持派の大統領だけではなかったことも認めなければ。リンカンはブラックの植民を進めようとした大統領でもありました。リベリアかハイチのカウ・アイランド[*14]――リンカンが資金を用意し、三〇〇人以上が行って死んでいます――あるいは当時コロンビアにあったパナマ地峡への移住を支持しただけではない。ブラックの植民を好ましいことだと考えていたのです。わたしたちの多くがひどく大切にするのは死ぬ前の二年半のリンカンに限られていますが、そのリンカンは奴隷制廃止運動があったから、ハリエット・ビーチャー・ストウ、ウェンデル・フィリップス、チャールズ・サムナー、そして頂点にフレデリック・ダグラスがいたからあり得た。だからオバマ大統領にはこう言いたい。「ちょっと待って、あなたは共和党員を中国大使に任命しただけでなく、内閣にも共和党員を入れました。そのように敵手を自分のチームに入れてリンカンと同じことをしていると思っていますが、それではリンカンを矮小化し、骨抜きにし、自分の解釈にはめているだけです。それは勘違いです。リンカンが偉大とされるようになったのは社会運動があってこそなのです」。バラク・オバマは社会運動にかかわる人にたいへん強い警戒心を持っています。体制の虜になったオバマは、とりわけ金融界を安心させたい。またウォール街に心を奪われ、ネオリベラル経済学者、つまりこの一五年から二〇年の間、エリートの利権保持を正当化してきた経済学者たちの言うことに夢中です。その点、偉大なリンカンのほうはそんな人たちに心を奪われてなどいませんでしたよ。とんでもない。偉大なリンカンならこう言うでしょう。「フレデリック、それはもっともな指摘です。ハリエット、あなたのせいでこんな騒動になってしまった。でも遅かれ早かれあなた方の主張を真剣に受け止めなければならないのでしょうね。わたしは奴隷制廃止論者ではないが奴隷制はたしかに嫌いです。いますぐに白人優越主義に打ち勝ち多人種からなる国家を創り出すことができるとは思いませんが、いま社会で起きている運動に影響を受けていることは認めます」。そこでこんなことを考えます。「そうか。ではバラク・オバマに影響を及ぼしている社会運動はなんだろう?」環境保護に関する運動、それが唯一可能性のある運動でしょう。オバマは環境問題にはよく力を入れているようです。これは本当に。[48] でもブラックの自由を求める運動となると、オバマはその運動を自分に都合のいいように変えるまでいかなくとも、無力化させようとしていますね。オバマはこの運動に対してそれは及び腰になっています。見ればわかります。

ブッシェンドルフ　そんな態度を取っているのは単なる戦略ではないということでしょうか。アメリカの政治家、とくに大統領にまでなると手段が限られてしまい、行きすぎる、とくに左に寄りすぎると一巻の終わりだということに気づくのかもしれません。となると、その狭間をどう進めばいいのでしょうか?

ウェスト　結局は、根本的には姿勢の問題だと思います。フランツ・ファノンがよく述べていたことですが、自分の存在、自分が何者であるかを明確にするのに、物事に取り組む姿勢が参考になります。バラク・オバマはみんなから好かれたい人間であり、深いところにある対立を直視しないままある種の落としどころを創り出せる状態でいるのが好きな人間です。この点に関してオバマはダグラスから多くを学ぶことができます。オバマは権力の譲歩などをするにあたりダグラスを引き合いに出すことで自分の行為を正当化しているつもりなのかもしれませんが、ダグラスはそうした行為の本当の深さをよく理解していました。つまり中道に真実はない。真実は表面的な、可もなく不可もない主流の対話の中には見つからない。真実はそういうものの下に埋まって、隠れているのだが、いったん見つけたらそれについての立場を明確にしなければならない。立場を明確にすれば誰からも好かれるわけにはいかなくなる。自分をつぶそうとする人、のしかかってくる人、殺そうとする人が出てくる、といったことです。オバマはといえば、今でも常にメディアに攻撃されてはいるものの、わたしにはオバマが主義主張を持って立場を明確にし、危険を冒し、各方面から攻撃の矢が飛んでくるのに耐えられる人になりたがっているようには見えません。オバマはそういう人間ではない。ブラックの自由闘争はさまざまな戦略や取り組みを生み出してきましたが、その運動の中で傑出する人物たちは、ダグラスもそうですが、自分が誰からも好かれることはできないことをわかっています。マーティン・ルーサー・キング、ファニー・ルー・ヘイマー、エラ・ベイカー、マルコムXらのことを考えるとわかりますが、バラク・オバマはそんなスタイルにはまったく馴染めないのです。

ブッシェンドルフ　ダグラスの演説の中に、いまウェストさんが述べたことにふれる有名な一節があって、オバマも引用しています。「権力は求められずに譲歩などしない。そんなことは過去にもなかったし今後もあり得ない」(49)。でも同じ演説でダグラスはこう言ってもいます。「自由がいいと口では言いながら社会的な運動を軽視する者は、土地を耕さずに収穫をほしがる者である。雷鳴や稲妻を嫌いながら雨が欲しいと言うのである」

ウェスト　それはぐっときますね。ダグラスはちゃんとわかっていた。

ブッシェンドルフ　さらにこう続けます。「どの民でも、かれらがどの程度まで黙って服従するかを見てごらんなさい。それとまったく同じ程度の不正と不当がその民に課されることになるからです。その不正と不当は言葉や暴力による抵抗に遭うまで続くでしょう。圧制の限界は、圧制者が抑圧する者がどこまでその圧政を許容するかで決まります」。これほど心を動かす言葉は……でもオバマは、ここは引用しませんでした。

ウェスト　オバマはそこまでしませんでした。そう。それは、いまの一節のどこかがバラク・オバマの魂の一部になっていないからですよ。結局、人は誰でもその人であり、ほかの人ではないのです。

ブッシェンドルフ　でも、そういうほかの人たちがいなかったらオバマもここまで来られなかったとはいえますね。

ウェスト　そうです。まさにそのとおり。オバマが燃えるダグラスのあとに続いていたら、アメリカ帝国の代表者にはなっていなかったでしょう。それは間違いない。それがバラク・オバマの強みでもあり、大きな足枷となっているものでもあります。

ブッシェンドルフ　社会の体制もそんな人を大統領にするようにはできていません。

ウェスト　そのとおりです。実際、おそらくもっとも重要なのは、オバマが権力の座につくのを許さず、認めないような体制でしょう。だからこそオバマが当選したのが歴史的なことだったのですし、そんな体制であるからこそわたしもかれを支持した。でもはっきりさせておかなければならないのは、わたしたちの多くがオバマを支持することにしたのも、わたしたちの多くがオバマやいまの体制を批判するのも、同じ真実に基づいているということです。初期のダグラスなら理解してくれるでしょう。後年のダグラスはオバマに利用されるかもしれず、その場合は実際のダグラスの変化ともよく合致します。ある意味でオバマはまさにダグラスを要職に任命したのと同じ体制を率いているのです。

ブッシェンドルフ　もう一つ取り上げたいことがあります。自伝の中でダグラスはエドワード・コーヴィという奴隷調練者と格闘したときのことを詳しく書いていますが、そのとき自分には死ぬ覚悟があったと述べています。アメリカ革命時代の有名な言葉「自由を与えよ。さもなくば死を」を持ち出して。(50) そこから、自由を得るために命を惜しまないという考えをダグラスが大切にしていたことがわかります。その思いは、ダグラスの業績、少なくとも前半の業績に通る一本の赤い糸のようです。
ウェスト　自分の身を捧げる用意があった。
ブッシェンドルフ　そうです。ウェストさんもご自分について同じようなことを述べているので興味を覚えました。
ウェスト　たしかに。ただ、自分の命を捧げる気でいるのが究極の大義だとしても、死ぬ前の人生をどう生きるかもその次に大きな問題であり、わたしにとっては同じくらい重要なのですよ。自分の時間と活力をどう使うか？　死ぬまでに与えられた時間と活力とはつまりどちらにも限りがあるということです。そこにも真実と権力との緊張関係があり、自分がどう動くかが問題になる。何があっても真実を語る、見たままのことを述べてあっけなく社会に置き去りにされるのか、政治、経済、文化の権力を手に入れようとしてしばしばあっさりと吸収され、取り込まれるのか。その対立、そのせめぎ合いにどう対処するのか。初期のラルフ・バンチ——マルクス主義者、左派で、米国の資本主義を強力に批判していました——と後年のラルフ・バンチとの違いにも表れています。後年のバンチは骨の髄までブラック・ブルジョワで、ノーベル平和賞受賞者としてワシントンDCのブラックと白人両方の上位中流階級の社交の場に出入りし、体制にすっかりはまっていました。同様の転換がダグラスにも見られます。シェイクスピアの朗読会に参加し、一五エーカーもある屋敷「シダー・ヒル」はアナコスティアのホワイトハウスのよう。ダグラスがそこで茶会を聞き、とりとめのないあれこれの話題についてごく上品な会話をする間も、ブラックの人びとはジムクロウ下で辛酸をなめていました。
『名前を変えた奴隷制（*Slavery by Another Name*）』という新刊は読みましたか？(51) なかなかの本です。著者はなんと『ウォール・ストリート・ジャーナル』のアトランタ支局長で、南部出身の白人の男《ブラ》性《ザー》、名前をブラックマンと言います。人生はなんとおもしろい皮肉に満ちていることか。それはさておき、著者はどちらかといえば中道派で、本書はグリーン・コテンハムという男の白人とブラックの家族を追った五〇〇ページほどの作品です。いくつもの賞を受賞していて、読み出したら止まりませんでした。というのもなんと著者はジムクロウが奴隷制の一形態だったと結論づけているのです。これは何年も前から多くのブラックの学者や進歩的な学者が正しいとしてきた見解で、たとえばレオン・リトワックの『心の葛藤（*Trouble in Mind*）』、これはジムクロウについて書かれたもののなかでもっともすぐれています。[52] それでリトワックのあとは誰も何も書いていないなどと言われたものです――そんなことはないのですが――ブラックマンは次のようなことを述べています。「これは名前を変えた奴隷制である。奴隷制のほかにこれほど悪質なテロリズムをわたしは想像できなかった」。『名前を変えた奴隷制』は十九世紀後半から始まり、コテンハム家の白人とブラックの構成員たちの人生がどのようにからみ合っていたかを描きます。家族の中でもブラックの者はジムクロウに巻き込まれ、それはひどい目に遭います。本書は主として登場人物たちの物語であり、単なる社会分析ではないのですが、そこに書かれている話は実際に何世代にもわたって続いたことの典型です。考えてみれば、ダグラスは一八九五年に亡くなりましたが、ジムクロウは一八七〇年代に作られはじめ、一八八〇年代には明確なかたちをとり、一八九〇年代には法で定められ、一九六〇年代まであった。となると知りたくなるのはこれです。一八七〇年代から八〇年代にかけてジムクロウが発展しつつあったとき、初期のダグラスの声はどこにあったのか？

ブッシェンドルフ　それでも、アイダ・B・ウェルズなどはダグラスを弁護し、ダグラスの取り組みに感謝しています。ダグラスを理想化していたかはわかりませんが、ウェルズは後年のダグラスのことも本物の闘士として受け止めています。

ウェスト　そうですね。ちなみにジムクロウというかたちをとったアメリカ版テロリズムを前にして、アイダほど堂々と正義のために戦った運動家はいません。

ブッシェンドルフ　リンチを正当化する理由としてよく挙げられる事柄が真実でないとダグラスにわからせたのもウェルズでした。ご存知のとおり、ウェルズはリンチ事件の統計や事例を調べてその結果をダグラスに伝えています。それでダグラスは自分がリンチを正当化するプロパガンダの側についていてはいけないことに気づき、考えを変え、先ほどウェストさんが話に出した演説をすることになったのでした。

ウェスト　そう、ダグラスの最後の演説、一八九四年の「いま学ぶべきこと（Lessons of the Hour）」はすばらしい。心を揺さぶる演説です、間違いない。初めて読んだときのことを覚えています。この演説でダグラスは過去を振り返っています。もう少しで自省ともいえる内容で、過去を振り返ってこんなことを述べています。「解放された奴隷に与えられている偽の自由に騙されるな。新たな問題が起きている。アメリカよ、この問題に取り組め。さもなければそなたは負けるだろう」。でもアイダ・B・ウェルズやデュボイスの頭にあったのは——ブッシェンドルフさんも指摘しているとおり、デュボイスは『夜明けの薄闇』の表紙でダグラスの肖像の前に立っていますが(53)——フレデリック・ダグラスの精神を自分の行動の中心に据えずに米国で自由の闘士でいるなど考えられないということでしょう。これも、奴隷解放宣言までの二三年間でダグラスが見事に成し遂げたことのうちに入ります。その二三年間だけでもそれだけのことをした。奴隷解放後、ダグラスは運動を離れてゴルフでもしに行くこともできました。ウィリアム・ロイド・ギャリソンなど多くの人はそうしています。かれらとしては、自分の仕事は終わっていたのです。

ブッシェンドルフ　事実、ダグラスも一時期、そんなことを考えました。どこか農場に引っ込んでもっと静かな生活をしてはどうだろうか？[54] 自分はもう十分働いたのではないか――

ウェスト　――一度の人生には十分だと。それは理解できますね。そうでしょう。マーティンやマルコムが後年に活動をやめただろうとはとても考えられませんが。あの二人はとにかく燃え盛っていたので、最後まで燃えつづけていただろうと考えざるを得ない。何があっても、六十五歳、七十歳になっても。デュボイスも同じで、九十五歳になってもまだ燃えていましたね。誰が見ても明らかで、燃えずにはいられなかった。火のついた魂というのは実に美しいものです。間違いない。

第2章

# ブラック・フレイム

——W・E・B・デュボイス

# W・E・B・デュボイス略年表

**W.E.B. DuBois［1868-1963］**

| | | |
|---|---|---|
| 1868年 | 2月 | マサチューセッツ州グレートバリントンで生まれる。 |
| 1885年 | 9月 | フィスク大学に入学。初めて南部へ。 |
| 1888年 | | ハーヴァード大学に編入(90年学士、91年修士、95年博士)。 |
| 1892年 | | ドイツに留学(～94年6月)。 |
| 1895年 | 9月 | **ブッカー・T・ワシントンの「アトランタ演説」。** |
| 1896年 | | ニーナ・ゴーマーと結婚。フィラデルフィアで調査を開始(99年に『フィラデルフィアの黒人』として発表)。 |
| 1897年 | 12月 | アトランタ大学へ(～1910年)。 |
| 1899年 | 4月 | **サム・ホーズ事件** |
| 1903年 | | 『黒人のたましい』 |
| 1909年 | | 全米有色人向上協会(NAACP)の創立に関与。 |
| 1910年 | | アトランタ大学を辞しNAACPの理事に。機関誌『クライシス』を編集(～34年)。 |
| | 8月 | 「白人のたましい」 |
| 1913年 | | 『エチオピアの星』初演。 |
| 1919年 | | パリでのパン・アフリカ会議を組織(1921年、23年、27年、45年にも開催)。 |
| 1920年 | | 『ダークウォーター』 |
| 1924年 | | 『黒人がもたらしたもの』 |
| 1934年 | 5月 | 『クライシス』編集長を辞し、アトランタ大学へ(～43年)。 |
| 1935年 | | 『ブラック・レコンストラクション』 |
| 1940年 | | 『夜明けの薄闇』 |
| 1944年 | | アトランタ大学を退任させられ、NAACPに(48年12月に解任)。 |
| 1950年 | 4月 | 平和情報センターの議長に。 |
| | 7月 | 妻ニーナ死去。 |
| 1951年 | 2月 | 平和情報センターの登録不備を理由に起訴される(51年11月に無罪判決)。 |
| | | シャーリー・グレアムと再婚。 |
| 1957年 | | 『ブラック・フレイム』三部作(～61年) |
| 1958年 | | 6年ぶりに旅券が発行され、ソ連や東欧、中国を訪問。 |
| 1960年 | 7、8月 | ガーナに滞在。エンクルマ大統領にアフリカ百科事典の編纂を依頼される。 |
| 1961年 | 10月 | アメリカ共産党に入党。数日後、ガーナに渡る(63年、ガーナ市民)。 |
| 1963年 | 8月 | ガーナで死去。 |

ブラックの大統領が登場したことで、それが預言者的な営みにとってどのような意味を持つのかという問いが持ち上がった。ブラックの人びとが、この象徴的な成就を全面的な勝利だと勘違いするようなことはあるのだろうか？　ブラックであること《ブラックネス》が認められたかたちとなったことに喜ぶあまり——二〇〇八年の金融危機によって明らかに損害を受けたにもかかわらず——まともな収入、住居、教育、医療、職といった面で白人とブラック、金持ちと貧者とのあいだの格差がなくならず、むしろ拡大している現状から目をそむけるようなことがあるだろうか？　こんなときこそ、預言者的伝統に連なる賢者たちの腐敗を知らない声に耳を傾ける必要がある。わたしたちは対話を続けることにした。ダグラスの次に取り上げるのはW・E・B・デュボイス以外に考えられなかった。デュボイスが二十世紀でもっとも重要なブラックの知識人であることに議論の余地はない。この対談では、デュボイスの思想のよりラディカルな面を掘り下げ、米国に対するデュボイスの徹底的な批評に正面から向き合うことにした。デュボイスのアメリカ批評はあまりに痛烈であると受け止められることが多く、そのためアメリカ人の総体としての記憶に（それをいえばアフリカ系アメリカ人の総体としての記憶にさえ）残っていない。本章の題は、デュボイスが晩年に書いた歴史小説の三部作から取った。[1]

クリスタ・ブッシェンドルフ　W・E・B・デュボイスは長く輝かしい現役生活を送り、多才で、数多くの著作もあります。このためデュボイスが生涯をかけて取り組んだことを評価しようとするのは容易ではなく、どこから手を付けたらいいのかわからなくなりそうなほどです。そこで、ウェストさん自身がデュボイスについての著書の中でどんな指摘をしてきたかを振り返るところから始めるのがいいのではないかと思います。デュボイスについてはかなり書いていらっしゃいますね。アメリカのプラグマティズムについての著書ではデュボイスのことを「ジェームズ流の有機的知識人[2]」、小論「哀退期の文明におけるブラックの奮闘（Black Strivings in a Twilight Civilization）」では「二十世紀を代表するブラックの学者(3)」、さらに「今日のラディカルな民主主義の伝統を維持するのに必要な武器として知識や政治力を使えるようになるために、わたしたちがみな通り抜けなければならない炎の流れのような人(4)」と言い表しています。このほかに、デュボイスの基本的な見解についての詳細な批評も発表しています。

ウェスト　そうですね。まずいいたいのは、W・E・B・デュボイスはジョン・デューイと並んで二十世紀前半のアメリカ帝国でもっとも際立つ公的知識人であるということです。国際的な視点から見ればデュボイスはデューイよりも重要です。デュボイスは帝国の中心性《セントラリティ》を理解していましたし、白人優越主義の中心性とアメリカ帝国の形成についての理解もジョン・デューイを越えていたからです。いまから五〇年、一〇〇年、一五〇年たって、アメリカ版のギボンが『アメリカ帝国衰亡史』という本を書いたとしましょう(5)。そこでは、もっとも先見の明があったとされるのはデューイでもウィリアム・ジェームズでもなく、そのほかの立派な人たちでもなく、デュボイスだったと評価されるでしょう。その意味では、わたしたちはW・E・B・デュボイスの幅や深さや広さを十分に把握できるところにまだ達していないのかもしれません。デュボイスは学者、公的知識人、そして活動家であり、資本主義や階級ヒエラルキーを鋭く批評し、またその階級ヒエラルキーが白人優越主義や人種ヒエラルキーと密接に関連していることを見通していました。ですからわたしたちは自分たちの理解、とくにポスト・アメリカの世界、つまりアメリカ帝国がもはや中心にない世界についての理解を深めるのにデュボイスがどんなに参考になるかをようやく実感しはじめたくらいだと思っています。となるとわたしたちは、自分たちの判断が暫定的なものであることを忘れず、謙虚に、しかし恐れずに、デュボイスという非凡な人物が持つ実にさまざまな面や次元の理解に努めなければなりません。

ブッシェンドルフ　デュボイスが、自伝『夜明けの薄闇』でも認めているとおり、自分が向き合っている問題が一国だけのものでないことに気づくまでに時間がかかっているのは興味深い点です。[6]

ウェスト　そうですね。デュボイスがアメリカ帝国の中心性を真に理解しはじめ、その帝国における人種問題を理解しはじめたのは一九一五年に出した『ニグロとは（*The Negro*）』でのことだと思います。[7]これを読むと、デュボイスが目を覚ましはじめるのが手に取るようにわかります。そしてデュボイスがそうやって目を覚ますときには必ず、二つの重大な結果が出てきます。まず、デュボイスが既成概念を根本から覆すような急進的な主張をするようになる。次に、そのような急進的な見方が主流に受け入れられないこととどう折り合いをつけるかという問題が生まれる。なんといっても、大半のアメリカ人、とくにアメリカの学界の大部分は、とにかくそんなデュボイスを受け入れる用意ができていないのです。デュボイスの考え方を吸収できない、組み入れられない、デュボイスが唱える急進的な主張をわかりやすく言い換えることができない。これはあとに続く者全員についていえるのだろうと思います、わたし自身も含めて。

ブッシェンドルフ　たしかにデュボイスが存命のうちはそのとおりで、学界ではしかるべき評価を得られませんでした。しかしデュボイスは当時の最先端を行く社会学者で、学際的経験論という新しい方法論を考え出しています。[8]デュボイスが白人だったらそのような突破口を開いたことが高く評価されていたでしょうが、デュボイスは、自分は本も出せなかった、フィラデルフィアのニグロについての本を刊行したときも書評が一つも出なかったと不満を述べています。[9]

ウェスト　一八九九年に出た古典的著作『フィラデルフィアの黒人《ニグロ》（*The Philadelphia Negro*）』ですね、たしかにそうでした。でもデュボイスが白人だったとしても、既成観念を根本から覆すようなかれの主張はアメリカの主流にとって受け入れるのが非常に難しく、アメリカの学界にとってはそれ以上に認めにくいものだったでしょう。ブラックだったから余計に難しかったのは間違いないのですが。デュボイスの主張は常に骨抜きにされ、殺菌され、無味乾燥なものにされるような扱いを受けてきました。一方でブラック・ナショナリズムに関して、他方で人種統合論に関しても、当たり障りのない見解のうちにデュボイスを含めてしまうのです。加えて、ブッカー・T・ワシントン[*15]との論争もありましたね。デュボイスは、ワシントンがブラックの公民権や投票権や高等教育を受ける自由の獲得のために腰を上げようとしないことに異議を唱えたのでした。こうしたこともデュボイスという人の重要な部分なのですが、全体からすればそれぞれほんの一片にすぎない。だからこそ、二十一世紀のわたしたちはデュボイスという人がいったいどんなことをしようとしていたのかの解明を始める使命を負っていると思っています。どうしたら、いま生まれつつある文化的自由――隷属させられ、人種差別体制《ジムクロウ》のもとで生きる人びとが見つけつつある自由――が、白人優越主義に非常に深く根差している一つの帝国、資本主義的な思想あるいは資本主義勢力や資本主義的傾向に動かされている帝国を脅かすことができるのか？　デュボイスにとって中心にあるのはこの問いであり、それは今日のわたしたちにもまだまだ解けない問いでもあります。二十一世紀のわたしたちにとって、デュボイスは二十世紀に活躍した人のなかでももっとも注目すべき人であるといえます。デュボイスを無視するのは愚の骨頂です。そうですよ。そう考えると、わたしたちはみなデュボイスという巨人の肩の上に立っているのです。わたしは一五年前にデュボイスが二十世紀を代表するブラック学者であると書きました。当時も心の底からそう思っていましたが、いまはいっそうその思いを強くしています。

ブッシェンドルフ　デュボイスがアメリカ帝国を分析できたのは部外者の立場にあったから、デュボイス本人の言葉を借りれば「集団の中に集団で監禁されている」[10]立場にあったからだということですが、事実デュボイスは、ある社会を批判することができるのはその社会と必然的に距離のある周縁からだけであると確信していたと思います。[11] 周縁にいると、その社会の一員になりきれない部分があるからです。したがって、一般に周縁というのはかなり不利な立場ですが、その点に限っていえば有利でもあります。ウェストさんも自分の置かれた状況について同じ見方をしているのではありませんか。

ウェスト　そのとおりだと思います。もちろん、周縁にいて部外者であっても分析を誤ることはあります。でも、アメリカ帝国の台頭と存続について、またそのアメリカ帝国の中で行なわれてきたかけがえのないアメリカの民主主義の実験について、さらに両者のあいだの緊張について、もっとも認めにくい真実をあえて語ろうとする場合には、その周縁にいるか部外者であるのでなければ始まらないでしょう。その点でデュボイスは正しいと思います。問題は、連帯とその必要条件を考えるなら話が違ってくることです。つまり集団による蜂起が起きる、抑圧されている者たちの中からなんらかの動きが生まれるにはどんな条件が必要かという話になると、どちらかといえば気が滅入るような場合が多い。周縁にいては何もできない、無力であるように感じられるからです。動きが出てきても鎮められることが多く、人びとは何世代にもわたって不当な扱いを受けて苦しみ、顧みられず、そうすると苦しみが何層にも重なっていく。ヴァルター・ベンヤミンの『歴史の概念について』の九つ目のテーゼそのままに、それは破局《カタストロフィ》の歴史、残骸の積み重なりであり、来る世代も来る世代も、貴重な命が、可能性がどんどん失われていく、それが何世代もの間続くのを人びとは目の当たりにするのです。[12]

　九十五歳まで生きたデュボイスがそんな残骸をどう見ていたのだろうか、アメリカ帝国が実は難破していたのに、自分たちは勝利し、敵なしで太陽のもとを航海していると思っていたのをどうとらえていたのだろうか、考えさせられます。それは胸が張り裂けそうなことだっただろうと想像できるでしょう。もちろん、デュボイスも初めはもっとずっと純真な啓蒙思想の人、世間を知らないヴィクトリア時代の人で、当初は帝国主義的な、当時の西洋に寄った考え方をしていました。デュボイスは最後まで西洋を見限りません。啓蒙思想も、ギリシア哲学も見限りませんでした。ギリシア哲学やキリスト教や啓蒙思想が残したものはデュボイスにとって大きな意味を持ちつづけました。それでも、資本主義を批判するマルクス主義や帝国に対するさまざまな批評に出会い、それらと、白人優越主義に対する自分の心底からの批判や抵抗とを結びつけたが最後、まったく別の次元に入ります。きっかけはサム・ホーズがリンチにかけられた事件でしょう。

ブッシェンドルフ　デュボイスは、自分が初めは世間知らずで、いくつもの段階を踏まなければならなかったと自分でも認めています。[13]最初は、単に人に教えればいいと思っていた。ブラックについての真実を伝えさえすれば、人はそれを理解し、変わっていくと。しかし実際には人は理性だけで動くのではなく、何かを単に習慣として行なう場合も多いことを悟ります。[14]

ウェスト　そのとおり、習慣の塊、性癖の重々しさというものですね。ある意味では、初期のデュボイスは悪について甘いとらえ方をしていたと思います――悪とは無知、悪とは事実を知らないこと、という具合に。対してのちのデュボイスは、悪が利益に結びついていること、悪がさまざまな社会構造に内在する権力と特権に結びついていて、そういう問題には政治や組織や社会全体で取り組まなければならないことを見て取ります。このデュボイスこそがいまのわたしたちにとって重要なデュボイスでしょう。デュボイスは現代にも生きている人なのです。だいたい、アメリカ帝国が難局に立っているというのにアメリカ史がデュボイスに追いつきはじめるまでに五〇年、七五年もかかったなんてあきれてしまいます。このままではアメリカ帝国は政治機構として衰退し、文化としても壊れ、衰弱してしまう。帝国が再生し、肯定されるに値する存在になるためには、非常に深い部分での民主化改革や構造転換に着手する必要を認めなければなりません。

ブッシェンドルフ　それを実現させようとするときに、アフリカ系アメリカ人には特別な役割があるとデュボイスは考えていました。デュボイスは、理想主義的で甘すぎるかもしれませんが——ウェストさんの意見を聞きたいところです——アフリカ系アメリカ人には、その伝統やアフリカに持つ出自、またデュボイスによればアフリカの文化に由来しそのまま新世界でも生きつづけている公共の精神などがあると考えていました。したがってアフリカ系アメリカ人が意図的に分離主義をとり、仲間同士で経済事業を始めればアメリカ資本主義への対抗勢力となり得るし、実際そうなるべきである、と考えていた——分離主義というのはいうまでもなく論議を呼ぶ言葉ですが。これで思い出すのは、マルコムXが、アフリカ系アメリカ人は自分たちで商売を始め、白人の商売とかかわらないようにしておくべきだ、そうすれば白人はこれ以上自分たちの労働を搾取して利益を得るようなことができなくなる、と考えていたことです。つまり、反資本主義勢力はアフリカ系アメリカ人の共同体を基盤とすることができるかもしれないという考えでした。あまり取り上げられないようですが。

ウェスト　デュボイスのその主張には納得できたことがありません。マルコムについても同じです。わたしには、商売をするブラックは男女を問わず資本主義勢力に従順であるように思えます。資本主義的環境に及ぶ市場の力を受け入れる用意ができているという点ではほかの誰とも変わらない。

ブッシェンドルフ　でも、マルコムXとデュボイスはまったく同じではないのかもしれません。デュボイスのほうは資本主義制度に従うことすらよしとせず、共産主義的な——デュボイスは共産主義という言葉は使いませんでしたが——共産主義的な商売の仕方を導入しようと考えていました。利益を出さず、資本主義のやり方を用いずに共同体や共同体のニーズのためにする商売です[15]。

ウェスト　そうあるべきという話の中でデュボイスがそんな主張をするのはあり得るでしょう。イライジャ・ムハマド師に似ているところもある気がします。師の考えていた経済協同組合は競争に基づく資本主義的モデルとは異なるものになるはずでした。でも実際にブラックの商売人がどのようなやり方をしているかを見てみると、なかにはデュボイスの影響を少しは受けたかもしれない人もいますが――おそらくごく少数でしょうが、その少数も――結局、資本主義市場による破壊の波に飲まれてしまっています。したがって、あくまで理想として掲げておくならいいかもしれませんが、現実にどうするべきかとなると本当に難しい。デュボイスが書いたもののなかでももっとも重要なうちに入るのは『黒人がもたらしたもの（*The Gift of Black Folk*）』（一九二四年）だと思っています。これは名著であるのに、デュボイスの大作の多くと同様、見過ごされたり十分な評価がされなかったりすることが多いのですが、本書でデュボイスは本質を突いていると思います。デュボイスは、ブラックの人びとがアメリカや世界に与えたのは、奴隷となった、あるいはジムクロウに虐げられた人びとの観点からの民主主義概念の再構築、自由の概念の再構築だった。また歌や物語や伝統や美術を通じて文化にも寄与した、と書いています。こうしてブラックの人びとがもたらすものはどれもかなり強力で、アメリカの資本主義下の民主主義をより開かれたものにしようとする反覇権的勢力の一部になっているのは確かです。そこは間違いない。問題は、そうして与えられたものがどうやってよりラディカルなかたちで反覇権的になったかという点でしょう。

デュボイスについて以前からずっとおもしろいと感じてきたことに――わたしはかなりしつこくデュボイスを批評してきましたが――大衆文化に関していえば、デュボイスが「哀しみの歌《ソロウ・ソングス》」が大好きだったことがあります。これは『黒人のたましい』の最終章で使われているとてもいい言葉です。デュボイスは霊歌が大好きでした。わたしにはデュボイスがブルーズやジャズのよさをわかっていた、ましてや深く理解していたとはどうしても思えません。確かなのは、デュボイスがブルーズやジャズをそれはもう不審に思っていて、自分から距離を置いていたこと。でもわたしにとっては、ブルーズやジャズは人が人間としての理想、平等や謙虚さ、抵抗と忍耐といった理想を見失わないために非常に重要で不可欠な反覇権的勢力の一部なのです。ブラックの人びとにとってアメリカ帝国は常に破局を意味してきました。破局がとるかたちはいろいろで、奴隷制やジムクロウだけでなく、わたしたちの仲間《ブラザー》のロイック・ヴァカンが誰よりも巧みに描写しているハイパーゲットーという新しいかたちのものもあります。(16)*16 貧しい人びと、なかでもブラックの男性をねらって運用される大量収監もあります。そんな人たちが何から力を得ているかを見ると、音楽が中心にあることがわかる。それも霊歌であることは少ない。かれらの大多数は教会に属していないからです。大多数はモスクやシナゴーグにも属していない、宗教的な組織とのつながりをまったく持っていないのです。ですから、ラディカルな民主主義、反資本主義、反帝国主義のデュボイスが文化面で一定のエリート意識を残していることがわたしには非常におもしろい。そこに違和感を覚えます。

ブッシェンドルフ　デュボイスがアフリカ系アメリカ人文化のその一面から距離を置いていたのは、快楽主義を非常に恐れていたからではないでしょうか。娯楽は単なる気晴らしであり、資本主義社会の消費文化の一部として人の気をそらし、自分たちがなろうとするべきものをわからなくさせると考えていた。このため最終的にジャズやブルーズが文化にどれほど貢献したかまでは見えなかったのでしょう。

ウェスト　非常に重要な点ですね。皮肉なことに、あの劇作家のオーガスト・ウィルソンは、ブラックの人びとは歌ったり演奏したりすることによって現実を認めるのだと言っていたでしょう。みんなで演奏し、その中心にかけ合い《コール・アンド・レスポンス》があると、そこからある力、ある種の自信と自尊が生まれ、そこから新たな現実が創り出されるのだと。かつて奴隷制時代の教会でもそんなことが起きていました。ジムクロウ時代に人が集まって行なう芸術活動にも見られましたし、今日ではヒップホップにそんな面があります。演じているのは革命勢力ではないけれども、それまでなかった空間を創り出しているのは確かです。アメリカ帝国ではほとんどの空間の用途がすでに決まっているので、それは非常に希少な空間です。演じることによって一定の空間ができると、自分が何者であるかをそれまでとは異なる感覚でとらえることができます。自分は人間であり、人間以下ではない。人間であり、商品ではない。人間であり、物ではない。人間であり、操られる実体ではない。これが、繰り返しになりますが、ブラック音楽の持つ非常に深遠な役割であり、みんなで一緒に演奏する場合はとくにそうです。デュボイスはそのことがわからなかったのではないでしょうか。快楽主義や安っぽい娯楽、「黒人とは歌いながら生まれてくる、踊りながら生まれてくる、体を動かしながら生まれてくるものだ」という固定観念を恐れていたので。

ブッシェンドルフ　デュボイスが受けた教育も要因かもしれません。ニューイングランド地方出身のデュボイスが初めて南部に行って自分の民――実際デュボイスはブラックの人びとのことを「わたしの民」と呼びます――の振る舞いを見て圧倒されたときのことを読むと笑ってしまいます。[17] デュボイスは南部の慣行、たとえば教会でどんなことをするかについて、まったくの門外漢でした。デュボイスは居心地が悪かった。控えめな紳士であるデュボイスは困ったことに、ブラックの文化を大事だと思っているのに、その文化が自分の行動様式《ハビトゥス》の一部になることはありませんでした。[18]

ウェスト　そのとおり。これはW・E・B・デュボイスがはらむ大きな矛盾の一つですが、デュボイスはアメリカ帝国がこれまで生んだ中でもっともすぐれたブラックの知識人で、今後もかれ以上の人は出てこないでしょう。アメリカ帝国についてデュボイスが生涯をかけて向き合うことになった問題――人種や階級やジェンダー問題の中心性もそうですが、とくに帝国の核をなす資本主義のあり方――はいまも正面から取り組むべきものです。でもデュボイスは、自分が救おうとしていた人びとと魂を共有していなかったし、かれらの心の中にあったのでもなかった。その人びとのためなら自分の持つすべてを捧げても構わない、かれらのために生き、死んでもいいと思っていたのに、です。デュボイスにとってビリー・ホリデイは死ぬほど怖かったでしょうし、ジェームズ・ブラウンを見たら正気を失っていたでしょう。ジョージ・クリントンやブーツィー・コリンズたちのことも手放しで受け入れることはどうしてもできなかったはずです。ファンカデリックなど聴いたら心臓発作を起こしていたでしょう。もしデュボイスがパーラメント-ファンカデリックのコンサートに行っていたら、ギャリーがおむつをつけ、ジョージのやつがあのとおり派手な格好をしているのを見て、気がおかしくなっていたと思います。C・L・フランクリン牧師の説教を聞いていて、フランクリンがいつものように途中で声を張り上げ、叫びはじめたら、[*17]デュボイスは頭を抱えていたでしょう。デュボイスにはこう言いたくなります。「デュボイスさん、これこそがまさにあなたが助けようとしている人たちの魂の精髄であり、その人たちの一部なのですよ」。しかし同時に、フランクリンも、クリントンも、ファンカデリックも、デュボイスという鬼才がいなければあり得なかったわけでしょう。デュボイスが自分のすべて、知力、政治活動、時間、労力を捧げたからこそ、クリントンやジェームズ・ブラウンやC・L・フランクリンやジャスパー・ウィリアムズやマニュエル・スコッツのような人たち、セシル・テイラーをはじめとした文化の天才たちの人間性が肯定されるのです。なんという皮肉でしょう。

おそらく『民主主義の問題』にもっともよく出ていると思いますが、[19]デュボイスが帝国と白人優越主義の問題に取り組むラディカルな知識人として後世に残したものと、才能あふれる人たちが大衆文化を通じて表現しているもの――音楽でもダンスでも、若い世代でももっと上の世代でも――この二つを結びつける作業がわたしは非常に楽しく、またそこから多くを学んでいます。意外にも両者のあいだには一種の相互作用があるのですよ。一方に政治や経済、帝国と人種についてのデュボイスのラディカルで徹底した批判があり、他方にかけ合いで成り立つコール・アンド・レスポンス、シンコペーション、リズム、押韻、テンポ、音色など、もっともすぐれたブラック文化に見られる表現、ブラックの尊厳と正気を保つ、ブラック全体の存在を支えるのに必要なものがあります。

ブッシェンドルフ　デュボイスは「文明的でない」行ないを非常に恐れていましたから、いまの話に出たことの大部分も文明的でないと受け止めていたでしょう。教育についてのデュボイスの考えも──「才能ある一〇分の一」の概念も取り上げましょうか──草の根の政治的社会化や一般的な教育の試みとは随分異なるものでした。

ウェスト　そのとおりです。それでもデュボイスはルイ・アームストロングやマ・レイニー、ベッシー・スミスを「才能ある一〇分の一」に数えるべきでしょう。ブーツィー・コリンズ、ジョージ・クリントン、アリサ・フランクリンもどう考えても「才能ある一〇分の一」に含まれます。スティーヴィー・ワンダーも「才能ある一〇分の一」に入ります。でも教育に関してエリート主義的だったデュボイスからすれば、こうした人たちは単なるエンターテイナーということになるでしょう。夢遊状態から覚め、現実と格闘して状況を変えていき、人を啓蒙し解き放つような教育の概念が必要だというデュボイスにはとても共感します。それはとてもよくわかる。でも、誰がそんな教育を受けるべきかについてのデュボイスの考えはやはり狭すぎるように思えるのです。皮肉なのは、デュボイスにとってはおそらく、霊歌を創り出した無学で読み書きのできない奴隷たちが「才能ある一〇分の一」の候補だっただろうということです。そうした人びとの生み出したもの、歌や表現をデュボイスがどう解釈していたかを詳しく見ると、デュボイスはかれらのたいへんな才能を認めているからです。なんとまあ！

ブッシェンドルフ　苦しみの表現の中にある才能を。

ウェスト　そう、そう。

ブッシェンドルフ　デュボイスの思い入れが出ているのはそこです。デュボイスが、ある人、おそらく白人だと思うのですが、一九二〇年になってもまだジムクロウがどんなものかを理解していない人と話をしたときのことが文章になっています。[20] そこでデュボイスは自分が日常でどのように扱われ、それがどんなに屈辱的であり得るかを説明します。デュボイスは抑圧される人びとの苦しみをこういうやり方で表現しました。

ウェスト　まさにそうです。その文章は、わたしがデュボイスの小論の中でももっとも強烈だと思っているものかもしれません――デュボイスの書いたものには心を揺さぶられるものが実にたくさんありますが――「白人のたましい（The Souls of White Folk）」はおそらくほかのどれよりも強気で徹底的、啓発的で反覇権的な文章でしょう。[21] あのジョン・ヘンリック・クラークも気に入っていた小論でした。クラークはすぐれたパン・アフリカ主義者で、デュボイスを自分にとっての先駆者の一人と考えていました。ここでもおもしろいのは、ジョン・ヘンリック・クラークはデュボイスを先駆者と考えていたが、ウィリアム・ジュリアス・ウィルソンも同じようにデュボイスを先駆者と考えているということです。ウィルソンは階級問題にも目を向けましたがそれよりも統合問題に関心があります。同様にして、全米有色人向上協会（NAACP）に所属しているような統合論者でもデュボイスを先駆者と考えるでしょう。デュボイスは才能豊かで、業績も多面的で複数の解釈が可能であるため、こうして多様な後継者が生まれるのです。話を戻すと、「白人のたましい」はとにかく痛烈です。初めて読んだときこんなことを言ったのを覚えています。「なんと。これは、なかなか近寄ることのできないデュボイスの一面ではないか」。こんな一節があります。

この恐ろしい時代にアメリカ、この合衆国が自らのことを、第一に生まれながらにしてある種の調停者であると、第二に正しい道を指し示す存在であると見ているのは解せない。そんな役割にアメリカほど不適任な国はない。二世紀以上にわたってアメリカは誇りを持って人間の憎悪の先陣を務めてきた、――人間の肉体を焼き捨て、それを見ながら気味悪く笑い、何百万もの人びとに対する侮辱を単なる嫌悪以上のもの、――むしろ強大な宗教のような、世界戦争を始める鬨《とき》の声のようなものにした。「白人万歳、打倒黒人、さあ白人たちよ、天幕に戻れ、そして黒色やまだらの雑種の獣と戦うのだ！」[22]

ほんの一節でこれです。

ブッシェンドルフ　もう一カ所、ブラックの視点から日常生活で受ける差別による苦しみなどを書いた箇所もあります。デュボイスはそれを対話形式で書いているのですが、実にぐっときます。ここで次の論点に移りますが、デュボイスが文化と考える範囲は狭かったとしても、デュボイスはあることを説明するのに科学的に示して見せるだけでは不十分であり、ほかの方法、異なる様式でも説明を試みなければならないという点ではウェストさんに同意していたでしょう。実際デュボイスはそうしていました。小説や『黒人のたましい』に入っている最初期の小論では、科学的な、解説調の書き方と詩的な書き方とを組み合わせています。なぜそうしたかというと、とにかくなるべく多くの人に読んでほしかったからです。そうしなければ読んでもらえないとわかっていた。とはいっても、デュボイスのときに詩的なズアーダ（ドイツ語で「大熱弁」）が現代の人に伝わるとは思えませんが。

ウェスト　それはそうですが、デュボイスの作品を作り変えて広く伝える芸術家が出てくるでしょう。

デュボイスの作品がいかにすぐれているかを見抜くことができる人たちです。思わずほほ笑んでしまうのは、デュボイスが自分で脚本を書いた劇を上演しているのを想像するときです。何千人ものブラックの人びとを集め、アフリカ文明のすばらしさをわかってもらおうと、何百人もの演者が出る劇を上演した。それは本質的には大衆文化でしょう。そこからも、デュボイスがとにかく人の心をつかもうとしたことが伝わってきます。デュボイスが自分の考えるもっとも効果的な手段で人と心を通わせることに情熱を注いだところにはしびれます。[23]

ブッシェンドルフ　そうですね、そしてそのために使った媒体を見ても、デュボイスは当時としては前衛派的なことにＮＡＡＣＰの機関誌『クライシス』の編集者を務めました。それが活動家としてできることだったのです。

ウェスト　そのとおり。『クライシス』は広く読まれた出版物でした。公共圏を映画や音楽、本や雑誌、一部のテレビ放送、そしてもちろんラジオにまで広げようとする者なら誰でも、土台にしているのはデュボイスだと思います。何を文化と考えるかが少々異なるとしても。おもしろいと思うのは、デュボイスは自身のイデオロギーとしては紛れもなくラディカルな民主主義者でしたが、気質や性格の面でも紛れもなくラディカルな民主主義者だったとはいい切れないのではないかということです。デュボイスという人がかたち作られたのは、かれの気質と性格が要は一種のエリート主義的な育成にかなり根差していた時期でしょう。それでも他者の苦しみを前にすると、デュボイスはそんな下地が自分の感受性や包容力を邪魔するのをけっして許しませんでした。そんな面もあってデュボイスはわたしにとって偉大なのです。わたし自身はもっとずっとラディカルな民主主義者らしい気質や性格、世の中でのあり方を好みがちですが。

ブッシェンドルフ　そこでもデュボイスは自分で問題に気づいていました。「才能ある一〇分の一」の概念を改めたのもその内容について迷ったからで、ここでも自分は甘かった、理想主義的だったと認めています。指導者となり得る者の性質をあてにしていたのだが、人は自分の思うとおりには動かないことに気づいたのだと。「才能ある一〇分の一」の改訂作業を通じて、デュボイスはどうしたら自分の構想が実現できるのか、組織化がうまくいくのかをじっくり考えていました。(24) そこにはデュボイスが一定の無力感を覚えていたことも表れています。とはいえ、組織化のこととなると誰でも途方に暮れるものではありませんか？　実に難しいことですから。

ウェスト　もちろんそうです。そうだと思います。デュボイスの「才能ある一〇分の一」の概念の核心には、貧しい人びとへの奉仕の精神、いわば取り残された者への奉仕、宗教の言葉を使えば――「マタイによる福音書」第二五章を踏まえた――もっとも小さい者への奉仕の精神があると思うのですが、そんな精神がわたしはとても好きです。ただ、一九〇三年という早い時期にデュボイスが打ち出した「才能ある一〇分の一」の概念は大いにブルジョワ的でエリート主義でした。改訂版を出した一九四〇年代には、デュボイスはマルクス主義そして共産主義運動によってラディカルになっていました。そのころには、奉仕の精神を提示するにも、一九〇三年当時の階級エリート主義と男女差別的エリート主義を持ち込んではいけないとわかっていたのです。

ブッシェンドルフ　デュボイスはその点で十九世紀の人間だったのですが、前進した。

ウェスト　そう、二十世紀初頭と比べるとかなり変化しています。事実、『ダークウォーター（*Darkwater*）』に入っている「女性の劫罰（The Damnation of Women）」はいい例ですね。わたしは幸運にもデュボイスの二人目の妻であるシャーリー・グレアム・デュボイスの講義を聴いたことがあります。実に精力的な知識人で、正義の追求に燃え、女性を下に見るような人がいればそれが誰であっても黙ってはいませんでした。一九七〇年代前半にハーヴァードで教えていましたが、たいした人物でした。夫のデュボイスについての素敵な思い出話や懐古談をしてくれたものです[25]。

ブッシェンドルフ　デュボイスは『ダークウォーター』で使用人、女性の使用人についても書いていますね。

ウェスト　そうそう。書いています。「召使（The Servant in the House）」ですね、あれも強烈です。

ブッシェンドルフ　わたしがいいと思うのは、デュボイスが自分の発展を自ら省みるところです。自己批判ともいえるもので、それが非常に正直です。

ウェスト　そうですね。でも、デュボイスの業績が一般にどう受容されているかを見ると、このままいけば先ほどふれたアメリカ版ギボンの出現につながるのではないかと考えてしまいます。つまり、デュボイスの突きつけた難問に取り組まず、帝国や白人優越主義の問題がアメリカという一大事業の没落の原因となっていくというデュボイスの指摘をあえて知ろうとしない、意図的に目をそらしている状態がもっとひどくなるようでは。アメリカはゆっくりとはいえ確実に第二世界になりつつあり、第三世界になる可能性もあります。規制されない市場に固執する新自由主義、貧しい者への無関心、もっとも弱い者に責任転嫁して分極化を助長する政治によって、立派な民主主義国家だった時代の残骸や名残さえもすっかり踏みにじられています。その間も読もうと思えばいつでも読むことができたデュボイスの権威ある著作からはこんな声が聞こえてくる。「あなた方はわたしの言うことに耳を傾けるべきだった。あなた方がわたしの言うことを聞き、目を覚まし、わたしが指摘した諸問題に目を向けるようにするためにわたしは一生をかけた。それはあなた方のこともそうですが、第一にあなた方が踏みにじってきたわたしの民のことが心配だったからです」。実際にわたしたちがそんな方向に進んでいる可能性はかなり高い。皮肉なのは、デュボイスの警鐘は現代にもそのまま適用できることに議論の余地はないのに、わたしたちはそれを聞き入れなかった、それに耳を傾けなかったことです。恥ずかしくないのか、アメリカ！　アメリカの学界も恥ずかしくないのか！　アメリカの知識人も恥を知るべきです。あなた方が狭量な個人主義をとり、軽率で強欲な利益追求をし、あなた方がすっかり傾倒しているパラダイムや枠組みは不完全でアメリカの民主主義の実験を妨げているという現実を認めることができないからこそ、アメリカ版ギボンが出てくるしかなくなるのです。わたしたちはいままさにそんな局面に立っています。

ブッシェンドルフ　そうですね。でもデュボイスのよりラディカルな面を前面に持って来さえすればいいという問題なのでしょうか。デュボイスを広く読む前、わたしはもっぱら『黒人のたましい』を読んでいました。それが名著ではないというのではありません。「ヴェール」や「二重意識」のように、その後の学界での議論を方向づけた隠喩も出てきます。でも『夜明けの薄闇』に出てくる洞窟の隠喩も非常に印象に残っています。これも階級問題《カースト》の話なのですが、(26)ヴェールや二重意識よりもずっと根源的というか、むしろもっと暗く、より悲観的な隠喩です。こちらが取り上げられることはほとんどありません。デュボイスはプラトンの洞窟の比喩を借用しているのでしょう。

ウェスト　そのとおりです。プラトンの『国家』からそのまま取り出しています。たしかにより暗い表現ですね。そう。デュボイスはこう書いています。

洞窟の外で行なわれる擁護活動がどんなにうまくいっても、埋没しているカーストを解放し、その声がはっきり聞こえるようにしなければその活動は無力で、成功したとはいえない。［…］これがわたしの人生を支配してきた人種問題の概念であり、本書はこの概念の歴史を主題に書こうと試みた。(27)

デュボイスも初めは人種問題について視野が狭かったのに、偏狭を打ち破り、わたしたちの知る立派なコスモポリタンで世界主義的なデュボイスになります。そんなこともあって、わたしは自分の授業でも学生に『黒人のたましい』を読ませますが、それだけでなく一九三五年に出た古典『ブラック・レコンストラクション（*Black Reconstruction*）』も読ませます。分析的な箇所と合わせて、より文学的で隠喩の多い箇所も読ませます。[28] なぜなら、一九三五年までにデュボイスはマルクスやフロイトと格闘し、ホブソンらに基づくレーニンの帝国主義論とも格闘して、[29] 以前とは異なる人間になっているからです。もちろん変わらない部分もありますが、随分異なるデュボイスになっています。

ブッシェンドルフ　この対談で扱う内容を検討していたとき、ウェストさんがデュボイスのことをとにかく暗すぎると考えているのではないかと思っていました。希望があるとすればどこにあるのでしょうか？　対照的に、ウェストさんは共著『黒人の将来（*The Future of the Race*）』で、デュボイスがアメリカについて楽観主義だったと批判しています。[30] これは別の時期のことでしょう。デュボイスの楽観、あるいは悲観についてはどう考えていますか？

ウェスト　アメリカを去ろうとするデュボイスが振り返ってこう言う場面がありましたね。「ニグロはアメリカで勝利することはできない。わたしは外国と関係を持たなければ。ガーナに行かなければ」。中国やソ連などとの関係もありました。[31] アメリカについての楽観のことは、それを書いたときに何を考えていたのかもう一度整理しなければいけません。前半のデュボイスについての批判だったことは確かです。のちのデュボイスは先に話した暗さに近づいているでしょう。偉大なデュボイスについてずっと気になってきたのは、デュボイスにはあれほどすぐれた著作の数々があるのに、チェーホフに本格的に取り組んだ跡が見えないことです。チェーホフだけでなく、ロシアの文芸作品のどれにも取り組んでいないのではないでしょうか。たとえばトルストイ、ゴーゴリ、レスコフ、ツルゲーネフ、ドストエフスキーなどですが、ほかにも挙げればきりがない[32]。もし取り組んでいれば、前半のデュボイスに見られる安っぽい楽観主義もアメリカに関する楽観も粉ごなに砕けていたと思います。とにかく驚くのはカフカにも取り組んでいなければ、ラディカルな民主主義という観点からは一九五〇年代のベケットにも取り組んでいないことです。帝国や白人優越主義については闘志あふれるラディカルなデュボイスのままでいてほしい。でも、ブルーズから逃げるのと、チェーホフやロシア文芸から逃げるのと、カフカやベケットから逃げるのとは無関係ではないでしょう。それでもデュボイスは自力で自分なりの悲観に至っています。

ブッシェンドルフ　自分が専門とする社会学的手法に基づく分析によってそこに至った。

ウェスト　そのとおり。わたしの頭の中では、貧しい者や労働者、フランツ・ファノンが「地に呪われたる者[33]」と呼んだ者に関してどのような構造的、制度的勢力が働いているかを考察しはじめたデュボイスを、チェーホフたちやブルーズが待ち構えています。しかしデュボイスはかれらの助けを借りずに真実に達しました。ですからその意味では、デュボイスが前半期だけでなく最後までアメリカについて楽観的だったという意味を先の批判に含ませていたなら、修正しなければなりません。

ブッシェンドルフ　デュボイスは文学作品ではどのようなものを読んでいたのでしょうか。『黒人のたましい』で引用されているのは――

ウェスト　――シェイクスピアやバルザックがよく出てきます。

ブッシェンドルフ　そう、有名な一節があります。「シェイクスピアは、わたしがそばに坐っても顔をしかめたりしない[34]」。

ウェスト　デュボイスはゲーテがお気に入りだったのは知られていますね。わたしがデュボイスを厳しく批判する点の一つですが[35]。

ブッシェンドルフ　まあ、デュボイスはドイツにしばらくいましたからね。[36]
ウェスト　そう、デュボイスは「ビルドゥング」というドイツの概念に深く影響を受けていました。当時は――それも無理からぬことですが――ビルドゥングといえばゲーテとシラーでした。この二人はわたしにとっても非常に重要です。
ブッシェンドルフ　デュボイスを形成したのはヒューマニズムの思想でしょう。
ウェスト　そのとおりです。それなのに、デュボイスの著作にはモダニズム文学の作品にまともに向き合った跡が見られません。ジョイスもほとんど見えなければ、プルーストも、カフカもほとんど出てこない。
ブッシェンドルフ　わからないのは、デュボイスはかれらを本当に読まなかったのか、それとも読んだけれども自分の考えと相容れないのであえて言及しなかったのでしょうか？
ウェスト　いい質問です。わたしの勘では、デュボイスは当然かれらの作品は知っていたでしょう。デュボイスほどのコスモポリタンで知識人である人がジョイス、エリオット、パウンド、プルースト、カフカ、マンデリシュタームなどを知らなかったはずがないし、ヘルマン・ブロッホの『ウェルギリウスの死』（一九四五年）をドイツ語で読んだかもしれません。ただ、証拠がほとんどない。同様に、アフロ・アメリカンのモダニズム文化についても手がかりがありません。チャーリー・パーカーについてどう思っていたのか？　天才アート・テイタムのピアノ演奏に感動したのだろうか？　ぜひ知りたいところです。
ブッシェンドルフ　リチャード・ライトなど同時代の作家についてはどうでしょう？
ウェスト　ライトは読んでいたと思います。リチャード・ライトの本についてデュボイスが書いた書評を読んだ覚えがあります。二人には共産主義という共通点があります。二人とも共産主義文化の一員で、[37]ライトのほうは党員でさえありました。デュボイスは当時は党員ではありませんでしたが、ライトが党を離脱するまでのしばらくは二人とも共産主義だった。デュボイスはラルフ・エリソンについてはどう考えていたのでしょうか？　たしかエリソンについても書いていると思います。というわけで、ここでもわたしはデュボイスを批判しているというより、何がデュボイスの建造物を構成しているのか、かれが建てようとしていた建物のどこにレンガが欠けているのかを理解しようとしているのです。これも、デュボイスが同時代の文化的表現としての大衆文化に対して、また大衆文化全般に対してどんな問題意識を持っていたかという問いにつながります。

ブッシェンドルフ　デュボイスの研究の中での宗教の扱いについては熱い議論が交わされています。デュボイスの伝記作者の大半は、デュボイスは無神論者までいかなくとも、不可知論者だったと考えています。マルクス主義だったからです。そんな結論を導くことができる言葉をデュボイスも残しています。しかしエドワード・ブラムが『W・E・B・デュボイス――アメリカの預言者（*W. E. B. Du Bois: American Prophet*)』という興味深い本を書いていて、たしかにデュボイスは正統派的なキリスト教徒ではなかったが、ある意味では信心深く、その状態を維持していたと主張しています。[38]ブラムによれば、デュボイスが宗教的な文句や聖書の話などを引用したのは上辺だけのことではなく、実際に何か、宗教心とでもいいましょうか、それが一生を通してデュボイスに作用していたというのです。

ウェスト　デュボイスは頭で考えられた「神とは論《ゴッド・トーク》」とは関係のない、自分流の宗教心を持っていたと思います。かれを教えたジョージ・サンタヤナによく似ています。サンタヤナは教会を離れたカトリックでありながらも毎週ミサに行って涙を流し、「ミサは現実とは思えないほど美しかった」と言ったものです。つまり、サンタヤナは聖餐式の情感やそこで感知されるもの、そのねらいには感動したが、その論に同意することはできなかった。ルートヴィヒ・ウィトゲンシュタインも同じでした。デュボイスも、マックス・ウェーバーの言葉を借りれば宗教に関して心の底から「音楽的」だった一握りの世俗の人に数えられると思います。つまり信仰の厚い人が、人間であるとはどういうことか、どうすれば徳の高い生き方ができるか、どのような性質を伸ばせばいいのか、どんな感受性や思いやりを持てばいいのか、正義についてどう考えればいいのか、愛や同情心の中心性はどうなのかといった問題に向き合うのに深く共鳴はするが、神の存在や信仰の儀式を信じるかという点で信心深くはない。

わたしはキリスト教徒としてもデュボイスの宗教心を大いに尊敬しています。その宗教心があるからこそ、デュボイスは大多数のキリスト教徒や信心深いユダヤ教徒や仏教徒などよりもいっそう預言者らしかったともいえるでしょう。宗教の伝統的機構の助けを借りずに宗教心を維持できていたことになるからです。デュボイスは科学について科学主義的、実証主義的な考え方をしようという狭苦しい還元主義の落とし穴にもはまりませんでした。こうした狭苦しいダーウィニズムは、知ったかぶりの無神論者の面々、クリストファー・ヒッチンズ、リチャード・ドーキンズその他大勢がとっていますが、それは本来示唆に富むダーウィンを窮屈な科学主義に閉じ込めてしまう考え方です。ダーウィンはわたしたちがみな通らなければならない炎の流れです。とにかく、信心深くなくても宗教の持つ意味をよく理解することはできるわけで、デュボイスは世俗の思想家のなかでは宗教の持つ意味をもっともよく理解していた一人であるのは確かでしょう。

ブッシェンドルフ　デュボイスは「オルグニの黙示録（The Revelation of Saint Orgne, the Damned）[*18]」という小論を書いています。オルグニとはニグロのことですが、そこに新しい教会の概念が出てきます。デュボイスは、その教会は「エレミヤ、シェイクスピア、イエス、ブッダ、ジョン・ブラウンによる命の言葉」に基づくべきであるとします[39]。その教会には「日曜学校の教室に協同組合の店があり、信徒のために医師、歯科医、看護師、弁護士がいて、専門家の講師を定期的に有償で呼んで議論の場を持ち、ラジオや映画もある」――さらに、なんと！――「郊外には農場があって、住居と湖もある[40]」。これがデュボイスにとって――オルグニにとって――教会のあるべきかたちなのです。とくにおもしろいと思うのはここに見られる組み合わせです。世俗とキリスト教の伝統だけでなく、身体と魂、精神と身体とが一体として考えられています。人びとが両者を一つのものとして見る、つまり精神と身体の両方に栄養を与えられるようにするには、教会はこのようなものを提供しなくてはならない。この構想はデュボイスの作品のいくつかに出てきます。これまであまり取り上げられてきませんでしたが、後年のデュボイスのテーマの一つであったようなので、ここで検討してみましょう。デュボイスは初めは精神の充実ばかりを重視していましたが、時間がたつと「やはり精神だけでは十分ではない」と気づきました。ウェストさんが期待するところ、つまりアフリカ系アメリカ人の伝統であるダンスや音楽などの身体表現を考察の対象にするところまでは行きませんが、人びとをより高いレベルに引き上げるのに必要だと考えたものがこの新しい教会の構想に表現されています。

ウェスト　おっしゃるとおりだと思います。連想するのはわたし自身の好きな人物、好きな思想家の一人、ニコス・カザンツァキです。カザンツァキにもイエス、ブッダ、レーニン、シェイクスピアを元にした自己流ともいうべき宗教心が見られます。なかなか種々雑多な男たちが――そういえば女性はあまりいません――質の高い生き方を見事にしてみせる、世界に通じる手本となる一団のようなものを構成している。その人たちが例となって示しているのは、生のすばらしさや質、勇気や自由といったものです[41]。そう考えるとソクラテスからシェイクスピアにもつながりますね。ここで以前からとてもおもしろいと思っていたことがあります。これもデュボイスのヒューマニズムに密接に関連しているのですが、デュボイスは徹底的にラディカルな民主主義のヒューマニストで、ルネサンス、啓蒙思想、ヴィクトリア時代の評論家の流れをくんでいます。そのなかではおそらくウィリアム・モリスがもっとも革命的ですが、ラスキンからも影響を受けたでしょうし、アーノルドやカーライル、ハズリットのそれぞれからも学ぶ面があったでしょう。こうした面々が知識人としてのデュボイスの先祖にあたります。デュボイスが今日も必要とされるとわたしが思うのは、キリスト教でもイスラム教でもユダヤ教でも、伝統宗教が根本から徹底的に問い直《ソクラタイズ》され向上しなければ、三つの宗教すべての中にある原理主義派によってわたしたちは生き地獄に落とされることになるからです。過激な反民主主義、男女差別主義、人種差別主義、外国人差別主義、資本主義の地獄に。いえ、イスラム教原理主義者が資本主義になるとはいえませんね。キリスト教原理主義者は資本主義になるでしょうが、イスラム教原理主義者はそうではなく、神政主義であるだけです。ユダヤ教の原理主義者はどうかというのは興味深い問題です。一般的に自由市場主義者であることが多いのですが、それが神政主義的な現れ方をするときもあります。

　今日、破局的な状況にいるわたしたちがデュボイスをどんなに必要としているかがわかるでしょう。否定のしようがありません。わたしたちに必要なのは、機構や制度についてのデュボイスの容赦のない分析や、宗教が何を課題としているのかを察知する音楽的な繊細さです。これは、信心深い人たちが神を信じることや信仰についての真実だとする主張とは違います。おそらく何よりも必要なのは、デュボイスのしたように、下位に置かれた《サバルタン》人びとやその声の存在を認知し、わたしたちが直面している危機を危機として認めるのにそうした声がどれほど重要であるかに気づくことです。ある意味で、デュボイスが証言したことは大西洋の両側の知識人に対する実に徹底的な非難でもあります。そうですよ。大西洋の両側の知識人による業績の多くを見てわかるのは――ヨーロッパのも米国のも――デュボイスがとくに注目されないだけではありません。デュボイスが対応しようとしている問題や懸念についての議論もとりわけ少ないのです。大西洋の両側で知識人の大半がデュボイス前とでも呼ぶべき状態にあるのはたいへん嘆かわしいことです。それを見ると、わたしたちがどれほど前進していないかもわかります。わたしたちが敬愛する学界の仲間たちの多くがときによってどんなに卑怯で、温順で、キャリア志向で、狭量であるかも。

ブッシェンドルフ　デュボイスのような立場をとるのには犠牲がつきものですからね。デュボイスも犠牲を払いました。

ウェスト　そのとおり。代償がいります。でもマーティン・ルーサー・キング・ジュニアが「デュボイス博士を称える」という演説で実にいいことを言っています[42]。ジョン・ホープ・フランクリンが存命中、フランクリンがこの演説が行なわれた行事に出ることにした経緯を教えてもらったのですが、カーネギーホールでデュボイスの誕生日を祝う会が開かれたとき、知識人の大半は、ブラックの知識人も含めて、会場の一マイル、二マイル以内に近づこうともしなかった。とにかく怖かったのです。何が怖かったか。反共産主義運動が狂ったように盛り上がっていた当時、少しでも共産主義寄りかと思われるようなことはしたくなかったのです。でも、なんとありがたいことにマーティン・ルーサー・キング・ジュニアのほか、ジョン・ホープ・フランクリンなど数人は恐れずに出席しました。演説でブラザー・マーティンはこう述べました。

　デュボイス博士について語るには、博士が生涯、急進派《ラディカル》であったことを認めざるを得ません。博士が後年、共産主義者だった事実を認めたくない人もいるでしょう。でも指摘しておくべきは、南北戦争中、エイブラハム・リンカンはカール・マルクスからの支援を喜んで受け入れ、マルクスと進んで文通していたということ。現代でも、共産主義者だったショーン・オケイシーが二十世紀を代表する文士の一人であることが英語圏ではなんの問題もなく認められていますし、パブロ・ネルーダも、チリの上院で共産党議員だったにもかかわらず、存命するうちでもっともすぐれた詩人だと一般に考えられています。いまこそ、デュボイス博士が天才であり、あえて共産主義者になろうと決めたという事実を忘れようとするのをやめなければ。現在の理不尽で極端な反共産主義によってわたしたちがどんなに多くの窮地に陥ってきたかを考えれば、そんな反共産主義が科学的思考の一様式であるかのように扱うわけにはいきません［…］デュボイス博士がもっともすぐれていたところは、抑圧されている者すべてを自分のことのように考え、あらゆるかたちの不正義がなくなるまで追及をやめない決意でいたことでした(43)。

心に迫ります。なんとぐっとくる言葉でしょう。キングは正しい。マーティン・キングは実に正しい。よくぞ言ってくれました。

第3章

# 良心の炎——マーティン・ルーサー・キング・ジュニア

# マーティン・ルーサー・キング・ジュニア略年表
**Martin Luther King, Jr.［1929-1968］**

| | | |
|---|---|---|
| 1929年 | 1月 | アトランタで生まれる。 |
| 1944年 | | モアハウス・カレッジに入学(48年6月に卒業)。 |
| 1948年 | 9月 | クローザー神学校に進学(51年神学士)。 |
| 1951年 | 9月 | ボストン大学神学部大学院へ(55年博士)。 |
| 1953年 | 6月 | コレッタ・スコットと結婚。 |
| 1954年 | 10月 | アラバマ州モンゴメリーの教会の牧師に。 |
| 1955年 | 12月 | **ローザ・パークス事件を引き金にアラバマ州モンゴメリーでバス・ボイコット運動開始(～ 56年12月)。** |
| 1956年 | 2月 | 南部キリスト教指導者会議(SCLC)結成、議長に。 |
| | 5月 | 「われらに投票権を与えよ」演説。 |
| 1959年 | 2月 | ネルー首相の招きでインド訪問。 |
| 1960年 | 2月 | **ノースカロライナ州でシットイン運動開始、南部全域に広がる。** |
| | 4月 | 学生非暴力調整委員会(SNCC)の結成を支援(10月に正式発足)。 |
| 1960年 | 1月 | アトランタに移りエベネザー・バプテスト教会で父と共同牧師に。 |
| | 6月 | 大統領候補ジョン・F・ケネディと人種問題について会談。 |
| | 10月 | アトランタでのシットインに参加して逮捕、ケネディらの働きかけにより釈放。 |
| 1961年 | 5月 | **フリーダム・ライド運動開始。** |
| 1962年 | 10月 | ケネディ大統領と会談。 |
| 1963年 | 4月 | 「バーミングハムの獄中からの手紙」 |
| | 8月 | ワシントン大行進に20万人参加。キングは「私には夢がある」演説を行なう。 |
| | 9月 | **バーミングハムの教会でブラックの少女4人が爆殺される。** |
| | 11月 | **ケネディ大統領暗殺、リンドン・ジョンソンが大統領に。** |
| 1964年 | 3月 | ワシントンDCでマルコムXと会う。 |
| | 7月 | **1964年公民権法成立。** |
| | 12月 | ノーベル平和賞受賞。 |
| 1965年 | 2月 | **米国、北ヴェトナム爆撃開始** |
| | 3月 | アラバマ州セルマからモンゴメリーまでの行進で「血の日曜日事件」。 |
| | 8月 | **投票権法成立。** |
| 1966年 | 1月 | シカゴに移る。 |
| 1967年 | 4月 | 「ヴェトナムを越えて」演説。 |
| 1968年 | 2月 | デュボイス生誕100周年記念行事で演説。 |
| | 4月 | メンフィスで暗殺される。暗殺を受け全国各地で暴動。 |

フレデリック・ダグラスとW・E・B・デュボイスという、十九世紀と二十世紀前半に活躍したブラックの活動家や知識人のなかでもひときわ抜きん出た男性二人についての対談を終えたわたしたちは、次はマーティン・ルーサー・キング・ジュニアを取り上げることにした。一九六三年八月二十七日に九十五歳で亡くなったデュボイスは、キングにバトンを渡したようなことになった。というのはその翌日にあの有名なワシントン大行進が行なわれ、キングがリンカン記念堂の前で、よく知られている「私には夢がある」演説をしたからである。

対話を始めた当初からわたしたちは現実の政治の動きも当然意識していたが、二〇一一年には政治面で劇的な出来事が相次ぎ――スペインでの政府に対する抗議運動、アラブの春、米国ではウォール街占拠《オキュパイ》運動の出現など――大西洋をまたぐわたしたちのやりとりにも緊迫感が出てきた。現在進行形の議論や、自由、正義、経済的平等を求める闘いに貴重な預言者的人物たちの声を反映させるには、現代では当たり障りのない発言集として人びとの共通の記憶に刻まれているが実際には革命的だったかれらの主張を掘り起こさなければならない。「美化」されてしまった国民的英雄としてもっともわかりやすい例がマーティン・ルーサー・キング・ジュニアであることもあり、二〇一一年八月に行なった三回目の対談ではキングを取り上げた。この対談がドイツのジャーナル『アメリカストゥディエン／アメリカン・スタディーズ』で出版されることが決まり、わたしたちの対話企画は勢いに乗った(1)。本にしようという案もかたちになりはじめ、わたしたちは先を急いだ。

クリスタ・ブッシェンドルフ　ウェストさんはマーティン・ルーサー・キング・ジュニアを「アメリカ史上もっとも重要であり、もっとも成功した有機的知識人」だと考えています(2)。また「これまで、選挙で選ばれて公職にいるのではないのにあれほどの政治的効力と良心を動かす力を発揮しながら知的生活を社会変革につなげた人はいない」とも述べていますが、それは連動している二つの前提に基づいているようです。第一に、知識人の使命とは「苦しみに声を与え、犠牲者を見えるようにし、社会の窮乏を権力者が取り組むべき課題にする」(3)ことである。第二に、「人の道にかなった行動とは、視野が広く確固とした預言者らしいあり方、不運な人びとが苦闘する社会状況を体系的に分析することに重きを置くあり方に基づいている」(4)。

世界が資本主義の危機に陥り、それによってますます多くの人びとが貧困に追いやられているいま、マーティン・ルーサー・キング・ジュニアの次の発言がことに的を射ています。

わたしは恵まれない者や貧しい者の仲間であることを選び、空腹の者や、機会という陽の光が降り注ぐ場に入れない者に命を捧げることを選びます。[…] これがわたしの行く道です。それで苦しいことが少しあるとしても、わたしはその道を行きます。犠牲を払わなければならないとしても、わたしはその道を行きます。かれらのために死ななければならないとしても、わたしはその道を行きます。なぜか。「人のために何かしなさい」という声が聞こえたからです。(5)

「貧困を問題にして行進しよう」とキングは一九六五年に提案しました。(6) それからほぼ半世紀後、アメリカの貧しい人びとがいっそう厳しい状況に置かれていることに光を当てるため、最近ウェストさんはタヴィス・スマイリーと組み、「貧困ツアー」と題して一八の都市を回って、やりくりに苦労しているあらゆる人種のアメリカ人と話をしました。(7) ツアーの理念を説明するにあたり、タヴィス・スマイリーはキングのこの宣言を引用しています。したがって、いまこの瞬間にマーティン・ルーサー・キング・ジュニアのアメリカにとっての歴史的な重要性と、今日の世界に対して持つ意味についいて会話をするのはことに時宜を得ているのではないでしょうか。

ウェスト　預言者的な人物として二十世紀でもっとも偉大だったうちの一人、ラビのエイブラハム・ジョシュア・ヘッシェルはこう述べました。アメリカの将来は、アメリカがマーティン・ルーサー・キング・ジュニアが残してくれたことにどう対応するかにかかっている、と。[8] マーティン自身も、間もなく自分がそこで死ぬことになるアメリカ——かれに言わせれば「病んだ国」——が抱える重大問題は軍国主義、物質主義、人種差別、そして貧困であるとしていました。マーティンは、その四つは国の根底にかかわる難題になると考えていた。その意味でマーティンは預言者的だったと思っています。まずアメリカの軍産複合体が果たしている役割を見ると、国防総省《ペンタゴン》の影響力、軍事費が国家予算に占める割合、軍国主義が日常化、制度化され、最近では外部委託までされている現実があります。物質主義は実にさまざまな方法で大企業メディアと密接に結びついていて、「大衆注意散漫兵器」[*19]を生み出し、それが刺激と興奮を通じて市民を抑え、感覚を鈍らせようとしています。人種差別も、ミシェル・アレクザンダーがその存在を指摘する「ニュー・ジムクロウ」に始まり[9]——産獄複合体を見てもわかるとおり、白人優越主義はなくなっていません。以前ほど露骨ではない面もありますが、いまだによく機能しています。それから最後の問題、貧困は、ウォール街が率いる金融寡頭複合体と密接につながっています。これら四つの複合体、つまり軍産複合体、大企業メディア複合体、産獄複合体、ウォール街の金融寡頭複合体によってアメリカの民主主義の実験からまさに活力がほとんど搾り取られている、生命が吸い取られているといってもいいでしょう。マーティンはこれを指摘していた。

　例の貧困ツアー中、タヴィスとわたしは行く先々で、「いいですか、僕たちはマーティン・ルーサー・キングが残してくれたものが生かされるようにしているのです」と話して回ったのですが、そうすることで実はヘッシェルに答えていたのだといえるでしょう。言い換えれば、「さあみなさん、一九六八年以降、マーティンが指摘した四つの問題に対してアメリカはどう対応してきたでしょうか?」と問うて回った。いまのアメリカを見ると、富の格差が拡大し、ロイック・ヴァカンの名著『貧しきを罰する（*Punishing the Poor*）[10]』に出てくる言葉を借りれば、単なる大量収監を超えるハイパー収監が起きています。[*20] 大企業メディアが連日生み出す品位の低い堕落した文化の中で魂が空っぽになってしまってもいる。となると、マーティンがアメリカのことを病んだ国と呼んだのがますますよくわかるようになりますし、ますます多くの人がそのことに気づいていると思います。問題は、マーティンの死によって、アメリカが革命を非常に必要としていたことが示されたともいえることでしょう。マーティンは革命の言葉を使い、優先順位の革命、価値観の革命、寡頭資本家から人びとへの権力移行が必要であることを訴えました。アメリカは本当に革命を必要としていた、しかしマーティンはアメリカでは反革命しか起きないのではないかと思っていました。そうなると自分には証言することしかできない。晩年のマーティンが民主的な社会主義として理解していたもの、かれはそれを権力と富の徹底的な再分配と言い表していましたが、自分はそのために生き、死ぬ覚悟でいることしかできないことに気づいたのです。マーティンは何度もこう言ったものです。自分は毎朝、墓場に行く服を身に着けるのだと。自分にできることはそれだけなのだと。ある意味でマーティンは正しかったと思います。実際、強欲な寡頭資本家や欲張りな金権政治家が動かすこの非常に病んだ国のさなかにいて真実を語り、闘うのは棺桶に入る用意がなければ到底できません。そんな資本家や政治家の利権は根を深く下ろしており、権力も強大だからです。といっても無限大ではないので、反抗することで何かが変わるかもしれませんし、市民的不服従も少しは効果があるかもしれません。それでも、現状の権力構造下では革命的な社会運動が決定的に盛り上がる可能性はごく小さいでしょう。

ブッシェンドルフ　そのような勢力がどれほどの力を持っているかに気づくまでにキングも時間がかか

りました。

ウェスト　でも実はそこにマーティンについて見落とされがちな二点があるのですよ。コレッタ・スコット・キングがあるとき話してくれたのですが、コレッタが人生で初めて社会主義者に会ったのはマーティンと初めてデートしたときだったそうです。そのときすでにマーティンは自分のことを社会主義者だといい、大学間の社会主義運動に加わっていました。[11]もう一つ興味深い点は、ノーベル委員会からノーベル平和賞受賞の連絡を受けたとき、マーティンは「ノーマン・トーマスが受賞するまでは自分は受賞に値しない」と言ったのです。ノーマン・トーマスはいうまでもなく、プリンストン大学を卒業後にユニオン神学校に進みながらも教会を離れ、社会党の党首となり、大統領選に六回も出ました——うち三回はフランクリン・ローズヴェルトと戦っています。なんとジョン・デューイに支持されてもいました。[12]つまりマーティンはかなり若いころから、とくにチヴァーズの指導下で——モアハウス大学にウォルター・チヴァーズという社会主義者の教授がいて[13]——

ブッシェンドルフ　社会学者でもありました——。

ウェスト　そう、社会学者でもありました。そのチヴァーズのもとでマーティンはマルクスをよく読み、大きな影響を受けました。だから興味深いことに——マーティンはもともと穏健であり、ストークリー・カーマイケルら学生非暴力調整委員会（ＳＮＣＣ）の面々[14]、それにもちろん共産主義者だったこともあったスタンリー・レヴィソンや社会主義者だったバイヤード・ラスティンによる運動や圧力の結果として急進的になったと思っている人が多いのですが[15]——コレッタが述べたとおり、マーティンは初期から社会主義者だったのです。でもマーティンは、ジムクロウ下の南部はもちろん、アメリカのどこでも、社会主義的な言葉遣いをしたら絶対に受け入れられないだろうことをわかっていた。ノーマン・トーマスたちが一九三〇年代、四〇年代に予想していたとおりになっていたわけです。六〇年代に入っても、ノーマン・トーマスはマーティンにとってたいへんな英雄の一人でした。まったくマーティンは実に奥の深い人物です。どこまでも。

ブッシェンドルフ　それでもマーティンの中でやはり何か変化があったとは思いませんか？ 少なくとも、マーティン自身がそう語っていると思います――シカゴに引っ越して貧しい人びとに交じって暮らしてみたところ、自分にとって新たな次元が開けたのだと。それとも単に、ゲットーの現状に直面して、それについて発言しなければならない、もっとはっきりとものを言わなければならないことに気づいたけれども、それまでのように社会主義的、マルクス主義的な言葉遣いを慎重に避けていたのでは自分の言わんとしていることが伝わらないと悟ったのでしょうか。それとも両方でしょうか。

ウェスト　マーティンがシカゴのサウス・ハムリン街一五五〇番地に引っ越して二つのことが起きたといえるでしょう。つい先日、タヴィスと二人で、まさにマーティンとコレッタが住んでいた部屋を訪れたばかりです。その数日後、バーニス・キングとマーティン・ルーサー・キング三世と献花をしたとき、二人はシカゴ時代の話をしてくれました――子供たちも一緒にシカゴに引っ越したので。それまでマーティンは北部での経験がほとんどありませんでした。ボストンとフィラデルフィアに住んだことがあっただけで、それもボストンはシカゴやデトロイトのようにブラックの人口集中がある都市と比べるとかなり異質です。ロサンゼルスやニューヨーク、あるいはワシントンDCと比べても異質です。元祖ジムクロウがある南部からシカゴに移り住むということは、ジムクロウ二世が北部でどう機能しているかを見て知ることでもありました。北部と南部ではその働き方が異なりました。ジムクロウは、それによって経済面でどのような問題が起きているかという点では北部でのほうが深く根を下ろしていたといえますが、南部でのほうがずっと目につきやすい。南部では人種隔離《アパルトヘイト》がおおっぴらに、ブラックに対する暴力もおおっぴらに行なわれていました。それでマーティンは、北部の階級問題に取り組むには南部とはすっかり異なるやり方で臨まなければならないことを悟ります。でもそれだけではなく――ここで話はノーマン・トーマスどころではなくなり――マーティンは一九六六年にシカゴに移りましたが、これはアメリカの帝国主義を批判するようになった時期と重なります。すでにSNCCからヴェトナム戦争への反対を表明するよう促されていたところへ『ランパーツ』誌で貴いヴェトナムの子供の遺体を見、反戦を表明しようと心を決めます。ミシシッピ州での暴力に抗議しながらヴェトナムでの暴力に抗議しないわけにはいかない、と。こうしてシカゴでの階級問題とアメリカ帝国がヴェトナムで起こしている問題に取り組まざるを得なくなったことでマーティンはたしかに変化します。以前から社会主義的な感覚や感情を備えていましたが、より鋭い分析をするようになりました。これははっきりと見て取れます。マーティンがそれほどの明晰さを持ちはじめたのは激しい闘争の文脈の中でのことだったのです。皮肉なことに、その明瞭さによって死期を早めることになりますが。

ブッシェンドルフ　晩年には、これまでの話に出た勢力すべてだけでなく、自分と同じ側にいる活動家組織とも戦うようになっていきました。それらの組織は、キングが行き過ぎていると懸念するようになったのです。それでキングは非常に孤立していました。

ウェスト　そのとおりです。暗殺された当時、アメリカ人の七二パーセント、ブラックのアメリカ人の五五パーセントがマーティンを支持していませんでした。[16] マーティンは孤立していた。敬遠されてもいた。打ちのめされ、絶望と闘っていた。次から次へとタバコを吸い、酒も止まらない。いろいろな意味で、マーティンはますます――遠ざかったわけではないのですが、コレッタとの関係でも苦境に陥ります。コレッタも彼女なりに立派でした。さまざまな女性との関係も増えていきました。これはマーティンに言わせれば自分の不安をなんとかするため、殺すと脅迫されながら、また人格に対する悪意に満ちた攻撃や非難を受けながら暮らすことからくるたいへんな苦悩から一時的に逃れるためでした。そんな攻撃をしたのはカール・ローワンなどブラックの作家や、[17] ロイ・ウィルキンズやホイットニー・ヤングといった指導者、[18] マーティン自身の団体である南部キリスト教指導者会議（ＳＣＬＣ）の会員など、[19] マーティンがより急進的になっていると感じていた人たちでした。[20] これも十分に議論されていない点ですが、マーティンはもともとかなりの愛国者でした。ブラックのブルジョワ階級形成期の人でもあり、そこでは独立宣言が聖書とほとんど同じくらい大事でした。まったく同等ではありませんでしたが、かなり大事にされていた。

ブッシェンドルフ　アメリカの市民宗教ですね。

ウェスト　まさにそうです。それがマーティン自身のキリスト教信仰と実によく結びついています。

ブッシェンドルフ　その点で興味深いのは、それは愛国心なのか、それともある種の普遍主義なのかということです。たとえば、キングが独立宣言にふれるときに強調するのは、すべての人が平等であるという箇所です。ダグラスとデュボイスもそうでしたが、普遍的な理想がアメリカ合衆国の掲げる理想でもあるとき、それにあえて言及することが過去によくありました。つまり普遍主義的な理想と愛国に相互関係があることになる。自分の国が普遍的な理想を掲げていると思うなら、その国を誇りに思うかもしれないからです。

ウェスト　そうですね。でも――といってもわたしはどんなかたちのものでもアメリカ例外主義に根本的に反対していますから、間違っているかもしれませんが――アメリカ例外主義は自己正当化を許すだけでなく、アメリカ史上もっとも自己欺瞞的な観念でもあります。アメリカの民主主義の実験には独特な面がありますが、アメリカは選ばれた国などではけっしてなく、神がアメリカにだけほほ笑み目配せをして、ほかの国には見向きもしないなどということはないのです。マーティン・キングは初期にはある種のアメリカ例外主義を支持していましたから、そこに限れば普遍主義的な理想と、アメリカがそれらの理想を掲げたり体現したりする場合もあることとは互いに関係しているといえます。

でも晩年のマーティンは、アメリカや世界各地での正義を求める闘いにとってアメリカ例外主義が相当な障害となっていると感じていたのではないでしょうか。そのころまでにマーティンは、影響力を持っていたのはガンディーのほうであったこと、また南アフリカでの民主化をめざす闘争が、トーマス・ジェファソンの成し遂げたことと同じくらい自分への刺激となることにも気づいていました。もしかしたら、年を重ね、成熟し、国際主義よりほかに道はないことを認めたということなのかもしれません。わたしは六八年、六七年か六八年ごろのマーティンの説教を聴いたことがあります。こんなことを言っています。いまこそ認めなければならないのは、自分の責務の本質とは、アメリカという文脈を超えて考えるにとどまらず、アメリカの文脈を世界の文脈と並べて考えたうえで正義を求めることである、と。活動を始めた五五年、五六年、五七年ごろには、そんな話はしていなかったのですよ。キリスト教の牧師なら――マーティンは根っからの牧師です――どんな国家も十字架より下位にあると考えそうなものです。実際マーティンは常々、十字架とは丸腰の真実であり、無条件の愛であると考えていました。この二つは常にマーティンの主張の中心にありました。丸腰の真実、無条件の愛、どこでも、誰に対しても。そしてそれも国際主義です。どの国家もそれより下位にあると考えるのですから。それなのに厄介なアメリカ例外主義がまたこっそり忍びこんできて、なんと、米国はほかのどの国よりも理想を体現する特別な例外だということになってしまう。そして気がつけば――アメリカの市民宗教の話に戻りますが――それがまるで神意であるような言い方までされる。もしもアメリカが滅亡するようなことがあったとしても、例外主義は間違いなく舞い戻ってくるでしょう。大自然を切り開いていくというあっぱれな使命に根差しているのですから――わたしたちの仲間《ブラザー》のサクヴァン・バーコヴィッチが見事な洞察をもって論じたとおり、それはアメリカの哀歌《ジェレミアード》なのです。(21) マーティンも長い間そんな考え方で活動していましたが、最後にはその考え方を捨てはじめていたと思うのです。マルコムXはとうの昔に捨てていました。ただ、マーティンが自分の弁護士ジョーンズを通じてマルコムに接触し、(22) ブラックに対する人権侵害について国連で米国を訴えようというマルコムの動きに加わろうとしていたことを忘れてはいけません。

ブッシェンドルフ　でも、マルコムXのほうが例外主義の嘘を容易に見抜くことができたのは、マルコムはその生い立ちから、そもそもアメリカに幻想を抱く余裕などがいっさいなかった――あったとしてもほんの少しだけだったからでしょう。それに対してキングは学界で出世し、職業面でも成功しました。そのように、生い立ちがかなり影響しているのでは。

ウェスト　そのとおりです。所属していたフラタニティを見ても――マーティン・キングはアルファ[*21]でした。わたしもそうで、W・E・B・デュボイス、ポール・ロブソン、デューク・エリントン、ジェシー・オーウェンズ、アダム・クレイトン・パウエル・ジュニア、ドニー・ハザウェイ、ジョン・ホープ・フランクリンもそうです。(23) みなアルファで――アルファたちはたしかに愛国者らしい動きをしがちです。でもデュボイスは米国に対する愛国から急に方向転換します。ロブソンもそう、そしてマーティンも最後の最後で方向転換します。そこがおもしろいところです。そんなふうに急に方向転換するのはとても難しい。わたしなどは、ありがたいことにかれらの方向転換という土台がすでにありましたから。ブラックパンサー党などのことですね。わたしは若いころにすでに、世界史の中でアメリカが神意による特別な地位を占めているわけではないこと、民主主義を体現するよう神に命じられたわけではないことを学んでいました。それはアメリカが先住民にひどい仕打ちをし、労働者を押しつぶし、ブラックの人びとを隷属させてきた歴史を見ればわかります。しかし、ブラック中流階級の一員として育ち、さらに南部のＰＫ、つまり「牧師の子供《プリーチャーズ・キッド》」だったマーティンにとってそんな方向転換はことさら難しかったはずで、それでも転換したのはそれだけ立派なことでした。本当に。マーティンは――アメリカが経てきた歴史上、とにかくマーティンのような人はいません。本物の知識人であるのに、熟考したり思案したりする時間を持てたことがほとんどなかった。それでも知的生活と深いつながりを持ち、持っていた使命感もダグラスやデュボイスとは違ってキリスト教信仰に根差していました。

ブッシェンドルフ　キングは、宗教的信仰と社会主義とを組み合わせる可能性についてはどう語っていましたか？　たいした問題ではなかったのか、それともやはり大問題だったのでしょうか？

ウェスト　マーティンはブラックの預言者的精神を受け継いでいたので、常に宗教的信仰と社会変革とを結び付けて考えていたと思います。マーティンにとっては社会主義も、社会変革の一つの大目的として非常に真剣に受け止めるようになったものにすぎませんでした。ブラックの預言者的伝統は以前から、精神性や宗教性も社会変革と同じところに根差すものとしてとらえています。ここにも今日のアメリカ、とくにオバマ時代のアメリカがどんなにひどく退廃しているかが表れています――ブラックの預言者的精神はアメリカ民主主義の刷新と再生にもっとも貢献してきた伝統であるのに、アメリカはそれを侮辱し、過小評価し、ないがしろにしているのです。

ブッシェンドルフ　その価値観の変化は、人が直面する社会的条件の変化に基づいているものではないでしょうか。与えられた社会的条件のもとで自分の子供たちや自分自身の未来がろくに見えてこないときに、キリスト教の預言的信仰が提示する希望のようなものを保持すること、持ちつづけることは難しいのではありませんか？

ウェスト　たしかにそうですが、奴隷制が続いていた二四四年もの間、ブラックの人びとはアメリカに弾圧され、打撃を与えられ、中傷されていたにもかかわらず預言者的精神を絶やしませんでした。社会的条件の変化についてはそのとおりです。ただ、社会的条件と同じくらい作用してくるのが文化面の変化でしょう。いまは市場経済の勢力が家族や共同体をまさに根底から損ない、そこに生まれた真空を、大企業メディアが自己中心主義や物質主義や個人主義など人の注意をそらすもので埋めています。奴隷制時代にはわたしたちは声を上げることでブラックの預言者的精神を生かしておくことができました――人びとの尊厳と正気を保つのに鍵となったのは音楽です――それに家族も、奴隷所有者らがブラックの家族を破壊しようとしたとはいえ、互いに支え合っていました。対して現代の後期資本主義文化では、人との共感、思いやり、共同体など、市場の価値ではない価値から人の心があまりに離れています。市場価値ではない価値を認めなければブラックの預言者的文化はあり得ない。どういうことかといえば、マーティンなき後の問題の一つは指導者の問題でしょう。指導者になれば、一方では殺される恐れがあります。ＦＢＩか、ＣＩＡか、国民国家の抑圧装置に文字どおり殺されるかもしれない恐れ――六〇年代にはそういうことがありました――マーティンだけでなく、フレッド・ハンプトンやボビー・ハットン[24]、その他大勢が殺されました。他方で、殺さないのならとにかく買収することになり、その結果が今日のブラックの指導者たちです。大半が買ってくださいといわんばかりの状態にあります。買うのは簡単で、ちょっと金をやる、企業の役職に就けるようにする、ホワイトハウスに入れるようにする、ほしがる地位を手に入れられるようにする、それで買収は完了。ということで、殺されるか買収されるかしかない。そこでマーティンはどうしたか。マーティンがこれほど傑出する理由の一つは、どんな値を付けられたとしても絶対に買収などされなかったということでしょう――その点でマーティンはマルコムやファニー・ルー・ヘイマーと似ています[25]。マーティンは売りに出ていなかった。しかしこれは実に希少な、そんなのはあり得ないと感じるほどのことですよ。現代のわたしたちにとっては、アメリカの実業界にも買収できない人がいたなんて考えられないのです。ホワイトハウスもマーティンを取り込むことができませんでした。マーティンは、リンドン・ジョンソンがアメリカのアパルトヘイトをなくすために大きな一歩を踏み出そうとしていたときに熱心に協力しましたが、その二年半後には、ジョンソンはマーティンのことをニガー牧師と呼び、いなくなってほしいと思うようになっていました。マーティンがヴェトナム戦争に反対したからです。一九六八年の大統領選挙でマーティンはジョンソンを支持しようとせず、ジョンソンは選挙戦からの撤退を決めました。これは重大なことですよ。ブラックの知識人、ブラックの指導者、ブラック全体のなかでも、多くの人がマーティンのことをそれはひどく言っていました。マーティンときたらその人たちのために死ぬ覚悟でいるというのに、かれらのほうは実にひどい悪口をやめないのです。マーティンはとにかく買収されるのをよしとしませんでした。自分が誠実でいられないなら仲間から評判が悪くてもよかった。そんな人はめったにいません。

ブッシェンドルフ　そしていま、キングはもはや反論することもできません。一般にキングはラディカルな指導者としては記憶されておらず、ウェストさんがいつもおっしゃるとおり除菌された状態にあります。いま残っているのはその美化されたキングで、ラディカルなキングは消えてしまいました。他方で、人びとの苦しみが増し、資本主義の危機が深まるなか、キングは再発見されているのかもしれません。最近はっとしたのは、タヴィス・スマイリーがナショナル・パブリック・ラジオでキングの演説「ヴェトナムを越えて」について語ったときでした。この演説はそれほど知られていません。(26)「私には夢がある」と「ヴェトナムを越えて」の二本の演説を並べてみると興味深いのですが、「ヴェトナムを越えて」のほうには忘れられた、封じられたマーティンが出ています。よりラディカルなマーティンのほうがいまになって再発見される可能性はあるのでしょうか。

ウェスト 「ヴェトナムを越えて」についてタヴィス・スマイリーがナショナル・パブリック・ラジオでした話ではラディカルなマーティンが強調されています。そのマーティンがふたたび現れないはずがありません。消毒され美化されたマーティン、消臭されたマーティン、サンタクロース化されたマーティン[27]、サンタクロースのような陽気な老人となってほほ笑みながら共和党の右派から中道派から進歩党員までみんなにプレゼントを配るマーティンは、階級間戦争や帝国の戦いに際して自分の立場を明確にしたマーティンとは正反対です。実際のマーティンに近いのは後者です。マーティンの根本的な立場ははっきりしています。「わたしは恵まれない者の側に立つことを選ぶ。貧しい者の側に立つことを選ぶ」。ユージーン・デブスも同じことを言いましたし、一九一三年にダブリンで労働者によるストライキを率いたジム・ラーキンも同じことを言いました。過去一五〇年に生きた偉大な自由の闘士はみな同じことを言っています[28]。そしてそのマーティンはあまりに恐ろしく、たいへんな勇気を求めてくる。そのマーティンはわたしたちみんなに相当な代償を払うよう求めてもくる。だからそのマーティンは生きつづけ、戻ってきます。どのようにして戻ってくるかはまだわかりませんが。

ある意味では米国の外、ブラジル、アフリカ、アジアなど、アメリカ内よりもアメリカ外にいる人びとのほうがよほどそのマーティンを自分たちのものにするのではないかという気がします。そのマーティンは、突き詰めればアメリカにとっての預言者的人物であるというより世界にとっての預言者的人物であるからです。マーティンはアメリカの手に負えないでしょう。正直であり過ぎ、真実を言い過ぎる。真実を恐れ、真の愛、とくに貧しい人びとへの愛を恐れる文化にとっては愛情にあふれ過ぎてもいます。アメリカでも後年のマーティンをとどめておこうという声が上がると思いますが、アメリカで起きているヒステリー――テネシー・ウィリアムズのすばらしい言葉を使いましょうか――ヒステリーのせいでアメリカはその歴史の真実にしっかりと向き合うことができません。その意味ではそのマーティンは封じられています。だからこそ、三人――マルコム、マーティン、オバマ――の顔を並べたシャツを着て歩いている人たちがいるのが実に滑稽なのです。その人たちはこの三人が同じだと本気で思っているのですが、それを見るとこう言いたくなります。「え？ ちょっと待って、わかっているのですか？」というのもまずオバマですが、かれはアメリカ帝国についているにこやかな顔でしょう。ドローンで爆弾を落として無実の人びとを殺し、自国ではウォール街の金融業界や寡頭資本家や金権政治を支える政策を取っています。対してマーティンはオバマが押しつぶしている貧しい人びとともにあり、マルコムもオバマが押しつぶしている貧しい人びとともにあります。とくに後期のマルコムはある意味でマーティンよりもさらに革命主義的です。そんな三人がひとくくりにされていることからも、アメリカで起きている錯乱と混濁の程度がわかります。非常に保守的な反動主義者による反革命のほうが勝利している理由も説明されるというものです。

ブッシェンドルフ　メディアがかれらの思うつぼにはまっているので、いとも簡単に反革命が勝利してしまうのですね。これは読んで知ったのですが、ウェストさんがハーヴァードの学生だったころは、ラディカルなキングは耳を傾ける対象ではないと考えていたそうですね[29]。それがその後の一〇年で変わったと。ウェストさんの考えは八〇年代に変わったのでしょうか？「ヴェトナムを越えて」を読んで変わったのでしょうか？「ヴェトナムを越えて」は当時の左派に響くものがあったのでしょうか？

ウェスト　実は、当時すでにラディカルなマーティンを読み、ラディカルなマーティンを大いに尊敬していました。キリスト教徒としても、宗教に対する意識に関してイデオロギー面で深い親近感を覚えていました。でもマーティンに欠けていたのは――いまも欠けていると考えていますが――若者の文化と一体となり、そこに浸ろうとしなかったことです。

どういうことかといえば、マルコムの取り組み方は若者の共感をより得やすいものでした。マーティンのスタイルには若者に通じにくいところがあり、若者であり若いキリスト教徒でもあったわたしにとってさえもマルコムのほうがずっと共感しやすい存在でした。その共感はヒューイ・ニュートン[30]、アンジェラ・デイヴィス[31]、ストークリー・カーマイケル[32]らに対する共感と同じものです。それは教会や、牧師であるマーティンが教会の指導者らしく振る舞いがちだったこととも関係がありました。それにマーティンは南部の牧師、南部のブラックの牧師でしたから、わたしが育った北カリフォルニアのリズム&ブルーズやファンク寄りのスタイルからはなおさら遠かったのです。もちろんマルコムにも非常に保守的な面がありました。とくにマルコムが加わっていたネイション・オブ・イスラムは儀礼で音楽を使いさえしません。それでもマルコムのスタイルのほうが若者文化に近いのは一目瞭然でした。マルコムには独特の生意気さ、嘘がないように生きようとする独特の誠実さがあって、それこそがファンク（悪臭）の本質なのです。ジェームズ・ブラウン、ジョージ・クリントン、ブーツィー・コリンズ、レイクサイド、オハイオ・プレイヤーズなどの要素をマルコムからは感じ取ることができた。対してマーティンからは感じられませんでした。

ブッシェンドルフ　デュボイスについても同じ話をしましたね。ここでも生い立ちが関係してきます。デュボイスにとってもキングにとっても、ブルジョワ的な育ちや価値観、子供たちを「文明化」された人間にすることを重視する環境が作り出す一定の範囲を越えて一歩を踏み出すのはかなり難しかったでしょう。

ウェスト　たしかに生い立ちも関係しますが、選択によるところもあります。ハビトゥスが根底にあっても、選択の余地は残りますから。デュボイスと同じ境遇から出てきても、デュボイスとは違ってブルーズに自分をすっかり重ね合わせようとする人がいることはあり得るでしょう？デューク・エリントンも骨の髄までブルジョワで、たいへんなニグロの天才でしたが、ビギーやトゥパックに共鳴するのが想像できます。そんな包容力のある人でした。ルイ・アームストロングもニグロの天才です。知ってのとおり貧しい生まれですから少し異なりますが、ルイがアイス・キューブと一緒になって何やら楽しく演奏するのは想像できますね。デュボイスではそうはいかない。デュボイスがビリー・ホリデイと一緒にいるところなどとても想像できない。デュボイスはビリー・ホリデイのことを死ぬほど怖がったでしょう。それからある意味ではジョージ・クリントンもマーティン・キングを死ぬほど怖がらせたと思います。「ジョージ、いまの騒動はいったいなんだい？　いやはや、君のことは大好きだが、あれはちょっとね、僕にはわからない、わからないね」。「ほらマーティン、もっとノッて！」。そういうのはマーティンのスタイルではない。でもそれはあくまでわたしからすればマーティンに欠けているように見えるだけで、わたし個人の志向です。それほど重要なことでもありません。ただ、若者がマーティンを自分たちの文化に取り入れようとする動きがアメリカにも世界にもあって——いまでは世界中の若者文化がアフロ・アメリカ化していますから——マーティンが取り入れられるとしたら、それはすでにアジア、アフリカ、ヨーロッパ、中米の若者たちのあいだで起きているアフロ・アメリカ化を通じてになるのかもしれません。マーティンが出てきたハビトゥスには独自の特殊性、特異性がありました。それは間違いない。

ブッシェンドルフ　今日の教会が提供する社会的空間はどうでしょうか？　価値観の衰退のことが話に出ましたが、教会は昔から自己を主張する場を提供するところでした。それは南部で奴隷制や攻撃的な人種差別体制《ジムクロウ》があった、いまよりずっと悪い時代でも同じです。今日の若者と教会との関係はどうなのでしょう？　教会は中流階級だけのもので、「そうするのが正しいことだから日曜日に行く」場所になってしまったのでしょうか？　それとも、教会にはまだ本物の力があるのでしょうか？

ウェスト　つい数週間前に、全米進歩バプティスト会議（ＰＮＢＣ）の集まりに出る機会がありました。マーティンが一九六一年に全米バプティスト会議から追い出されてからガードナー・テイラーとともに創設を助けた団体です[33]。マーティンの相談相手だったテイラーはいま九十五歳です[*22]。タヴィス・スマイリーとわたしはこの集まりでテイラー師に話を聞くことができたのですが、それは印象に残る体験でした。会場を見回すと、二五〇〇人ほどしかいないのです。二〇年前なら一万人いたでしょう。これは従来の教派の衰退の結果です。教会に関しては基本的に二つの現象が起きています。まず、市場経済文化の影響によって諸教派の教会が衰退し、無教派の教会の人気が高まっています。進歩バプティスト派に属していた人の随分多くが無教派の教会に入りました。もう一つの現象が、無教派教会のペンテコステ派化です。ペンテコステ派とはいうまでもなくブラック・バプティストが始めた教派で、世界最速のペースで拡大しています。三位一体の第三の位格である聖霊と、非常に個人主義的な救済とを重視するのが特徴です。ペンテコステ派の教会はほとんどの場合、直接的な政治への関与や政治的な行動を敬遠します。加えて、無教派の教会が力を増している状況がある。そうするとT・D・ジェイクス師のような優秀な人が台頭してきます[34]。ジェイクス師は宗教指導者として非常に才能があり、説教者としてもすぐれていますが、政治的なことをする勇気はあまりない。同じような人はたくさんいます。もう一人著名な指導者にグレン・ステイプルズ師がいます[35]。わたしの大切な仲間《ブラザー》ですが、無教派で、労働者や貧しい人びととのつながりが強く、政治的にも活発です。ペンテコステ派の流儀は富裕層、ブラックのエリートにとってはいまでも騒々しすぎるのですよ。そういうわけで、既存の教派が衰退しペンテコステ派が優勢になってきています。

　従来の諸教派にあった預言的な要素は、進歩バプティストと同様、なくなってしまいました。ステイプルズ師のような預言者的な人もいることはいますが――あのような人はなかなかいません――無教派教会は大体のところ、結局は市場にあるものと同じで精神を刺激し、興奮させているにすぎず、勇気や思いやり、犠牲を払い危険を冒すといった預言者性に富む実質はあまりない。たとえば、ヴァカンらが書いていますが産獄複合体に三〇〇〇億ドルが投資されたという話があります。さながら牢獄や刑務所のためのマーシャル・プランで、その結果刑務所の数が急激に増えているのですが、いまや大半の教会には刑務所に面会に行く牧師がいません。そこからも、教会が人びとの苦しみからどれだけ離れているかを察することができます。なかにはベントレーを一、二台持っていたり、ランボルギーニを持っていたりする牧師もいるけれども、刑務所に行く牧師はいない。これに対して、かつての進歩バプティストは人びとの苦しみにぴったり寄り添っていたので、人びとが虐げられていることがあれば、それがどんなかたちであれ、なんらかの方法で対応する部署がありました。その意味では、今日のブラックの教会の多くに見られる市場主導の宗教性の対極にあるのがマーティンの預言者らしくあろうとする意識で――これはまさにマーティンの本質です――それが現代のアメリカに欠けている非常に重要なものの一つです。顕著な例外が二人いて、一人はわたしが信頼を寄せるハーバート・ドートリー牧師です。ブルックリンにあるハウス・オブ・ザ・ロード・ペンテコステ教会の牧師で、全国黒人《ブラック》統一戦線の創設者でもあり、模範的なブラックの自由の闘士です。もう一人はわたしの大事な仲間《ブラザー》のマイケル・フレイガー神父です。シカゴに古くからある聖サバイナ教会の神父で、その預言者的な指導の仕方はキングが証言したことや残したことに深く根差しています。[36]

ブッシェンドルフ　進歩的なブラックの教会は社会分析をするもので、苦しい状況にどう対処するべきかを説くための見識も持っていたということですね。最近は教会からそのような要素が失われてしまったということでしょうか？

ウェスト　ほとんどの場合、そうです。もちろん、たとえばオークランドにはJ・アルフレッド・スミスというたいへんすばらしい預言者的な牧師がいます。フレディ・ヘインズやキャロリン・ナイトも預言者的な人物として立派ですし、牧師のバーナード・リチャードソン博士、トビー・サンダーズ牧師、バーバラ・キング博士、そしてこれも牧師のM・ウィリアム・ハワード・ジュニア博士にウィリアム・バーバー博士もいます。[37] 学者で活動家で教師でもあるあのヴィンセント・ハーディングも、キングのような預言者的証人としては長老のような存在です。このように例外もありますが、全体を見ればその要素は失われていて、それもオバマの時代になって事態はさらに悪化しています。ブラックの指導者にとっては、オバマに共鳴することがブラックの預言者的精神を受け継ぐことだと勘違いしやすくなっているからです。オバマがブラックの預言者的営みに取って代わってしまう、言い換えれば人は白人優越主義の歴史を持つアメリカでブラックの大統領を支持することで何か進歩的で預言者的なことをしているつもりになるのです。覇権に対抗し、過去を相殺しているつもりになるのですよ。合法に、公然と行なわれている人種差別を克服するのがどんなにたいへんだったかという意味ではオバマは反覇権的ですが、大統領として寡頭資本家や帝国の殺人装置などと一体化しているので台無しになっています。それでも小さいとはいえ反覇権的な面があるので、ブラックの指導者たちはオバマを支持することで「わたしは進歩的だ。わたしはブラックの大統領を支持している。右派はかれを嫌い、殺したがり、かれについて嘘をいいたてるが、わたしたちは立場を明確にしている」という感覚を持つことができる。このように、アメリカ社会での支配と権力の関係について明確な社会分析をしようにも、非常に惑わされる、非常にわかりにくい、非常にあいまいな状況です。

ブッシェンドルフ　そこでよく出てくるのがこんな議論です。「でもオバマが大統領になったのは進歩ではないのか？　単なる表面上の象徴的な進歩ではなく、アフリカ系アメリカ人の中流階級がやはり拡大しているということだろう。そこになんの不満があるというのか？」

ウェスト　そうです。二〇〇八年まではそんな主張をすることができました。その年、大手銀行業者の強欲のせいで金融危機が起き、ブラックの資産の五三パーセントが失われました。[38] わたしたちはブラック中流階級の相対的な消失を目の当たりにしているのです。大半は自宅が資産だったのに、その多くが自宅を失った。崩壊した市場バブルを支えていた略奪的貸付はほとんどがブラックやラテン系アメリカ人《ブラウン》の下位中流階級に対して行なわれていました。その人たちが家を失ったいま、ある変化が起きています。たとえば、かれらが行く教会では以前は繁栄の福音を説いていました。しかし繁栄がなくなったので、その神学の実質的基盤が問われるようになっています。

ブッシェンドルフ　そう、中流階級の消失は世界規模で起きていることだと思います。ただ、おそらくアフリカ系アメリカ人の中流階級が消える割合が不均衡に多いのではないでしょうか。例によって。

ウェスト　そのとおりです。アメリカでは、白人は資産の一六パーセント、ラテン系アメリカ人は六六パーセントを失いました。ブラックは五三パーセントでしたから、ラテン系アメリカ人のほうが大きな損害を被りました。世界規模で見ると、金融寡頭体制や金権政治家の勢力が増すにつれて中流階級が縮小しています。この七カ月では、[39] 企業利益の七五パーセントが一時解雇によって生まれたものでした。つまり企業は経費を削減することで実は大きな利益を出すことができています。経費の大半は人件費だからです。それだけでなく、アメリカの企業は合計で二兆一〇〇〇億ドルもの金を使わずに蓄えています。次の金融危機で窮地に陥るのを恐れているのです。そうなると負けるのはブラックの中流階級で——アメリカのブルジョワジーの下にブラックのルンペン・ブルジョワジーがあるというわけです。アメリカに確固としたブラックのブルジョワ階級が形成されたことはなかったとE・フランクリン・フレイジアが一九五七年に述べましたが、[40] そのとおりです。過去四〇年間でブラックは空前の機会に恵まれ、オプラ・ウィンフリーやマイケル・ジョーダンのような人が現れはしましたが、大金を稼ぐ芸能人を除けば、資産面でわたしたちはまだアメリカの中流階級の下にいます。現在、アメリカの白人世帯にはブラック世帯の二〇倍の資産があります。白人世帯の平均資産は一一万三〇〇〇ドルで、ブラック世帯は五〇〇〇ドル、ヒスパニック世帯は六〇〇〇ドルです[41]。これとまた別に、貧しい人びとが社会から見放され、経済面でも置き去りにされている問題があります。タヴィスとわたしは「貧困ツアー」でこうした問題がいかに深刻かを強く主張して回りました。マーティンが殺されてからは誰もこの問題に注目していません。マリアン・ライト・エデルマンが奮闘してきましたが、注目を集めるのに苦労しています[42]。メディア界の人間であるタヴィスは創造力にすぐれていて、いろいろな問題を浮き彫りにするためにメディアに働きかけることができます。貧困問題について社会運動が起きていなくても、「貧困ツアー」を行なうことで、『ナイトライン』からCNN、C－SPAN、『ニューヨーク・タイムズ』、『ワシントン・ポスト』まで国中のメディアが貧困問題を取り上げるようにすることができるのです。これは実にいろいろな点で前例のないことでした。社会運動がない状況下では、世論を形成し国の公共議論に少しでも影響を及ぼすのに「貧困ツアー」のような活動はもっとも効果的なことのうちに入ります。

ブッシェンドルフ　そうして及ぶ影響もキングの時代よりも大きく、強くなっています。

ウェスト　そういえますね。キングによる社会運動は不公平に起因するさまざまな問題を人の心に残るように見せようとしたもので、タヴィスとわたしが行なった「貧困ツアー」は、要は社会運動のない中で貧困問題を印象的に見せようとするものだったからです。思うに、墓の中のマーティンを喜ばせようとする志はアメリカの自由の闘士にとって最高の規範です。マーティンを喜ばせるとはつまり、先に挙げた軍国主義、物質主義、人種差別主義、貧困の四つの問題すべてと格闘している人たちのために生き、死に、証人となろうとすることです。わたしならその四つに家父長制と女性差別も加えます——同性愛嫌悪《ホモフォビア》も加えます——マーティンはその三つにふれませんでしたが、わたしたちが人種差別を問題とするとき、それはゼノフォビアの一種を問題としているのです。単にゼノフォビア全体を問題としているといってもいいでしょう。そうすれば反ユダヤ主義も含まれますし、反アラブの人種差別、反ムスリム感情なども含まれます。ただ、わたしたちには貧困ツアー以上のことはできないのではないかという気がします。

シェルドン・ウォリンが「逃避する民主主義」という概念を使っていますが、おそらくそのとおりで[43]、組織や動員のための人びとを生み出し、奮い立たせ、かれらが力を合わせて圧力をかけることができるようにしようとするにも、ときの権力者が自分を殺す、あるいは吸収し取り込もうとする、自分について嘘をつく、大衆注意散漫兵器を使ってこちらの運動をつぶそうとすることがわかっているのが現状です。これではマーティンが本当に起きてほしいと思っていたような革命がどうしたら起き得るのか、想像するのさえ非常に難しい。もちろん、単にわたしの想像力が限られているというだけかもしれません。でも、フランクフルト学派やウォリンらの主張のほうがわたしは納得がいくのです。マーティンを本当に喜ばせたいと思う人が減っているのもこれが原因の一つでしょう。マーティンが訴えていたことを実現させる可能性は多くの場合あまりに小さい。しかし大半の人は——とくにアメリカでは——比較的迅速に実現や達成ができないと思うもののために闘いたいとは思いません。

ブッシェンドルフ　ノーム・チョムスキーはわたしが高く評価する知識人ですが、いつも感心するのは、あのように周縁に追いやられているチョムスキーが——周縁にいるからこそ——現状を鋭く分析し、いま話に出た問題、つまり変革を起こすことの難しさを認めているものの、それでも人びとは変革を起こすことができると常に信じていることです。チョムスキーはその信念をどうやって維持しているのでしょうか。変革が可能であるというなんらかの洞察に基づいているようですが。

ウェスト　つい最近、ノームをプリンストン大学に迎えることがあって、話をしたり紹介したりする機会に恵まれました。ブラザー・ノームは根底ではデカルト派なのですよ。ですから理性の力だけでなく、明白であることや明晰であることの力も信じています。それら自体が本来、変革をもたらす正当な主体であると考えるのです。ベケット、チェーホフ、ショーペンハウアーなどはノームの世界にいません。ノームは非理性の働きについて限定的な理解しかしていないので、それをあっさりと無視してしまうのでしょう。誰でもノームの明確な分析にふれさえすれば、あとはどうにかついてくるだろうと本当に考えているのです。

ブッシェンドルフ　デュボイスもそう考えていました。

ウェスト　一時期はそうでしたね。変革を妨げているのは無知であると信じきっていました。

ブッシェンドルフ　一方では合理性か非合理性かという問題ですが、もう一方では精神と身体の相互関係の問題でもあると思います。わたしたちが世界をどう見て、何をどう知覚し、どんな志向でいるかといったことは身体に深く染み込んでいるもので、そのように身体に組み込まれた性質はなかなか消えません。ピエール・ブルデューによれば、ハビトゥスが変化するのは一定の条件が揃ったとき、たいていは危機が訪れたときだけです[44]。そのことも考慮に入れなければいけません。

ウェスト　たしかにそうですね。ただ、理性にも役割があるからこそデカルト派も無視できないのですが、行き過ぎると理性が執着や崇拝の対象になりかねません。自分の楽観を維持するために本物でない信心を持つようなことになる可能性もあり、ある意味でノームはそうなってしまっているのだと思います。もっといい例としてはわたしの大切な仲間《ブラザー》のハワード・ジンがいます。ハワードが最近出した人種問題についての著書の序文を書いたばかりです[45]。ハワードもノームと同様、理性や明晰さ、明白さ、分析のはたらきを心から信じていました。しかし同時に身体や非合理性の働きを感知する能力にもすぐれていました――非合理性では語弊があるかもしれませんから、超合理性とでもしましょうか――文化がこれにかかわってきます。だからハワードは物事を実に長い目で見ていた。レイモンド・ウィリアムズの名著『長い革命』を少し思い出します。[46] あれは何度も繰り返し読むべき本です。その意味ではハワードのほうが少し現実に近い面もあるのでしょう。それに対してウォリンのような人たちは、社会変革を起こすのがどれほど困難かを理解しています。一筋縄ではいかないのです、どんなときも。

ブッシェンドルフ　キングはその点どうでしょう? 理解していたのでしょうか?

ウェスト　一筋縄ではいかないことをキングも初めから理解していたと思います。とくにシカゴでの階級問題やアメリカ帝国がヴェトナムで起こしている問題にも取り組みはじめてからは、社会変革の可能性はますます複雑な、ベケット的様相を呈するようになったのではないでしょうか。そうなると自分にできることといえば、鋭い分析を隠すところなく示し、正義や愛や真実に身を捧げて生きようとすることしかありません。その時点ではそれ以外に何もしようがないのです。とにかく自分は誠実でいるしかない、それほどの混沌《メス》に直面するからです。それも非常に厳密な意味で――「混沌」はベケットが使った言葉で、[47] ハイデガーの「存在」とは区別されます――キングはそれを深く理解していた。それで想像してしまうのは――三十九歳の若さで亡くなっているわけですから――もしマーティンが六十歳まで生きていたらどうしていただろうということです。いまでもわかりません。ユニオン神学校の教授になっていただろうという人もいます。つまり活動家であると同時に教えてもいたことになります。心身の糧が必要ですから。マーティンが二十六歳から三十九歳までの一三年間続けたような、明けても暮れても活動に全力を注ぐ生活は誰にもできません。単純に無理でしょう、子供や孫などがいればなおのことです。とはいっても、マーティンならできたのかもわかりません。マーティンは何があっても貧しい人びととの奮闘と連帯していたでしょう。それは絶対にそうだと思います。マーティンはまた、オバマ政権に対抗する声、対抗する勢力になっていたとも思います。それも大きな声で意見していたでしょう。存命中もマーティンは当時のブラックの政治家に非常にはっきりと意見を表明しました。米議会が「貧困に対する戦争を貧者に対する戦争に」変えていると言ったのです[48]。マーティンはクリーヴランド市長候補だったカール・ストークスを支持しましたが、ストークスが当選したとき壇上に呼ばれなかったので[49]ひどく傷つきました。そのときすでにヴェトナム戦争への反対を表明していたマーティンはストークスにとってラディカル過ぎたのです。マーティンはひどく傷つき、何度もこう言いました。「ブラックの政治家たちがあっという間に魂を売るのは白人の政治家と変わらない！　誰のための政治家だ！」

ヒューイ・ニュートンらはそんなマーティンを大いに敬愛していました。アミリ・バラカさえもそうで[50]、マーティンは死ぬ前にバラカと会っています。つい先日、バラカがマーティンと出会ったときのすばらしい思い出を話してくれました。一九六八年、マーティンが暗殺される前の月の三月のことです。バラカらがマーティンを敬愛していたのは、マーティンがブラック・ブルジョワ出身の政治家たちを強烈に批判しているのを知っていたからです。マーティンはそんな政治家を支えたのに、かれらのほうはマーティンを利用しました。自分たちの選挙運動のためにマーティンの才能とカリスマを利用しておきながら、当選するとマーティンといっさいかかわろうとしないのです。マーティンはこう言いました。「いったいどういうことかね？」。政治家たちは思惑があってわざとそうしているのですよ。大事な経済界、いわゆる恒久的な統治機関と良好な関係を築くなどしなければいけないのです。

もしマーティンが生きていたら、南アフリカ大統領になってからのマンデラの統治にも批判的だったでしょう。マンデラは大統領として経済界と結託し、自身が主流に加わるにつれて南アフリカの貧しい人びとの窮状を軽視することを厭わないところがありました。マンデラもサンタクロース化されたことがわかります。南アフリカの財界と結託し、ビル・クリントンと関係を深め、『タイム』編集長のリチャード・ステンゲルとも親密になり、いまではマンデラといえばクリントンとステンゲルが思い浮かぶありさまです。逆に、二七年半も獄中で過ごした革命家マンデラの仲間だったシスルやスロヴォなどの革命家は思い浮かばないでしょう。[51] マーティンは、企業の資金やエリートによって人が名声を得てその状態を持続させるのを理解はしても、自分がそのように取り込まれ、美化されることには抵抗するでしょう。ということは自分が死後に殺菌されたことについても批判的であるはずです。美化されるのは避けられない面もありますが、だからこそ批判されなければならない。それは真実から目を背けることだからです。真実から距離を置くことでもあります。もちろん、マーティンはそれでもマンデラに対して大きな尊敬の念は持ちつづけたでしょう。ただ、マンデラが美化されていく過程を批判しただろうということです。マンデラ自身もその過程に批判的だったようで、わたしにはそう言いました。わたしがネルソン・マンデラ講演を行なったときのことで、アフリカでのマンデラのサンタクロース化について話したのでした。マーティンはきっと共鳴してくれると思います。あのネルソン・マンデラがたいへん勇気のある人物、正真正銘の革命家であったことに疑いはありません。それなのに南アフリカ大統領としては新自由主義的な統治を行なったのです。

第4章

# 民主的実存主義の熱
## ——エラ・ベイカー

©Danny Lyon / Magnum Photos

# エラ・ベイカー略年表

**Ella Baker［1903-1986］**

| | | |
|---|---|---|
| 1903年 | 12月 | ヴァージニア州で生まれる。 |
| 1909年 | | **全米有色人向上協会(NAACP)設立。** |
| 1917年 | | **アメリカが第一次世界大戦に参戦。** |
| 1927年 | | ショー大学を卒業、ニューヨークへ。 |
| 1929年 | 10月 | **大恐慌始まる。** |
| 1930年 | | ジョージ・スカイラーが創設した青年ニグロ共同組合連盟(YNCL)に参加。 |
| 1932年 | | 『アメリカン・ウェスト・インディアン・ニューズ』記者。 |
| 1934年 | | ニューヨーク公共図書館成人教育事業の職員に。 |
| 1936年 | | 雇用推進局(WPA)の消費者教育担当に(～41年)。 |
| 1937年 | | 全国消費者協会の資金調達担当、ハーレムの協同組合で広報担当。T・J・ロバーツと結婚(58年に離婚)。 |
| 1940年 | 2月 | NAACPの職員に(～46年)。 |
| 1941年 | | **アメリカが第二次世界大戦に参戦。** |
| 1945年 | | このころから姪の世話をすることになる。 |
| 1946年 | 5月 | NAACPを辞任(ただし関与は継続)。 |
| 1952年 | | NAACPニューヨーク支部の会長に(～53年)。 |
| 1955年 | 12月 | **ローザ・パークス事件を引き金に、アラバマ州モンゴメリーでバス・ボイコット運動開始(～56年12月)。** |
| 1956年 | 1月 | バイヤード・ラスティンらと南部の公民権運動を支援するイン・フレンドシップを結成。 |
| 1957年 | 1月 | アトランタで南部キリスト教指導者会議(SCLC)の組織を支援。 |
| 1958年 | 1月 | SCLCの職員に(～60年8月。一時期は暫定事務局長)。 |
| 1960年 | 4月 | ノースカロライナ州でのシットイン運動開始を受け、キングとともに学生非暴力調整委員会(SNCC)結成を支援(10月に正式発足)。その後も助言を継続。 |
| 1966年 | 6月 | **SNCCのストークリー・カーマイケルが初めて公式に「ブラック・パワー」を用いる。** |
| | 10月 | **カリフォルニア州でブラックパンサー党設立。** |
| 1968年 | 4月 | **キング暗殺を受け全国各地で暴動。** |
| 1971年 | 2月 | アンジェラ・デイヴィスの釈放を求める演説。 |
| 1978年 | | マディソン・スクエア・ガーデンでプエルトリコ独立を支持する演説。 |
| 1981年 | | 映画『フンディ』公開。 |
| 1986年 | 12月 | 死去。 |

この対話企画が進むにつれウォール街占拠《オキュパイ》運動も勢いづいていた。ニューヨーク市のズコッティ公園にデモ参加者の野営地ができたことが引き金となり、人をどのように組織し動員するのかという、あらゆる政治運動、とくに草の根の運動にとって決定的に重要な問いが提起された。公民権運動において草の根からの組織化がどれだけ有効だったかをエラ・ベイカーほど説得力を持って示してくれる人物はいない。いつでも民主的な意思決定をしようとしたベイカーは、二〇一二年の夏、オキュパイ運動が最高潮を迎えていたころに行なわれた次の対談で取り上げるのに格好の人となった。ベイカーを通じて、わたしたちはブラックの預言者的伝統に連なる女性の声に初めて光を当てる。カリスマのある男性の指導者たちとは対照的に、女性たちは単に美化されるにとどまらず、存在自体が軽視されてきた。

クリスタ・ブッシェンドルフ　これまでの三回の対談では、フレデリック・ダグラス、W・E・B・デュボイス、マーティン・ルーサー・キング・ジュニアを取り上げました。アフリカ系アメリカ人の知識人や活動家の系譜はこのうえないほど豊かなものですが、それでもこの三人は誰が見ても当然選ばれるべき三人でしょう。なんといっても、全員が非凡で、当時もいまもそれぞれの時代でもっともすぐれた知識人だと見なされているといっても過言ではないからです。これに対して、わたしたちがエラ・ベイカーを選んだ理由は多くの人にとってそこまで明白ではないでしょう。でもベイカーは明らかに、限られた人しかなることのできない長距離走者でした。長距離走者とは、自由の闘士《フリーダム・ファイター》として自由と正義を求める闘いに全人生を捧げる人のことです。とはいえこれまでの三人と比べると、ベイカーが生涯をかけて取り組んだことを調べるのも評価するのも困難です。まず、ベイカーは人を組織するのが非常にうまく、自分がそこで活動しようと選んだ団体に欠かせない構成員になることが多かったのに、運動の中で脚光を浴びることがありませんでした。また、ベイカーには社会変革や政治的行動について簡単明瞭な持論がありましたが、それをいっさい書き残しませんでした。回想録もなければ小論集もありません。あるのは演説、新聞記事が数本、それにインタビューだけなので、ベイカーの資料を調べたり彼女を個人的に知っていた人たちに話を聞いたりした伝記作家らに頼るしかありません。さらに、政治活動に関するベイカーの持論そのものが個人ではなく集団をいつでも中心に据えるものでした。草の根レベルでの組織化とは、貧しい者や虐げられた者が闘争に積極的に関与できるようにするものだと信じて疑わなかったのです。ベイカーにとって理想的な活動家とは、人を魅了する演説を通じて大衆を動かす預言者のようなカリスマ的人物ではなく、抑圧された者が自分で問題に対処できるように助けるごく普通の人でした。一九四七年に彼女はこう言っています。「ニグロは救世主を探すのをやめ、自らを救うために努力しなければなりません[1]」。二〇年後には、ベイカーが共同で設立し運営もした学生非暴力調整委員会（ＳＮＣＣ）についてこう述べました。「ＳＮＣＣが設立当初から重視したことの一つに、現地の人びとともに働くことがありました。これはかれらのために働くのではなく、かれらの指導能力を伸ばそうとするということです[2]」。

エラ・ベイカーを選んだ理由がダグラス、デュボイス、キングを選んだ理由ほどわかりやすくないとしても、ウェストさんにとってベイカーは当然選ぶべき人だったのではないでしょうか。ということで、初めになぜベイカーの人格や、公民権運動でのベイカーの活動を貴重だと考えるのかを話してくれませんか？

コーネル・ウェスト　エラ・ベイカーは、民主的な指導法にかけてはこれまで扱ってきた人物のなかでわたしたちが学ぶべき点がもっとも多い人だと思います。ブラック一般や貧しい人びと一般への深い、不変の愛を持っていた点だけでなく、そうした人びとの力量や能力を伸ばし、かれらが批判的に考え、自らを組織し、ある体制への抵抗とその体制の変革について体系的に考えることができるように全力を注いだ点でもそうです。オキュパイ運動を見て思うのは――わたしたちはいま、まさにオキュパイの時代に生きているのですが――エラ・ベイカーは、ローマンド・コールズが「受容力《レセプティヴィティ》」と呼ぶものを根本的な信念としています――ベイカーが後世に残したものについてのコールズの研究にもなかなか説得力があります(3)――人びとから何かを受け入れることができるようになる、つまり自分が人びとに道を示したり、助言したり、特定の方向に押し出したりするだけでなく、これまでも普通の人が識見やさまざまな見通しを生み出してきた伝統に照らして、人びと自身が生み、育んだ識見を受け入れるのです。これはもっとも厳密な意味での草の根の力です。そう考えると、あれほど成功したダグラスも、あれほどの知識人だったデュボイスも、あれほど雄弁だったキングも、草の根の、ありふれた一般の人びとの知恵をベイカーのようには受け入れていなかったでしょう。もちろんジェンダーの問題もあります。エラ・ベイカーは家父長制的な指導法、なかでもとくに救世主型の指導法を強力に批判しています。二十一世紀に行なう組織や動員、社会変革を本気で語るならば当然そこから始めるべきでしょう。

もう一点については、大切な仲間《ブラザー》のボブ・モーゼズと意見を交わしてきたばかりです(4)。ボブはプリンストンに丸一年いたのですが、研究室がわたしのと向かい合わせでした。ボブにとってエラ・ベイカーはいうまでもなく根本からの《ラディカル》民主化を実践した人物としてもっとも偉大であり、ボブ自身もエラ・ベイカーの弟子のようなものです。ボブの主張は非常にはっきりしていて、カリスマ型の指導や救世主型の指導はいっさい受け入れないとしています。そんな姿勢から見えてくると思うのは、ベイカーが組織や動員の実存的側面を大事にしていたということです。つまり、彼女にとって政治変革とは主として政治に動機づけられたものではない。これはベイカーが子供のころに体験したブラック・バプティストの女性による伝道運動にさかのぼります。ベイカーが人びととともに謙虚であることについて語るとき、それは人びとのためではなく、人びととともに謙虚であること、人びとと並んで奉仕することを語っているのです。普通の人たちについて語るときも、ベイカーが重視するのは普通の人たちの能力が運動の中心にどんどんかたちとして見えてくることです。救世主型の指導者によって利用され操作されて終わるのではなく、運動の中心にある。ベイカーの活動にはそんな民主的実存主義が見えます――ボブ・モーゼズの研究にも同じものが見えます。ほとんどの人の活動にそんなものは見えません。

　アナーキストのなかにこうした要素を持つ人もおり、それもあってわたしはアナーキズムを大いに尊敬しています。アナーキズムはヒエラルキーに対して根強い疑いを抱いています。公共圏では政府、私圏では企業、市民社会では文化的制度に対してという具合に。ベイカーはジョージ・スカイラーと協力していたことがわかっています。スカイラーは一九三〇年代にアナーキストを自称していました。最後は反動主義者の右派の人間《ブラザー》になってしまうのですが、その前はアナーキストを自称していた。[5] バイヤード・ラスティンがアナーキストだったことも知られています。ラスティンは自分でもそう明言していました。[6] ドロシー・デイもかなり率直に自分はアナーキストだと亡くなるまで言っていました。[7] アナーキズムは並々ならぬ伝統で、わたしは大いに尊敬していますし、オキュパイ運動に参加しているあらゆる人種の若い男性や女性にも受け継がれているのがわかります。わたし自身は自分をアナーキストとは考えていないのですが。エラ・ベイカーがとった立場と評議会共産主義の考え方には類似点があります。評議会共産主義はボリシェヴィキなしのソヴィエト、労働者による評議会があるべきだと主張しました。前衛党が評議会にいる労働者を上から操るのではなく、労働者が自己組織化するべきだというのですが、それはつまり普通の人びとが上役、専門家、党員などに指図されずに行なう根本《ラディカル》からの組織化です。ベイカーは、どこまでも民主主義的な考え方を下地とするわたしのような者が大きな影響を受けたヘルマン・ホルテルやアントン・パンネクークら初期の評議会共産主義者と重なる部分もあります。[8] というわけで、政治が崩壊し、経済が衰退し、文化が堕落している暗い時代に生きるわたしたちは、皮肉なことにエラ・ベイカーというデュボイスやキングといった雄型の巨人の陰に隠れてしまいそうな人物からこそもっとも学ぶべきなのです。

ブッシェンドルフ　オキュパイ運動が絶対に指導者を持たず集団での意思決定を柱にしているのは本当に興味深いことです。これにはすばらしい利点がいくつもあります。第一に、カリスマ的指導者を一人殺して運動をあっさりと無力化することができません。それ以上に、いまの話にあったとおり集団そのものが持つ力がずっと大きくなります。代表がいればその人に一任されてしまう力です。ただ、だからエラ・ベイカーがこれまでの三人に劣らず重要なのだというのはわかりますが、前回の対談では、わたしたちにはマーティン・ルーサー・キング・ジュニアが必要であるという話もしました。これについてはどう考えますか？　カリスマ的指導者であるキングと、集団を中心にしたエラ・ベイカーの活動という二つの勢力のあいだにはどんな関係があるのでしょう？

ウェスト　エラ・ベイカーは、運動がマーティンを作ったのであり、マーティンが運動を作ったのではないと述べましたが、これはまさに真実です。わたしにとってマーティン・キングの偉大さというのは、自分のカリスマをどう使ったか、弁論の才能をどう使ったか、普通の人びとに寄り添って死ぬ勇気や心ばえをどう使ったかにあります。マーティンを批判するべき点があったとすれば、それはマーティンの団体では意思決定過程があまりに上位下達式で、またあまりに男性優位で上下関係がはっきりしていたので、そうでなければもっと大きく、場合によってはもっと効果的な大衆運動につなげることも考えられただろうという点でしょう。とくに階級や帝国、ジェンダー、性的指向の問題に関して運動をもっと広げることができたのではないでしょうか。もしマーティンの団体や周辺にいる人たちが政治に関する教育や訓練をもっと受けていたら、マーティンが用務員など貧しい人びとのために経済面での正義を訴えたり、ヴェトナムでのアメリカ帝国主義を非難したりしたときに、誰にも支持されずただ孤立することにはならなかったでしょう。その点、エラ・ベイカーは――南部で育ち、ノースカロライナ州のショー大学を卒業後まっすぐニューヨーク市に行き、『アメリカン・ウェスト・インディアン・ニューズ』紙を運営、アナーキストだったジョージ・スカイラーと活動し、左派やさまざまな革新主義者と交流しましたが、常に安定し、地に足がついていました――孤独なカリスマ型の指導者像に代わるどこまでも民主的な指導者像を示しました。

覚えているかもしれませんが――これはボブ・モーゼズが話してくれたことで、とにかく印象に残っています――運動がいよいよ盛り上がってきたとき、エラは姪の面倒を見るために身を引きます。そのとき周りの人たちはこう言いました。「ちょっと待って、これこそエラさんが待ち望んでいた瞬間でしょう。いまがそのときなのに。カメラも来ているのに」。それに対してエラはこうです。「優先順位というものがあります。いまは姪の世話をしなければ。なんといっても、姪はまだ子供なのです」。そこでよく言われるのはこれです。「でもそれはジェンダーの問題でしょう。エラは自分のことを、世話する者、養育する者と見なさざるを得なかった」。でもそうではない。エラからすればその決断になんの矛盾もありません。姪が自分を必要としている時期に姪の世話をすることは、奉仕する者であるという自分の天職の一部にすぎない。エラにとっては家族に奉仕するのも運動に奉仕するのも両方とも自分の天職のうちで、謙虚さと奉仕は対象を問わないものでした。だからあのマーティン・ルーサー・キング・ジュニアについて議論するなら、エラのマーティンに対する批評を必ず考慮しなければならないと思うのです。エラによる批評には、謙虚さ、奉仕、愛だけでなく、彼女自身も犠牲となるのを厭わなかった姿勢が反映されています。エラは脚光を浴びていなくても自分の存在意義を見失うことのない控えめな人でした。カメラなどいらない。よくあるのが、カリスマ型の指導者がカメラがないと自分の存在意義を見出せない状態に陥ってしまうことでしょう。見ていて非常に悲しいことですが、ジェシー・ジャクソンもそう、あれほど演説がうまく、わたしたちの闘いにたいへんな貢献をしているのに。アル・シャープトンも、適応と奉仕の才能があるのに。ヒューイ・ニュートンも初期はすばらしかったのですが、後年はカメラ依存でした。アンジェラ・デイヴィスは踏みとどまっています。ボブ・モーゼズも同じです。ストークリー・カーマイケルはたいへん立派で、人びとへの深い愛を持ち、エラ・ベイカーからも大きな影響を受けていますが、やはりカリスマ型指導者としての性質がずっと強く出ていました。(9) わたしの大切な仲間《ブラザー》でカリスマ的牧師のジェレマイア・ライト博士は誤解されたり低く評価されたりすることが多く、メディアに悪魔のように扱われましたが、いつかは正しく評価されるでしょう。でもジェームズ・フォーブス・ジュニア博士はエラと同様、こうした誘惑をものともしません。

ブッシェンドルフ　つい考えてしまうのは、たいへんなカリスマのある指導者になる可能性と、一定の自己愛を持っていることのあいだに必然的に関連があるのではないか、つまり自己中心性が肥大していないのにすばらしい指導者である人は、それだけ大きな偉業を成し遂げたといえるのではないかということです。ベイカーは、嫌でも一緒に闘わなければならなかった仲間たちを批判することがよくありました。大半が男性です。ベイカーによれば、その人たちは会合のときにベイカーが出席者のために雑用をするのを当然と思っていた。食べるものや飲むものがあり、コーヒーメーカーも動いていて当たり前だったのだと。このためベイカーは常に二重の闘いをしていました。ベイカーは運動に対してそんなつまらない奉仕をするだけで満足するような人ではなかったからです。ベイカーにはたいへんな先見の明がありました。実際、ベイカーの特性のなかでも重要だと思うのが、闘いに長い時間がかかるとわかっていたことです。一〇年や二〇年では何も達成できるはずがないけれども、たとえたいして前進していないように見えても全力を注がなくてはならないと考えていた。先を見て、次の世代、奉仕する者として自分に続く人にバトンを渡す用意まであったところがベイカーの強みの一つです。

ウェスト　そのとおりです。オキュパイの時代は根幹のところでエラ・ベイカーの時代だといえるでしょう。ダグラスとキングも現代に多大な貢献をしていますが——マルコムもそうだといえますし、デュボイスは間違いなく貢献していますーーエラ・ベイカーが示したのは、頭脳労働と肉体労働の区別を根底から考え直せば、運動のためのさまざまな活動を自然な流れでできるようになるということです。ホームレスの世話や高齢者のための調理から、グラムシを読んで有機的知識人であることとは何かを考えることまでをすべて、ある日の午後にできるようになる。これらの活動はどれも等しく自由の闘士の役割であり、有機的な、大変革を起こす人物の役割だからです。知識人が自分だけ離れた場所や一段高い場所にいて、手を使う、手で触れられる、触れ合う、実地の活動から離れてしまうことがない。

先ほどエラの民主的実存主義を持ち出しましたが、カリスマ型指導者と自己愛についてのブッシェンドルフさんの指摘を聞いて思うところがあります。長距離を走る自由の闘士なら誰でも途方もない自信がなければならない。真の課題は、暗殺される危険にさらされ、脅迫を受け、人から責めたてられたり、軽蔑されたり、嘘をいいふらされたり、誤解されたりするとき、どうやってその途方もない自信を持ちつづけるのか、です。仲間たちと、あるいはネットワークの中で活動を続けていくにも自信が必要ですが、どうすれば自分に甘くならずに自信を保てるのか?自己愛に対抗できる唯一の武器は、自分自身と、自分自身よりも大きな目的に信念を持つことですが、その信念は、自分は世界がありがたがるべき何か偉大な救世主的存在であるという思い込みから切り離されていなければなりません。これまで扱った三人がいい例でしょう。ダグラス、キング、デュボイスは信じがたいほどの自信を持っていて、三人とも最高の状態ではエラ・ベイカーに似ていますが、最低の状態では自己陶酔に陥ってもいます。でもわたしにとって、自己愛に対する武器のなかで重要なのはある種の崇高さ、精神的な強さでもあります。もちろんこれは人間としてわたしたちみんなの心の中にあるせめぎ合いでもありますね。でもわたしにとって、自己愛に対する武器のなかで重要なのはある種の崇高さ、精神的な強さで、一方で感謝の念が大事な要素です。自分が古くからの伝統を引き継いでおり、自分もその伝統から生まれ、それによって自信を持つことができている意味を考えること。というのも自信というのは空から降ってくるものではなく、長い年月をかけて先駆者たち、自分よりも前にいた人たちによって育まれるものだからです。その先駆者たちも同様の自信を持っていました。というわけで一方には感謝の念、民主的な信心のようなものという意味での感謝の念があります。ここでの信心とは、自分の属する伝統や共同体や闘争の歴史の中で先にいた者への恩として理解されます。もう一方には、他人に奉仕することから得られる言い尽くせないほどの喜びがあります。他人に奉仕する喜びは、他人を指導する喜びとは質的に異なるものです。

ブッシェンドルフ　自己愛に対抗するための三つ目の武器に、運動の目的を正しいと信じる心があるかもしれません。それとも、そんな信念は武器とするまでもなく、あって当然なのでしょうか？

ウェスト　たしかに、目的達成のためにどれだけ力を注ぐ用意があるかも武器になります。それはとても重要でしょう。エラ・ベイカーの複雑な核心、媒介された本質ともいえるものをよくよく見てみると、それがいま言ったような民主的な感謝の念と深い関係があることがわかります。自分が闘いの伝統に身を置いていること、変革をもたらす者であり、若い世代への伝達者であることを受け止めると、理性に頼らずパスカル流の飛躍をしてごく普通の人の能力を信じることができるようになる。普通の人に内発的に発達する力があると信じるのはある意味、妄信のようなものだからです。そうすると救世主型の指導者はいらない、前衛党もいらない、どこかの学校から来たプロや専門家にあぁだこうだと指図してもらう必要もない。そのような人たちと会話はしますが、かれらをほかの人より高い地位に置く必要はないのです。大事なのは、一つは民主的な感謝の念、もう一つは崇高な精神、これは実はベイカーが初期に積んだブラック・バプティストとしての活動経験や、模範となった母親に根差していたとわたしは思うのですが、それともう一つは運動の目的、ベイカーが人類の目的と呼んだものに対する深い信念でしょう。

ブッシェンドルフ　そう、ベイカーはある特定の目的だけのために活動していたのではありませんでした。ベイカーにとって、実際に自分がそのために働いた公民権運動は重要ではありませんでしたが——それは全米有色人向上協会（NAACP）に二〇年もいたことからもわかります。でもベイカーは、自分は随分たくさん、おそらく三〇以上の団体や運動《キャンペーン》で働いたけれども、実のところそうした特定の闘争すべてを合わせたのよりも大きな運動《ムーヴメント》のために働いたのであると明言しています。[10]

ウェスト　こんなことがあったらすばらしいと思うのは、どこかの進歩的な団体で働く人たちに会って、お仕事はなんですかと尋ねたら、その人たちが自分の所属団体名をいうのではなく、「世界中の人の自由のために働いています」「人類の目的のために働いています」と答えることです。「正義のために働いていますが、いまいる団体はその目的を達成するための手段です。いまいる団体は、人類の目的のため、社会正義のため、人間の尊厳のため、貧しい人びとや働く人びと、そしてフランツ・ファノンが地に呪われたる者と呼んだ人びとのためにわたしが力を注ぐ手段であり、方法であるのです」。ベイカーは自分がより大きな運動のために働いていることを常に心に留めていました。そのため、組織どうしが互いに対立すると——どんな団体も、ある分野の特定の領域で優位に立とうとするから対立するのですが――ベイカーはそれを見て、「でも、それでは本末転倒ですよ」と言うのです。南部キリスト教指導者会議（ＳＣＬＣ）にいた人たちは、ＳＣＬＣの暫定事務局長だったベイカーがよく辞められたものだと――一九六〇年にワイアット・ティー・ウォーカーが事務局長になる前のことです――ＳＣＬＣと学生非暴力調整委員会（ＳＮＣＣ）とのあいだで緊張があれほど高まっていたときに、ベイカーがＳＣＬＣからＳＮＣＣによく何事もなく移れたものだと言っていました。ＳＣＬＣでの経験をＳＮＣＣに持ってきたのはベイカーだけで、彼女はＳＮＣＣの若者たちにたいへん慕われました。そのときベイカーはすでに先輩の立場にあり、若者たちに信頼されたのです。

ブッシェンドルフ　ベイカーは、そんな若者たちに自分の言うとおりにさせようとしたことはなく、ただ質問をしながら意見をよく聴いて、ソクラテス式問答というのでしょうか、そんな対話をしました。

ウェスト　そう、まさにもっとも深い意味でのソクラテス式問答です。ボブ・モーゼズがしてくれた話で忘れられないのは、ＳＮＣＣが崩壊しつつあるのがはっきりしてきたころのある会合でのこと。いよいよ終わりというときで、激しい議論も交わされる中、エラ・ベイカーはただそこにいるだけでした。ＳＮＣＣ内部の苦しみが痛いほど伝わってくるような場面で、若者たちはますますベイカーに介入を期待しました。ＳＮＣＣを救い、助けてほしかったのです。でもベイカーはただそこにいてみんなの話を聴いているだけ。会合後、みんなはこんなことを言ったそうです。「ひどい。マーティンたちだったら助けてくれたでしょうに。見ているだけではだめなのがわからないのですか？ホッブズ的な絶対君主のような指導者が必要なのです。一定の秩序を保ち、わたしたちがこれだけ力を入れてきた団体を維持できるようにしてほしいのに。どうして黙っているのですか」。でもベイカーはこう答えました。「みなさんで決めることです。あなたたち全員で決めることなのですよ。みんなで解決しなければ。わたしの意見は一人の意見にすぎません」。それに対して当然「その一人の意見を聞きたいのに！」という声も上がりました。こういう話を聞くと――ボブ・モーゼズのやり方も似ていま す――エラやボブのような人たちがあまりに無口、意見を出すのを渋りすぎていないかと思ってしまうこともあります。その民主的な謙虚さに偽りはいっさいないのですが、民主的な受容力に比べて民主的な意見表明が少な過ぎることはあるかもしれません。

ブッシェンドルフ　ベイカーは、ある団体が先に進む道を内発的に見つけることができないのなら、もうその団体に存在意義はないと固く信じていました。そうなったら別の団体に代わらなければならない。その団体の時は過ぎた、もう役目を終えたのだと。ベイカーがSCLCからSNCCに移ったのは、先ほど話に出ましたが、SCLCが男性優位の階級組織だったことも手伝ったのではないでしょうか。そのせいでたとえばベイカーはけっして事務局長にはなれず、いつまでも暫定事務局長のままでした。事務局長の仕事ができることは明らかだったのに、女性の彼女が事務局長になることは当時の男性優位のSCLCには受け入れられなかった。それでベイカーは別の団体に行きました。若い人たちのラディカルな考え方のほうが信頼できたし、そういう考え方がそのときは必要だと思っていたからです。SNCCはSNCCでいろいろな動きがあって、一時期は――いま話に出た会合よりも前のことかもしれません――二つの派ができて対立していました。そのときベイカーは妥協を図って、両方のやり方を認めよう、それぞれがやるべきだと考えることをどちらにもやらせて、どうなるか見てみようと提案しました。そのときはこの案が受け入れられましたが、SNCC内部がそんな事態に陥ったのものちの衝突の前兆だったのでしょう。ベイカーは崩壊する団体に力を注ぐ気はさらさらなく、「自力で持続できない団体はそのために闘うに値しない。別の団体に交代しなければならない。革命の過程とはそういうものである」と考えていました。

ウェスト　ベイカーは革命の過程を本当によく理解していました。ここでも、ベイカーが持っていた革命を待つ気長さのようなものが関係してきます。それはローマンド・コールズがたいへんな洞察力をもって論じた受容力ともつながるものです。わたしたちが実にさまざまな点で感謝しなければならないのは、ジョアン・グラント、バーバラ・ランズビー、ローマンド・コールズなど、エラ・ベイカーによる根本からの民主主義の実践について考え抜いて理論を立てただけでなく、そのために全身全霊を捧げた人たちです。[11] というのもベイカーは自分の活動についての本や、人生についての回顧録といったものはどれも書きたくなかったようで、そのため根本からの民主主義の実践にベイカーがどれだけ貢献したかが割り引いて評価されてしまうともいえるのですが、実際には常に彼女なりの理論に沿っていたことがわかっているからです。[12] ベイカーはとにかく優秀な人で、実によく考え、内省的で、気品もありました。

ブッシェンドルフ　教育の話に戻りましょう。ある集団を教育するには説くのではなく、つまり上から下に講義をするのではなく、対話のかたちを取るとうまくいく場合があるとのことでした——しかしこれには第一に時間がかかりますね。

ウェスト　そのとおりです。エラ・ベイカーのしていたような活動や証言が本来なら時間と場所を越えて広がるべきなのにそうならないのは、民主的な時間と市場の時間が見事に相反しているからでしょう。世界中で文化が商品化されているいま、わたしたちはほぼ全員が市場の時計を見て暮らしています。現代の強大な帝国主義体制の周縁にいても同じです。市場の時間は速く、どんどん進み、なんでもボタン一つで動き、メディアも年中無休の二四時間体制です。それに対して民主的な時間はまさにベイカーがしていたような組織化や動員に沿って進むのですが、その時計を進めるためには、あのレイモンド・ウィリアムズの言葉を借りれば長い革命が必要です。[13] また、メアリー・フランシス・ベリーとジョン・ブラシンゲームのすばらしい共著の題名のとおり「長い記憶」が必要でもあります。[14] つまり、民主的な時間には長い革命、長い記憶、長い闘争があり、市場時間では物事がただぱっぱっぱっと進んでいく。カリスマ型の指導は市場時間のほうとよく結びついているのです。そちらは高速でしょう。バーミングハムでかけがえのない子供たちが痛めつけられた様子を撮影してもらいたい、それ急げ、それ撮った。世界のどこでも、ぱっぱっぱっぱと。議会に行動を求める、大統領が対応する、電話をかけまくる。その点、マーティンは自分が二つの時間の中間、民主的な時間と市場の時間の境にある非常に細い線の上にいなければならないことをわかっていました。でも、エラが理想としていたような、じっくりと下から上へ進めていく民主的な組織化は、いつの時代も、もっとも成功した社会運動に見られるものなのです。

一例を挙げれば、ソール・アリンスキーがいます。最近ではわたしの大事な仲間《ブラザー》のエルネスト・コルテズがやっている産業地域協会との関連のほうが知られているともいえますが[15]——二人はいま言ったような民主的な時間で組織化活動を三〇年も続けていて、その結果、仲間の中から選挙で当選する人が出たり地元で団体ができたりしています[16]。地方議会議員を二人出したでしょうか。そうするとこう言われます。「なんだ、一世代分活動して組合が一つできただけですか」。もちろん、二人の活動は選挙の結果にだけ反映されるものではないし、問題意識を高めるのに多大な貢献をしてきてもいます。そうはいっても、市場時計を見ている人からはこう言われるかもしれません。「ええ？ 二五年もかけてそれしか達成していないのですか？ こっちではこんなにたくさんの赤ちゃんが死に、次から次へと闘いを強いられているのに、それしかできなかったのですか？」。まさにこれが課題でしょう。時間がかかることで制限されるというのは言い過ぎかもしれませんが、エラ・ベイカーの知恵を引き継いでいこうとする際にこれは実に大きな問題となります。

ブッシェンドルフ　しかも、当時よりも現代のほうがスピードが速い分、より難しくなっている。

ウェスト　そう。ハイパー資本主義の時代ですからね。

ブッシェンドルフ　そうなると、権力構造の変革をもたらすにはどうしたらいいのかが問題になります。わたしたちもアナーキストのように地域ごとに活動し、地域共同体レベルで体制を変えるところから始めるべきなのでしょうか？　特定の場所で特定の時期に下から変えていく、つまり小さくてもなんらかの変化を起こすほうが、市場時計で進む相手に戦い、あがき、最後は射殺されたり負かされたりするよりもいいのでしょうか？　かつてのエラ・ベイカーが――今日のウェストさんほかたくさんの人もそうですが――貧困や公民権の問題に取り組んでいたのに対し、現代のわたしたちがなんのために、何に対して戦っているのかを考えると、状況はより差し迫っているように感じられます。

ウェスト　でも――これについてはわたし自身の見方がより明白で深刻なものになります――権力者の視点に立って考えた場合、いちばん怖いのはなんでしょうか？　どんなときでもそれが判断基準になるのですよ。権力者は、少数が独占する権力や利益追求型の経済システムや大衆の気をそらせて鎮めておくための文化などを真に脅かすものが怖いのです。長期的にはエラ・ベイカー型の挑戦のほうに脅かされるでしょう。短期的により大きな脅威となるのがマーティン・キング型の挑戦です。わたしたちが暮らす国民国家にあるＦＢＩやＣＩＡなどの抑圧装置にとって、ベイカーのような粘り強い、受容力のある活動のほうが把握しておきやすいし、潜入もより容易です[17]。これに対し、革命意識を持ってはいないが一人の指導者への愛がある人びとは、その指導者がねらい撃ちされ、ひどい扱いを受けるのを見ると反逆しやすい。ただし、それは革命にはつながらず、あくまでも反逆です[18]。選挙政治がかなりの程度で金に支配されている現代の体制を考えれば、権力者から譲渡を引き出すのに重要な役割を果たしてきたのは、周縁で静かに進められてほとんど人の目に止まらない長期的な組織化よりも、反逆のほうです。二〇〇もの都市が炎上すれば、当局はいくらか譲歩しなければなりませんから。ファシスト風に「いっさい譲歩しない」と言うこともできるけれども、穏健派風にこう言うこともできます。「少し譲歩しよう。中流階級の拡大を認めて、労働者階級のなかでも比較的恵まれている人びとを中流階級に加えなければ。女性、ブラックの市民、褐色の市民、赤色の市民、そのほか誰でも」。ただ、有色人からなるこの中流階級はルンペン・ブルジョワジーで、より裕福な白人のブルジョワジーの下層になります。

でもわたしが思うのは――ここでわたしの中のチェーホフが顔を出すのですが(19)――人類の歴史には支配の循環、死の循環、教条主義の循環があまりによく定着しているので、わたしたちはどう頑張ってもせいぜいその循環をいっとき止めることしかできないのではないかということです。わたしたちが革命と呼ぶものでさえ、ソ連やキューバその他でいま言ったような循環を本当に止めたかというとそうではなく、同じものが衣を替えてすぐにまた戻ってくるのです。白人優越主義の権力者に果敢に立ち向かった男性たちが女性にどんな仕打ちをしているかを見てごらんなさい。果敢な異性愛者がゲイやレズビアン、バイセクシュアルやトランスセクシュアルなどの仲間たちにどんな仕打ちをしているかを見てごらんなさい。老人も果敢なようだが、若者をどんなに侮辱しているか――このようにかたちを変えて戻ってくる。わたしは進展や進歩や向上や改善がまったくないと言っているのではありませんが、エラ・ベイカーは、民主的な組織化が必要であるという根本的な真実を示している点でわたしたちにとっていちばん大事なのです。キングもいまの時代に非常に大事になりますが、民主的な指導力の点ではエラ・ベイカーほどではない。エラ・ベイカーとファニー・ルー・ヘイマーは民主的実存主義を実践した点でマーティン・ルーサー・キングよりも高いところにいますし、この二人が示した民主的な指導の仕方、水平型の組織のあり方は、マーティンの救世主型な指導や上意下達式の組織よりも高いところにあります。三人とも人びとに対する至上の愛があり、それは疑いようもありません。キングによる組織化は市場時計の進む速さによく合っていて、キングの暗殺は激しい怒りを生み、それによって循環が大きく破綻しました。体制の変革まではいかないが、破綻ではありました。そうすると権力者もなんらかの譲歩を強いられます。でも、深いところで民主的な革命を起こすにはエラ・ベイカーとファニー・ルー・ヘイマーの民主的実存主義が必要となるのです。

ブッシェンドルフ　ベイカーがどのような組織化を実践していたかに戻りましょう。ベイカーの活動にはっきり表れていると思うのは、諸団体を非常に辛抱強くゆっくりと教育してその結果を待つ一方で、ベイカー本人は諸団体がもっと急いで事を進める必要も感じていたことです。だからこそ若者たちに加わりSNCCを共同設立しました。より急進的《ラディカル》なSNCCなら、SCLCほどブルジョワ的でなく、世間体を気にせず、広い意味でよりラディカルで、いち団体でありながら循環を破綻させるようなことができるかもしれない、そんな希望を持っていたと思います。だからベイカーは両方をやろうと、草の根の組織化を辛抱強く行なうと同時に急進的な団体との活動を通じて変革の過程を速めようとします。両方やるのはことに難しいでしょうし、どのくらい実現できたのかもわかりません。団体を急進化させることでカリスマ型指導者のように機能させる、そんな可能性はあるのでしょうか？

ウェスト　あると思います。わたし自身の考えでは、団体を決定的に急進化させて革命意識を高めさせるのは反逆に欠かせない要素の一つです。破綻が起きたときに体制が構わず前進を続けて反抗する人びとの苦しみを否定しようとするのではなく、いったん前進をやめざるを得なくするために非常に重要になるということです。その結果としてベイカーが求め、わたしが求めているような体制の変革が起きるかどうかはわかりません。チェーホフ寄りの考え方をすれば、わたしに見えるのは循環というよりらせん降下に近いもので、いまある支配制度や寡頭制、ヒエラルキーや反民主主義的勢力は一度消えてもふたたび出現するでしょう。革命に対する意識というのはそのようなヒエラルキーや寡頭制などを常に警戒する深い民主的意識のことです。

ここでクラウゼヴィッツの戦争についての考え方がわたしにとって非常に参考になります[20]——道徳の話ではなくえげつない政治の話で、権力をめぐる闘争は非常に残酷で、いちばん上で牛耳っている悪漢は限りなく犯罪人に近く、権力を再生させるためなら誰でも構わず殺し、なんでもする用意がある。マーティンが何回牢屋に入ったかを考えてごらんなさい。エラにはそんな経験はほとんどありません——まったく対照的でしょう！　体制の破綻を引き起こすには三つの段階を経ます。まず、街頭に出る。エラはすでに街頭にいます。次に、投獄されても構わないと思うこと。三つ目は殺されても構わないと思うことです。その三つの要素のない運動は運動とはいえません。運動にはそんな危険を冒してもいいと思う人が必要で、運動を豊かにするためにはそのような犠牲者の血が必要なのです。これはその犠牲者たちを道具として見ているわけではなく、かれらはあくまでも人間なのですが、歴史の過程はそういうもの、それほど血なまぐさいものだということです。それが事実であり、誰にも否定できません。エラ・ベイカーとマーティン・キングを比較した場合、マーティンの死があのとおりの反逆を生み出したのはこの三つの要素が揃っていたからで、エラの場合はそうではなかった。それもまたジェンダーと理論両方の問題でもあります。エラはマーティンのことを「偉い御方」と呼び、痛烈な批判もしましたが、マーティンが人びとへの深い愛を持っていたことを否定したことはないでしょう。エラ自身も人びとへの深い愛を持っていました。それは公民権運動にかかわったすぐれた芸術家のバーニス・リーゴンら、エラを知っていた人たちがみな繰り返し述べていたとおりです[21]。それでもエラとマーティンを比べてみると興味深いものです。

ブッシェンドルフ　でも二人の比較でまだはっきりしないことがあります。これまで見てきたとおり、エラ・ベイカーはカリスマのある指導者にはなり得ませんでした[22]。したがって、ベイカーのいた団体は彼女が代表であるとは感じていませんでした。キングの場合と異なり、ベイカーを自分の指導者と認める瞬間というのは誰にも訪れようがなかった。破綻には三つの要素――街頭に出て、牢屋に入り、殺されること――が必要だとのことですが、ベイカーが殺されることはなかったでしょう。その可能性はあまり高くなかったはずです。でも、だからといって反逆が起きるのはカリスマ型指導者がいるときだけだと本当にいえるのでしょうか？　今日のオキュパイ運動にもう一度目を向けると、参加者は街頭に出ていて、投獄されても構わない、殺されても構わないとさえ思っています。カリスマ型の指導者はいませんが、三つの要素は揃っています。それでも指導者がいなければ運動の効力が変わってくるのでしょうか？

ウェスト　いいところに目をつけましたね。でも、エラ・ベイカー型の運動で三つの条件が満たされている場合、そこで一人あるいは複数が死んでも、カリスマに富み、たいへんよく知られ、人びとの心や精神や魂に影響を与えた人物が死んだときほどの刺激を人びとに与えることはできないのではないかと思うのですよ。貴い普通の人びとは破局《カタストロフィ》の状態にあり、絶望と戦っていますね。そんな人びとが「権力者には従うものだ」という考え方を脱して反逆を起こす力となるのは、その人たちが共鳴し、かれらの代わりに危険を冒して声を上げていた指導者への愛だけなのです。

ブッシェンドルフ　とてもおもしろいのは、どちらの型も、問題を理解してから政治的な行動に出るだけでは不十分で、そこに感情も入っていなければならないという認識をふまえて動いていることです。カリスマ型指導者がいる場合は、人びとが一体感を感じる指導者、自分のために行動してくれる指導者への愛があります。ここでエラ・ベイカーはこう言ったでしょう。「わたしはそういうやり方はしません。特定の人に任せていては、集団や庶民がしていたかもしれない活動が妨げられてしまう。もう一方のやり方のほうがいい。でもカリスマ型指導者がいない場合、人びとの感情を高める手段は何か？　答えは人と人との連携です。人びとは互いにつながらなければなりません」。ですからここでも、ベイカーのやり方はあまりに時間がかかる、効果が出るところまで持って行くのに非常に時間がかかると評価することもでき、その評価は間違ってはいません。ベイカーにとって重要だったのは人同士が感情で結びつくことでした。ただ、指導者がいる場合とは効力が異なり、成果を上げるまでに時間もかかります。市場の時間にはついていけません。

ウェスト　そのとおりです。結局は、エラ・ベイカー抜きにマーティン・ルーサー・キング・ジュニアを語ることはできない、二人は互いに補い合っているということでしょう。この二人の人物像、意志、勢いは、ブラックの自由を求める運動、そしてとくに一般的に人間の自由を求める運動のなかで、オバマの時代に生きる現代の若者たちに訴えかけるものがあります。いいですか、オバマは救済者型指導者の最悪の手本になるのですよ。国内では寡頭支配的、世界では帝国主義的な悪徳体制に捕えられているのに、ブラックの人びとと主流のアメリカ人の両方に対して自分を正当化するためにブラックが誇る運動が残す余韻を利用している。地域の組織化に携わっていた自分がエラ・ベイカーと何かつながりがあるかのようにも振る舞っていますが、そんなばかげたでたらめはない。寡頭支配体制を運営し、あれほど誇らしげにアメリカ帝国の殺人装置を動かしているというのに。この状況下では、若者たちが――いま起きている危機によって以前にも増して希望のない状況に置かれていますが――マーティン・キングやエラ・ベイカーがオバマの時代に何を残してくれたかを考えるとき、二人についての誤解や誤認識が深まり、わたしたちが必要としているような変革を起こすのに欠かせない明晰な思考と政治的意志が生まれにくくなってしまっています。ジャズに喩えれば、わたしたちに必要なのは多種多様なテンポに多種多様な振動、多種多様な活動に多種多様な証言でしょう。みんなが代わる代わる歌い、かけ合い《コール・アンド・レスポンス》をする。そのかけ合いの中にはエラ・ベイカーのと似た声があります。これは真に民主的であるさまざまな証言者の声で、普通の人たちが自らを組織していく動きに結びついています。同時にマーティンのと似たカリスマのある声もあって、こちらはある種の救世主型の指導と強く結びついています。そのような指導の仕方は議論の対象にし、民主化され、家父長制的でなくす必要がありますが、どちらを欠いてもこのジャズバンドは成立しません。(23)

ブッシェンドルフ　つまりわたしたちはエラ・ベイカーに注目しなければならないということです。カリスマ型の指導者たちがどんなに大きな影響力を持ってきたかを考えれば無理もないことですが、運動の歴史が評価される際、ベイカーはかれらに比べるとほとんど注目されてきませんでした。

ウェスト　そう、そのとおりです。ここでも皮肉なことがあって――わたしはエラ・ベイカーに会ったことはありませんが、三〇年前、ユニオン神学校で受け持っていたクラスの学生を連れて映画『ファンディ』を見に行ったことがあります。(24)圧倒されました。それはもう圧倒されました。たいへんな衝撃を受けましたが、それだけわたしはエラに強く共鳴したのです。エラにはカーティス・メイフィールドが重なって見えましたし、ベッシー・スミスも重なって見えました。あのゴスペル歌手のシャーリー・シーザーも、アリサ・フランクリンも重なって見えました。わたしにとって、エラのように芸術的に苦しみとかかわってその苦しみを洞察と証言に昇華させる様子ほど感銘を受けるものはありません。そのときわたしは自分にこう言いました。「エラ・ベイカーは映像で見たことのあるなかでもっともカリスマを持つ人物であるのに、カリスマに抵抗している」。わかりますか。どういうことかといえば、エラがカリスマのある人を批判するのは、もっと静かな、控えめのカリスマを体現してみせることと表裏一体なのです。そのことに心を奪われました。

これはもちろん、単にわたしがさまざまなかたちをとるカリスマを見出しているだけなのかもしれません。それでも、たとえばルイ・アームストロングのような普通の人でも骨の髄までカリスマに満ちている――もちろん天才でもある――ことがあり得ると思うのです。エラ・ベイカーはどうかというと、エラのカリスマは人とのやりとりで発揮されます。エラの目を見れば、黙っていてもいかに人を読んでいるかがわかります。そこにもある種のカリスマがあるでしょう。もしかしたらそれは民主の時間に合わせて普通の人びとが自ら組織化するのを助けるために使うカリスマなのかもしれません。マーティンのカリスマは市場の時間のほうに合っていますが、エラのと同様、本物であることに変わりはない。結局、エラのカリスマのほうがわたし自身の魂に近いのだろうと思います。でもわたしたちが身を置く悪の循環に対処するにはマーティンの愛が、それはエラの愛ともつながっているのですが、なぜ不可欠であるかもわかるでしょう。マーティンの死もかれの愛の延長にすぎません。マーティンの死は愛の倫理の働きにすぎないのですよ。エラの「長距離」闘争が愛の倫理の延長であるのと同じです。二人とも、その愛の倫理に出会ったのはブラックという家族、初めはブラックの教会でのことでした。二人とも最後には教会の怒りを買い、教会の産物であるのにもかかわらず脇に追いやられてしまいますが。ブラザー・マーティンとシスター・エラにとって、普通の人びとのために生き、死ぬのは名誉なことなのです。

ブッシェンドルフ　二人が教会から追放されたのはそれぞれの信仰心とはまったく関係がなく、率直に政治的意見を言ったことが原因でした。たとえば「社会主義」という言葉の使い方などです。(25)

ウェスト　そうです。率直に、公然と発言したのが原因でした。

ブッシェンドルフ　そう、そして体制の変革を求めたことも一因でした。それぞれが求めた内容は互いによく似ています。少なくとも後年のキング、ベイカーのほうは初めのころから変わっていないかもしれませんが、(26)少なくとも後年のキングとベイカーが求めたことは似ています。

ウェスト　本当にそうですね。エラがマディソン・スクエア・ガーデンでプエルトリコの独立に賛同して行なった演説があります。映画『フンディ』でも、ほかの学者にも大きく取り上げられている演説ですが、そこでエラは植民地主義や帝国主義などについて率直に語ります。これらは、エラ自身は以前から取り上げていたけれどもそのころになってより公然と問題視されるようになっていた事柄です。さらに、当時プエルトリコの独立運動――あのペドロ・アルビス・カンポスやロリータ・レブロンが率いていた独立運動――は米国議会に対してテロ攻撃をするような運動だと受け止められていたのですが、ベイカーは公の場でその運動の側に立ったわけです(27)。ブラックの女性どころか、誰にとっても、一般市民の目には露骨なテロリズムとしてしか映らなかったそんな運動に賛同するのは相当の勇気がいることだったでしょう。しかしベイカーはマディソン・スクエア・ガーデンで何千もの人を前にして非常に説得力のある演説をしました。このことからも、ベイカーは彼女なりの静かなやり方で――このときはそれほど静かではないけれども――やはり危険を冒すことを厭わなかったことがわかります。そう、彼女も燃えていたのです。

# 革命の炎

第5章

——マルコムX

# マルコムX略年表

Malcolm X［1925-1965］

| | | |
|---|---|---|
| 1925年 | 5月 | ネブラスカ州で生まれる。両親はガーヴィー主義者。 |
| 1928年 | 1月 | ミシガン州ランシングに一家で移る。 |
| 1929年 | 11月 | 差別主義者に放火され自宅全焼。翌月、同州イーストランシングに移住。 |
| 1930年 | 9月 | 父親が轢死。 |
| 1939年 | 1月 | 母親が精神病院に収容される。 |
| 1941年 | 2月 | 姉のいるボストンに移る。のちハーレムへ。 |
| 1945年 | 12月 | ボストン近郊で複数の家に盗みに入り、翌月に逮捕。有罪判決を受け刑務所へ。 |
| 1948年 | 3月 | 刑務所を移り、読み書きなどの独習を始める。 |
| | | ネイション・オブ・イスラムに入り、イライジャ・ムハマドと文通。 |
| 1952年 | 8月 | 仮出所。イライジャ・ムハマドからマルコムXの名をもらう。 |
| 1954年 | 6月 | ハーレムの第七寺院の導師に。急速に人気を集める。 |
| 1958年 | 1月 | ベティ・サンダーズと結婚。 |
| 1959年 | 7月 | ネイション・オブ・イスラム代表としてエジプトとサウジアラビアを訪問。 |
| 1961年 | 1月 | **パトリス・ルムンバ暗殺。** |
| 1963年 | 2月 | **アフリカ統一機構(OAU)結成。** |
| | 5月 | 自伝執筆についてアレックス・ヘイリーと合意。 |
| | 8月 | **ワシントン大行進に20万人参加。** |
| | 11月 | 「草の根へのメッセージ」演説。 |
| 1964年 | 3月 | ネイション・オブ・イスラムから脱退、ムスリム・モスク・インク設立を宣言。 |
| | | ワシントンDCでキングと会う。「投票権か弾丸か」演説を始める。 |
| | 4、5月 | 中東・アフリカ訪問。メッカ巡礼。 |
| | 6月 | アフロ・アメリカン統一機構(OAAU)誕生。ニューヨークで公民権運動家らの会合に出席、人種差別について米国を国連で訴えることを提案。 |
| | 7月 | 中近東とアフリカを訪問(～11月)。 |
| | 12月 | オクスフォードでの討論会で「いかなる手段をとろうとも」発言(3日)。オーデュボン・ボールルームでの会議にファニー・ルー・ヘイマーを招待(20日)。 |
| 1965年 | 2月 | アラバマ州セルマを訪問、教会で演説(4日)。自宅に爆弾が投げ込まれる(14日)。ハーレムで暗殺される(21日)。 |

マルコムXは、ブラックの預言者的精神を受け継ぐ人物たちのなかで間違いなくもっとも論議を呼ぶ人物だが、マルコムを外すわけにはいかないという点でわたしたちは意見が一致した。あまりにも多くの白人アメリカ人がマルコムのことを、憎悪と暴力の提唱者まで行かなくとも、白人に対する人種差別の提唱者だったと見なしている。また、政治的指導者としてのマルコムの評価はブラックのあいだでも分かれている。低収入労働者はマルコムの雄弁と率直さを尊敬していたのに対し、「古い」中流階級はマルコムにぎょっとし、「新しい」下層中流階級、なかでも学生はマルコムの誠実さと弁舌の才を高く評価していた。マルコムXが論争の的となるのは、常にマーティン・ルーサー・キング・ジュニアと並べて比較されることにも一因がある。しかしこれは一般に広まっている偏ったイメージに基づく見当違いの対比であり、マーティンは美化されマルコムは悪者扱いされる結果を生んできた。そうした重大な誤解があるために、二人が共通して持っていたものや、二人がどれほど重複していたかも見過ごされてしまう。

二〇一二年の秋、ニューヨークからオークランドまで全米の警察組織が一斉に動き、ウォール街占拠《オキュパイ》運動は公共の場から追放された。そんなわけで、この対談を行なった二〇一三年一月は、マルコムの中に燃えていた革命的な炎とかれが後世に残したものについて話すのにうってつけの時期であるように思われた。

クリスタ・ブッシェンドルフ　ウェストさんはこれまで何度もマルコムXについて書いています。『救済を預言する！(*Prophesy Deliverance!*)』ではマルコムXを「キングとブラック・マルキシストとのあいだに立つ過渡的人物」と表現しています。(1) 小論「マルコムXとブラックの怒り(Malcolm X and Black Rage)」では、マルコムXの師だったイライジャ・ムハマドとマーティン・ルーサー・キング・ジュニアのそれぞれとマルコムXを比較してこう書いています。「マルコムXは、アメリカ史上に先例のなかったやり方でブラックの怒りをはっきりと言い表した。その怒りの表現の仕方からは沸き立つような切迫感と遠慮のない率直さが伝わった」。さらにこう続けます。「なんとしてでもブラックの人間性を肯定しようと全身全霊を捧げたことと、たいへんな勇気を持ってアメリカ社会の偽善を浮き彫りにしようとしたことで、マルコムXはブラックの怒りの預言者となった——当時もいまも(2)」。マルコムXがウェストさんご自身や、ハーヴァードでウェストさんと一緒だったブラックの学生たちに文化や政治の面でどのような影響を与えたかについては、マーティン・キングについて対談した際にこんな話をしました。マルコムXの行動様式や威勢には心惹かれるところがあったのに対して、きちんとしているキングのほうはたいへん崇敬されているものの、若者にとってそれほど魅力的でなかったと。当時は「わたしたちのために死んだ偉大な人物」の声に耳を傾けるよりも、むしろマルコムXの政治観のほうに共鳴していたとも(3)。ただ、その後の一〇年間でこの見方は変わったそうですね。ウェストさんは最近ではキングの重要性に光を当てようとしているように見えます。それに対し、マルコムXが今日のアフリカ系アメリカ人の政治闘争と、正義と自由を求めるウェストさん自身の戦いとに与えた影響をどのように評価していますか?

コーネル・ウェスト　マルコムXはブラックの預言者的伝統の中で革命的パレーシアを実践した重大な人物です。パレーシアという言葉の出所はプラトン『ソクラテスの弁明』24A行です。ソクラテスはこう言いました。わたしが不評判なのはパレーシアのせいである。わたしが恐れずに発言し、遠慮なく発言し、率直に発言し、怖じ気づかずに発言するからである、と。マルコムは預言者的精神を受け伝えてきた人のなかでもたぐいまれな存在です。白人優越主義についてマルコムほど進んで公の場で遠慮なく発言しようとした人はいません。多くのブラックがブラックの仲間内ではそんな発言をしてきましたが、マルコムのように公の場でそうした人はいません。その意味でマルコムは規範を示しています。マルコムで思い出すのは、ジャズ演奏家のチャールズ・ミンガスのような人たち。常に負け犬の側に立ち、常に世界を下から見ているのですが、実にはっきりと発言する人たちです。

ではマルコムの主張はどんなものだったか？　マルコムはマーカス・ガーヴィーが終えたところから始めます[4]。ブラック・ナショナリストの流れをくんでいるのです。でもマルコムはブラック・ナショナリストの流れの中にいる革命主義者でした。マルコムもガーヴィーと同様、この世界ではブラックであることが犯罪である、しかし自分はブラックであることを美点にするつもりである、という考え方を出発点にしています。白人優越主義によってブラックたちは、ブラックの歴史は呪いであり、ブラックに希望などあり得ない、ブラックの自由獲得も妄想にすぎない、ブラックはその状態を脱することはできず、白人優越主義の迷路や迷宮に閉じ込められていて出口はないということを刷り込まれていました。そこへマーカス・ガーヴィーやイライジャ・ムハマドたちがやってきてこう言った。「ニグロは恐れない」。マルコムが何をしたかといえば、まずブラックであることが犯罪とされているという観念から出発します。そして、呪われ、閉じ込められたこの状態にあって「恐れない。思ったことを言う」のがどういうことか、どんな意味を持つのかを、勇気をもって自ら示します。それをできたのはイライジャ・ムハマドの愛があったからです。マルコム・リトルは不良でした。通りをうろつく不良で、詐欺師でした。それが、マサチューセッツ州の刑務所にいるときに[5]イライジャ・ムハマド師の愛を感じます。知ってのとおり師は白人が悪魔であると信じていたので、憎しみにかられた人だと思われることが多い。事実、白人についての師の信念は間違っています[6]。それでもブラックに対しては深い愛があり、マルコム・リトルのことも愛し、それがあったのでマルコムは自信を持ち、マルコムXとなるのです。

ガーヴィーに戻りましょう。ガーヴィーも、ブラックはアメリカに暮らす限り大半が破滅と災難の人生を歩むだろう、貧者や労働者階級はとくにそうだろうと考えていました。マルコムはそれを非常に重く受け止めます。マルコムがアメリカでのブラックの生活に目を向けると、潜在的な能力が発揮されず目標も達成されぬまま終わるのが見え、破滅と災難が見える。自己憎悪と自滅が暴れまわっているのも見える。そこで、ブラック・ナショナリストの流れをくむマルコムはこう言います。「アメリカ、あなたはブラックや貧しい人びとのこととなると正義を通そうとしない。アメリカ、わたしたちはあなたに失望しない、なぜなら何も期待していないからだ。ブラックの窮状に対してあなたには魂が欠けている。良心も欠けている。ブラックは奴隷にされ、ジムクロウに虐げられ、ゲットーに追いやられ、憎まれ、蔑まれ、リンチされ、隷属させられ、ありとあらゆることをされたのに」。このようなブラックの怒りは、視野の狭い主流アメリカのレンズを通すとブラックによる復讐のように見えるのですが、マルコムの魂の核を成していました。マルコムのようにすべてを懸けてアメリカについてそれほど痛ましい真実――ソクラテス的な意味で動揺させられるだけでなく、痛みを伴う真実――を語る勇気を持っていた人はどこにもいません。マルコムが語った真実はあまりにも認めにくく、アメリカの手には負えないように思われるほどです。四〇〇年以上にわたってブラックに対して行なわれてきたあれだけの略奪、侵害、搾取に正面から向き合うのはアメリカにとって耐えがたいことなのです。マルコムの語りには、パトリス・ルムンバがコンゴを支配していたベルギー国王に言ったことが投影されています。「あなた方が刻んだこの傷跡をわたしたちはいつまでも忘れない。どんなに和解が進み、どんなに人種統合が進んでも、けっして忘れない(7)」。それがマルコムです。

フォークナーの言葉も思い出します。「記憶が刻まれた後に知る力は思い出すのだ(8)」。傷跡の記憶、リンチの記憶、蔑まれ唾を吐かれた記憶、とがめられ、あざけられた記憶――右派の人たちはそれを被害者意識だといいますが、そうではない。ユダヤ人には大虐殺、ショア、ホロコーストの記憶があるべきで、実際ありますし、先住民には住んでいた土地からの追放とジェノサイド的な攻撃の記憶があるべきで、実際にあります。マルコムが常に呼び覚ましたのは記憶のこのような本質的な作用です。[9]たった一二年半の使命活動《ミニストリー》で人の精神や魂にこれほど影響を与えることができたのは現代史上でも例がありません。マルコムは発言の面でも精神の面でも革命的な預言者でした。マーティンやエラやデュボイスと同様に、マルコムにも耳を傾ける必要があると思います。

ブッシェンドルフ　マルコムXは「人としてもっとも大事なのは真摯であることだ」と述べました。[10]ブラックにとってマルコムにあれほど説得力があったのは、かれが真摯であったからというのもあったでしょう。芝居もしないしおだてることもないけれども、自分が言ったことには責任を持ちました。

ウェスト　そのとおりです。ヒップホップ世代はよく「嘘がないように生きろ」と言いますが、マルコムほど自分に正直だった人はいません。同じことをジェームズ・ブラウンは「臭いのがいい《メイク・イット・ファンキー》」と言います。マルコムは自分の話からにおいを消そうとはけっしてしませんでした。常に「臭いも上等、真実も上等、現実も上等」。マルコムは、要はニグロを非ニガー化《ディニガライズ》するのが専門だったともいえます。ニガーであるのをやめさせるのです。人をニガーにするニガー化《ニガライズ》とは、ニグロに恐れさせ、恥じさせ、怖がらせ、おびえさせて、権力に従うようにすることです。そうするとかゆくなくても掻き、おかしくなくても笑うようになる。ポール・ロレンス・ダンバーがあのすばらしい詩に書いたように、ニガーの仮面を着けるのです。[11]そこへマルコムがやってきてこう言います。「やめなさい。あなたの中からニガーを除いてあげよう。もうそんな仮面を着けなくてもいい」。マルコムXが創刊したイライジャ・ムハマドの新聞のモットーがすばらしい。「イスラムは威厳をつける」というものです。ニガー化された人びとには威厳をつけなければならない。正しいやり方で威厳をつけて自分の中のニガーを取り除くことができれば、人間らしく立ち上がることができるようになり、決然と背筋を伸ばし、心が活気づき、精神も強くなり、自尊と自決の名において自分たちのために考え、自分たちのために働くことができるようになる。そうすればブラックの自由は妄想ではなくなり、ブラックの歴史も呪いでなくなり、ブラックの希望もあり得ないことではなくなり、ブラックであることが犯罪ではなくなるのです。

ブッシェンドルフ　戦略としては興味深いものです。確立された体制に部外者として認識され、そのため自分に発言力がないとき、その力関係から抜け出すのは非常に難しいでしょう。そこでどうするかといえば、その体制の中にない伝統に目を向けることになり、マルコムXの場合はそれがイスラム教でしたが、それによってそれまでとは異なる自己認識の可能性が開けます。しかし同時に、ブラックのあいだで一般的でない伝統に身を置いて活動するのには困難もあるのではないでしょうか?

ウェスト　もちろんです。語りかける相手である人びとの文化に深いところで共鳴する根の部分がありませんから。イスラム教はキリスト教のようにブラックの歴史に深い根を張っていませんでした。マーカス・ガーヴィーがずっとキリスト教徒のままだったのはそれが理由の一つです。父親のマーカス・ガーヴィー・シニアは非常に孤立していましたが偉大な人物で、常に筋の通ったジャマイカ人でした。母親はメソディストです。ガーヴィー自身は自分が率いる運動にムスリムや無神論者、さまざまな教派のキリスト教徒が加わるのを認めましたが、自分はあくまでもキリスト教徒としての意識を持っていました。対してイライジャに啓発されたマルコムはそれまでの流れとすっかり異なる方向に行きました。マルコムはナット・ターナーやジョン・ブラウンなどの有名な反乱者たちのほか、ノースカロライナ州で自衛のために武装していた「防衛と正義のディーコンズ」という団体や、のちにブラックパンサー党に影響を与えたロバート・ウィリアムズらにも共鳴していました。[12]かれらはみな教会を基盤としたキリスト教徒です。しかしマルコムやイライジャは米国では新しかったことを始めます。

ブッシェンドルフ　でも、米国で主流にはなりませんでした。

ウェスト　そのとおりです。知ってのとおり、わたしはブラザー・ルイス・ファラカン師[*23]と何度もとても実のある対話をしてきました。家父長制や同性愛嫌悪、反ユダヤ主義といった問題についてかれを問い詰めるのですが、かれのほうも説得力を持って反論してきます。[(13)]でもわたしがファラカン師にいつも言っていたのは、ネイション・オブ・イスラムはブラックの大衆を巻き込んだ運動にはけっしてならないだろうということでした。ネイション・オブ・イスラムの儀礼には音楽がいっさいないからです。音楽はブラックが正気と威厳、場合によっては誠実さを保つのに欠かせない手段であってきました。にもかかわらず音楽を使わないのは、ブラックの教会で一般的だった音楽の使用をイライジャ・ムハマドがあまりに単純な主情主義だと受け止めたことへの過剰反応です。イライジャ・ムハマドはムスリムになる前はバプティスト教会でイライジャ・プール牧師だったでしょう。つまり、いってみればイライジャ・ムハマドも根はブラック・バプティストなのです。でもかれは外に出てもっと有利な立場を見つけたかった。イライジャ・ムハマドとマルコムXにとってキリスト教は白人の道具であり、白人優越主義の延長でした。教会に行けば、白人のイエスがミケランジェロのおじでもあるかのような姿で壁にかかっている。本当のイエスはパレスチナのユダヤ人で、肌は浅黒く、北アフリカと中東につながる人だったのに、という具合です。その点で二人の主張はもっともでした。キリスト教は根本からヨーロッパ風にされて白く上塗りしたようになっていましたし、それを奴隷たちが自分たちのものとして信仰したことでそこに含まれていた白人優越主義が浸透したことにも疑いはありません。それでもキリスト教には預言者的伝統があったので、わたしたちはキリスト教徒のままでいながらもマルコムXが語っていたことに耳を傾け、その大半に共鳴することができた。キリスト教徒がマルコムにどう反応したかについては、非凡な神学者のジェームズ・コーンによる研究がもっともすぐれています[14]。

ブッシェンドルフ　戦術面では、マルコムXはムスリムとキリスト教徒の信仰を巧みに組み合わせています。聖書にあるキリスト教の物語を演説で使ったのも、聴衆がそちらによりなじんでいたからでした。

ウェスト　そのとおりです。イライジャ・ムハマド師とマルコムXは常に世界を下から見ていました。そこに反映されているのは「マタイによる福音書」第二五章で説かれていること、つまりもっとも小さい者たち――囚われ人、貧しい者、異邦人、夫を亡くした人、父なし子、母なし子、か弱い者、無力な者――のための行為にこそ真の価値があるという考え方です。ブラック・ムスリムであるマルコムたちもこの主題に共感できたからこそ、イザヤやアモスといったヘブライの預言者を引き合いに出し、イエスにも言及し、下から来るという感覚、世界を下から見る感覚に重きを置いたのです。わたしがとくに気に入って、『人種の問題』の第三章「黒人リーダーシップの危機」の題辞に引用したマルコムXの発言があります。マルコムは白人の主流にこう語りかけます。「あなた方はみなわたしを尊敬するといいます。しかしあなたの周りにいる人たち、周りにいるブラックたちを尊敬できないなら、わたしのこともほんとうには尊敬しているとはいえません」[15]。今日のブラックの指導者の大半に欠けているのは、まさにこの発想です。かれらのほとんどは、自分が何か独自の、個別の事情でブラックの人間として尊敬されていると思っている。しかし同時に自分のきょうだいが、自分を尊敬しているのと同じ白人、同じ白人の支配層に軽蔑され、ばかにされているのです。マルコムは言います。「ちょっと待って、そこには矛盾がある。何かがおかしい。もちろんわたしたちは個別の人間だ。それは認める。でもあなたが身の回りにいるわたしの仲間たちとわたしを区別するなら、それはわたしを例外扱いしているにすぎず、わたしを取り込みながらもわたしの身内、わたしの家族、コミュニティ、人類の一部から目をそむけ、無関心でいることになる」。マルコムは権力者に魂を売るようなことは絶対に、絶対にしません。お金でも地位でも権力でも、何がどれだけあってもマルコムは自分の誠実さ、わたしに言わせれば精神的な度量《マグナニミティ》を失うことにはならなかったでしょう。だからこそ今日マルコムが傑出しているのです。いまは誰もが売りに出されている、何もかもが売りに出されています。もしマルコムが生きていたら、魂を売った人がこれだけいるのを見てこう言いますよ。「こんなに大規模なハウス・ニグロの運動が起きているとは知らなかったぜ[*24]」

　ブラックの中流階級の拡大によって、専門職に就くブラックがふたたびニガー化することになるとは誰も予想していませんでしたが、いま起きているのはまさにそういうことです。専門職に就くブラックはお金もあり、羽振りもよいのですが、いまだに怖がり、おびえ、自尊心が低く、自分の立場を明確にせず、現状について本当のことを語りたがりません。マルコムに倣って「あなたの身の回りにいるわたしの仲間たち、つまりあなたが刑務所に送り込む人たちを尊敬しないのなら、わたしのことも尊敬していることにはならない」と言うなどもってのほかです。とにかく肩書きや地位、現金があればよい。そんなかれらは、マルコムが突きつけるものを直視することなどできないのですよ。これがわたしたちにとってマルコムが必要なもう一つの理由です。マルコムはわたしたちを正気に戻し、そんなふうに魂を売るのを許さないのです。

ブッシェンドルフ　音楽の重要性の話に戻りましょう。わたしの知る限り、マルコムXは——少なくともネイション・オブ・イスラムの一員だった時期には——音楽についてあまり語らず、音楽を用いた比喩もあまり使いませんでした。おそらくネイション・オブ・イスラムの指導者たちに制限されていたからでしょう。それでもマルコムの見かけや話の内容からは音楽、なかでもジャズの伝統が連想されます。

ウェスト　マルコムは生きる音楽でした。生きるブラックの音楽、生きるジャズでもありました。ジャズには、ウィントン・マルサリスの言うとおり、即興、スイング、ブルーズという三つの基本要素があります。マルコムは即興もできました。実に叙情的であり、かつ同時にとてもおもしろおかしく、しかし次の瞬間には一転して真剣になり、聞き手に迫るような語りができた。マルコムの話しぶりにはスイングがあり、リズムがあった。ジャズミュージシャンの演奏にあるように、聴き手とのかけ合い《コール・アンド・レスポンス》が成立していたのです。マルコムはまたブルーズでもありました。ブルーズは破局《カタストロフィ》の音楽だとされていますが、マルコムはよくこう言っていました。「ある人がストーブに坐っていて、その人の尻が焦げているときに、その人から何か他人事のような、関心のなさそうな反応があるはずがない。そうでしょう、その人は当然叫ぶはずです、深いところから、腹の底から呼びかけてくるはずです」[16]。マルコムはストーブに坐るブラックをけっして忘れませんでした。刑務所制度を忘れませんでした。そこでも誰かが焦げている。大量の失業者、そこでも誰かが焦げている。ろくでもない住居、そこでも誰かが焦げている。不適切な医療制度、そこでも誰かが焦げている。それも最初から、すなわち奴隷制やジムクロウのころからそうだった。マルコムには、破局が起きているという感覚、緊急事態であるという感覚、一刻も早くどうにかしなければいけないという感覚、問題を表に出し、声を上げ、叫ばなければいけないという感覚がありました。それがマルコムの奥に燃えていた炎にどうにかして届き、かれは先見と説得力を持ってその炎を表現したのです。マルコムの炎は消えることがなかった。ほんのいっときも消えたことはなかった。あの偉大なアミリ・バラカにも同じ炎が燃えていました。文学の才能があり、心の闘士だったブラックの革命家バラカも魂を売り渡すことはなかった。そういう人を最近はめったに見かけなくなりました。

マルコムが残した功績を考えるときに思い出すのは、たとえば、ルイジアナ州モンローにあるベセル・バプティスト教会のあのウォルター・ニュートン牧師です。[17] かれにも炎が燃えていました。息子のヒューイ・ニュートンも燃えていました。そう、ヒューイも牧師の子供だったのです。ウォルターはマルコムの父親にそっくりで、いつも街頭で抗議していることで知られ、妻が白人の世帯で働くのを認めず、警察を前にしても真実を語る人でした。ヒューイが育ったのはそんな環境で、ヒューイはマルコムの精神を理解していた。それはブラックパンサー党のボビー・シール、[18]エリカ・ハギンズ、[19]その他多くの人も同じで、みなマルコムの精神がわかっていました。アミリ・バラカもそうで、マルコムはリロイ・ジョーンズだったかれの人生を変えてアミリ・バラカにしたのです。[20]マルコムの真剣さ、正直さ、人びとのために生き、死ぬことを厭わない姿勢には、何か人びとの心を実に強く打つものがありました。マルコムにはわたしも心を強く打たれました。わたしにとってマルコムはかけがえのない人です。それはマルコムが人びと、かれの場合はとくにブラックたちへの深い愛を持っていて、真実を語るのを厭わなかったからです。自分が迫害され、悪魔のように扱われ、誤解され、思い違いをされるのをわかっていながらも、ブラックの、さらにより広く米国や世界の文脈の中で活動を続けました。米国によるブラックに対する人権侵害を国連という場で訴えるつもりだなどと表明するとは[21]——いやはや。まったく、マルコムのような人《ブラザー》にはついて行くというものです！

ブッシェンドルフ　通常、公的議論の場ではマルコムXは悪者扱いされ、ほかのブラックの指導者と並べて扱われることはありません。ウェストさんはマルコムXが伝えようとしたことの本質をあらわにすることで、マルコムXをほかの指導者と比較できるようにしているといえるでしょう。それだけでなく、マルコムXがウェストさんにとっていかに重要かを知れば知るほど、マルコムXとマーティン・ルーサー・キングの名前を入れ替えてみたら実は二人が共鳴している部分もかなり多いことがわかるのではないでしょうか。問題によってはどうしても意見の相違がありますが。

ウェスト　たしかに。マーティンとマルコムの比較としてはジェームズ・コーンの名著に勝るものはまだないと思います。[22]コーンは、マーティンとマルコムが二人で一組であることを理解しています。片方をもう片方抜きには語れないのです。わたしからすれば、マルコムにはマーティンになかった革命主義的な炎が燃えていましたし、マーティンには、マルコムには初めはなかった良心の炎が最初から燃えていました。マルコムのブラックに対する愛はあまりに強く激しいものだったので、ごく初期のマルコムは白人は悪魔であると主張し、白人を見限っていましたが、それは誤りだと思います。マーティンはそんな主張をしませんでしたが、マルコムにあった革命の炎がマーティンには亡くなる直前までなかった。革命の炎があるというのはつまり、わたしたちがどんな体制の下で暮らしているかを理解しているということです。資本主義的な体制、帝国主義的な触手、アメリカという帝国、生命を軽視し、国際法か国内法かを問わず法に反することを厭わない体制。マルコムは非常に早くからこうした仕組みを理解していました。マーティンもこの仕組みにたいへんな衝撃を受け、短い人生でしたが最後にはマーティンらしい良心的なやり方で革命主義者になります。マルコムのほうは実に早い時期から革命主義的な炎を宿していました。ただ、体制についての自分の分析が深まるのに合わせて主張を変えていかなければならず、帝国主義や資本主義に対する批判をいったん自分のものにすると、自分に見えている真実を淡々と語ります。「わたしには貪欲なハゲタカのように見えますが」[23]、とありのままを語る。

　そうはいっても、マルコムは一九五〇年代には帝国主義や資本主義の話はしていませんでした。当時はまだそうした問題に気づいていなかったからです。気づいてからも、体制の分析ばかり重視してブラックの精神や魂や文化が必要としているものを後回しにしたり、軽んじたりすることはありません。どちらも大切にしなければならないからです。資本主義、帝国主義、家父長制、同性愛嫌悪《ホモフォビア》などや、最近では資本主義支配に起因する環境面の大惨事を分析するのも大事ですが、人が戦うためには魂の炎を燃え上がらせ、精神に活力を持たせる必要もあります。闘士や戦士であるためには精神が健全で、自分を認め、大事にし、重んじる心がなければいけないという根底にある真実を、マルコムは最初からよくわかっていました。

ブッシェンドルフ　マルコムが体制の分析を前面に出さないようにしていたのは、ネイション・オブ・イスラムによって政治への関与が制限されていたことが一因でもありました。そういう決まりで——

ウェスト　政治に関与し過ぎてはいけなかった。それはそうです。でも実際には、イライジャ・ムハマドはマルコムにほかの導師たちよりも自由にやらせていました。マルコムがとにかくとてつもないカリスマを持ち、たいへんな注目を集めたからでもあったでしょう。しかし同時に、イライジャ・ムハマド自身の主義主張は少しも革命主義的でなかったのも事実です。それでも多くのブラック、とくに若い男性のブラックに強い影響を及ぼしたのですが。

ブッシェンドルフ　その点でマルコムは傑出していました。でも政治にもっと関与するようになったのはイライジャ・ムハマドとの決裂後で、体制、なかでも資本主義について意識的に発言するようになります。興味深いのは、ウェストさんはマルコムを取り上げるにあたりイライジャ・ムハマドとの決裂を重視していないようであることです。決裂後のマルコムの変化は重要なことで——その点にはウェストさんも同意すると思いますが——でもマルコムには一貫性もあり、それを見過ごしてはいけないということでしょうか。

ウェスト　マルコムがイライジャ・ムハマドとかれが率いるネイション・オブ・イスラムと決裂したの

は、ブラックに対するマルコムの深い愛によるところが大きいと思っています。マルコムはブラックの人びとを苦しめている問題にネイション・オブ・イスラムが自分の思うようなやり方で取り組まないことに不満でした。もちろんイライジャ・ムハマドの女性関係など私的なことも原因だったことはわかっていますが、政治面でもイデオロギー面でも、マルコムはより革命的な方向に行かざるを得なかった。ネイション・オブ・イスラムの神学のうち、母なる飛行船が来るのや白人の統治が終わるのを待っているような部分を受け入れることができなかったからです。飛行船の飛来も白人統治の終了も要はブラックの行動ではなく、神の行動の問題でした。イライジャ・ムハマドはキリスト教の神学を現実味がないと批判していたのに、自分の打ち出したブラック・ムスリムの神学に超自然的な要素を含めていた。それに対し、マルコムはとにかく人間による行動、集団の力、草の根の組織をますます重要と考えるようになっていました。

ストークリー・カーマイケルのような人がいかに偉大であるかを理解するには、人間の力や集団による蜂起についてマルコムが語ったことがどれほど大きな効果を持ったかを理解しなければ無理でしょう[24]。マルコムは超自然的な力にいっさい言及しません。ブラックパンサー運動や消滅直前のＳＮＣＣ、革命的黒人労働者連盟のケン・コクレル、ジェネラル・ベイカー、ダリル・ミッチェル[25]などにもマルコムの影響が見て取れます。今日マルコムの遺志を継いでいるムミア・アブ＝ジャマール[26]やアサタ・シャクール[27]なども立派な人物で——大半が獄中にあり、もう二〇年、三〇年も刑務所にいますが——本物の闘士です。かれらこそが実際に戦った戦士であり、ＦＢＩの防諜活動部門も誰をねらうべきかをわかっていたというわけです[28]。「十二月十二日運動」という団体のロジャー・ウェアハム[29]も何年も刑務所にいました。イロンベ・ブラスやＨ・ラップ・ブラウン[30]も——こうした人たちのことはあまり話題に上りません。かれらはあきらめていないのに、体制によってつぶされてしまったからです。それでもこの人たちの主張に耳を傾けなければなりません。
　現在アメリカの刑務所には、マルコムの精神にあまりに魅せられて自分も闘士になり、当局に闘士として把握されたために投獄された政治囚が何百人もいます。かれらは、指導的立場にある中流階級出身者の多くが闘士ではないことをわかっていました。そういう人たちは専門職に就き、立身出世をめざしていた。対して闘士たちは使命を負い、刑務所の房で計り知れない、言い尽くせないほどの犠牲を払ってきました。名前を変えた人も多く、ムスリムになった人もいます。みな、マルコムXに通じる精神を持っていた。すぐれた芸術家で著名な教育者でもあるハキ・マドゥブティはマルコムXに深い影響を受けていますし、[31]女性ではソニア・サンチェズ[32]などがいます。あのトニ・モリスンも知識人闘士としてのあり方にマルコムXの精神を反映させていて、現代の体制で白人にこれだけ受容されていてもなお、いわば文学の兵士です。トニ・モリスンは、マルコムの革命主義的な真摯さと革命主義的な愛、究極の犠牲を払うことを厭わなかった姿勢が自分にどれほど大きな影響を与えたかをまっさきに認めるでしょう。
ブッシェンドルフ　組織化の面では、マルコムXはこれまでの対談で取り上げた人たちほどは重大な貢献をしていません。とはいえ、ネイション・オブ・イスラムから独立してからは自分でも組織化活動をし、ムスリム・モスク・インクとアフロ・アメリカン統一機構という二つの団体を創設しました。これまでの対談では、それぞれの預言者的な活動家の有機的知識人としてのあり方を見てきましたが、マルコムXはどのような面でグラムシ型の有機的知識人だったのでしょうか?
ウェスト　マルコムはまさに有機的知識人だったと思います。つまり、権力者に対抗する勢力であり、反覇権的な声だったという点で。加えて、人びとの魂や心や頭や身体に同時に響くさまざまな言語の手段をすべて使ったので、批判や理想を人びとに伝えることができました。存命中にマルコムの主な武器だったのはその強烈な知性、紛れもない正直さ、そして演説のうまさでした。死後には、マルコムの自伝がまた別種の知的な武器となって現れます。マルコムは実は自伝を通じて、かれが話すのを直接見た人よりもっと大勢の人たちの中に脈々と生きつづけているともいえます。

ブッシェンドルフ　ということは、組織化そのものは有機的知識人に必要な一部であるとは限らない？

ウェスト　グラムシのいう陣地戦には、人びとの意識を高め、正義のために戦う動機を与えることも含まれています。マルコムは、組織を組み立てて維持するよりもそうした活動のほうが専門です。

ブッシェンドルフ　マルコムXはあるとき、人びとを奮い立たせ、かれらに政治的意識を持たせれば、あとは何もしなくてよい、その人たちが自分で活動を始めるから、と言いました。[33] マルコムが言葉の力を通じて人びとが革命的精神を持つように導くことができると思っていた理由がこれでわかります。

ウェスト　そうですね。その点でマルコムはエラ・ベイカーに似ています。組織のあり方についてマルコムがルクセンブルク主義とレーニン主義のどちらかを選ぶかを考えてみましょう。ルクセンブルク主義は、人びとのあいだに内発的に革命の意識が生まれ、人びとが自分たちで組織をつくることにずっと重点を置きます——いわゆる自発性論です。より自発的な組織化といってもいいでしょう。対してレーニン主義では職業革命家がいて、かれらが出て行って大衆を前衛党に引き込んできます。マルコムはレーニン主義的なやり方を大いに警戒するでしょう。ルクセンブルク主義にずっと近いと思います。

ニューヨークのオーデュボン・ボールルームで射殺される直前、マルコムは自分のモスクを設立する計画を立てていました。マルコムはスンナ派ムスリムの指導者でした。今日、人はイスラムが民主主義、進歩的な政治、革命主義的な政治と共存できる方法はないかと模索しています。そんな中で革命主義的なムスリムであるとはどういうことかを考えてみると、マルコムがまさにその手本として際立っていることがわかってきます。マルコムはスンナ派ムスリムの聖職者として自分のモスクを持ち、自分の組織や事業を通じて貧しい人びとに手を差し伸べるつもりでした。左派の団体とは関係を持つけれども、自分がその構成員になるつもりはなかった。これは実現していたかもしれないたいへん興味深い構想です。キングは晩年に革命主義的なキリスト教徒になりましたが、暗殺されなければマルコムも革命主義的ムスリムのあり方をパラダイムとして示す模範となり、マーティンとマルコム両方の視点が次第に重複するようになったかもしれません。マーティンとマルコムが資本主義と帝国主義を批判したため、FBIとCIAはマーティンとマルコムとその支持者のことを現状に対するアメリカ史上もっとも原理的で手ごわい脅威だと見なすようになりました。二人が生きていたら想像もつかないような状況が生まれていたでしょう。とくに当時は実に多くの白人中流階級の若者が徴兵制度に反対し、ヴェトナム戦争に反対し、南部でのジムクロウに心の底から怒っていましたから――こうした動きが全部同時にまとまっていたらどうなっていたことか。いまにも社会変革が起きそうな状況になっていたのは間違いない。

ブッシェンドルフ　とくにアメリカではそのとおりだったと思います。以前の対談で話したとおり、ブラック・パワー運動には世俗的すぎるという問題がありましたから。そのせいで、あまりにも世俗的な話には関心がないブラックの大衆の心をつなぎとめることができなかった。

ウェスト　まさにそうです。そこでおもしろいのは、現在アメリカで無神論の気運が高まっていることです。アメリカ人の二〇パーセント近くが自分は無神論者だといい[34]、ブラックのあいだでもさまざまな無神論の会や団体ができています。世俗主義が以前よりも広まってきているのは非常に興味深い。わたしはキリスト教徒ですが、こうした無神論の多くは健全だと思います。いろいろな意味で、有力な教会で行なわれている偶像崇拝を拒否するものだからです。アメリカの主流そしてブラック・アメリカの主流で崇拝されている神——キリスト教の神に限らず——の拒否であり、預言者精神を持つ信心深い人たちがそうした無神論を取るのは常に健全なことなのです。なぜ健全かといえば、自分で自由に考え、あらゆるかたちの偶像崇拝をまるごと拒否することができるから。そもそも、預言者らしいあり方は偶像崇拝の批判の上に成り立っているのですよ。たしかに無神論者の人たちはわたしのように愛や正義と結びついた神の観念は持っていません。でもいま起きている無神論の流れそのものが、わたしがたいへん健全だと思う偶像崇拝の拒否を通じて預言者的文化を継承するものの一つになり得るのです。

　無神論の広がりについてこの国では十分な議論がされていません。ブラック・アメリカではなおのことです。たとえばわたしの大切な仲間《ブラザー》のビル・マーがいます。マーが自分のテレビ番組に出してくれたおかげでわたしはアメリカや世界でよく知られるようになりました。マーが進歩的な無神論者であることに誇りを持って預言者的な証言をしていることに議論の余地はありません。同じような人は大衆文化にもたくさんいますし、以前から学界にも多くの預言者的無神論者がいます。神を信じる唯一の方法が現代の市場文化で行なわれる偶像崇拝だったらわたしも無神論者になりますよ。でもわたしもそこに連なるブラックの預言者的伝統では神についての考え方も多様で、そこから正直な心、精神の強さ、政治面での決意が生まれます。

ブッシェンドルフ　世俗主義の流れがあるとおっしゃるのにとても驚いています。わたしの感覚では、ヨーロッパではこの一〇年、二〇年ほど世俗的な啓蒙ヒューマニズムに勢いがあったことへの大きな反動で信仰が見直されるようになっている気がします。

ウェスト　状況が変わり、数字を見ると以前とはすっかり異なる方向に動いています。二〇一二年に出たばかりの新しいデータによればアメリカ人の一八パーセントが無神論者を自称しています[35]。これは急激な増加で、無神論者の割合がこれほど高かったことはアメリカ史上ありません。一九一〇年代と二〇年代の代表的な無神論者だった先達《ブラザー》たち、ロバート・インガーソル(36)とクラレンス・ダロウ(37)がいまやたいへんな勢いで復活しています。この二人の預言者的な証言は実にすばらしい。

預言者的人物としてのマルコムの証言が説得力を持つのは、マルコムがアメリカでの偶像崇拝を批判したことによるところが大きい。ここでも、預言者的な世俗の人による偶像崇拝批判と、マルコムのような預言者的な革命主義的イスラム教徒や後年のマーティンのような預言者的な革命主義的キリスト教徒による偶像崇拝批判が重なるのは興味深いことです。デュボイスは実にいろいろな深い意味で世俗的ですが、前述のとおり真の宗教心を持っています。フレデリック・ダグラスも初めは信心深い人でしたが、最後は不可知論者になったようです。エラも教会から出発しましたが、不可知論者だったと思います。

ブッシェンドルフ　それらの預言者的な人物はみな、抑えつけられた者に対してキリスト教がどんなことをし得るかをわかっていたからでしょう。つまり、よりいっそう抑えつけることができるのをわかっていた。先ほど話に出たとおり、キリスト教は白人優越主義を広める手段でした。だから常に、一方では抑圧装置としての危険性を持つ教会に対する不信があり、他方に、宗教がくれる力によって闘争を続けることができるという恩恵もありました。

ウェスト　そのとおりです。ジェームズ・ボールドウィンについてもっとじっくり話をすることができないのが残念ですが、ボールドウィンが文学や政治を通じて預言者的精神を非常に高いレベルで表現したというたいへんな事実を見過ごしてはいけません。ボールドウィンは福音を説くためだといって教会を離れ(38)、十四歳のときから死ぬまで不可知論者でした。愛に関してはいつでも心と魂に教会がありました。愛、愛、愛を伝える隊列《ラヴ・トレイン》に連なっているからです。[*25] 至上の愛の人である点でボールドウィンは唯一無二のジョン・コルトレーンと同じです。でも認知的に神にどうかかわるかという話になると、ボールドウィンは世俗主義者でした。骨の髄まで不可知論者だった。

ブッシェンドルフ　もう一つ、あらゆる活動家にとって非常に大きな意味を持つ問題に話を移しましょう。自衛についてどのような立場を取るか、武器を使って戦うのかどうかという問題です。マーティン・ルーサー・キングは非暴力主義で、エラ・ベイカーは平和主義でした。マルコムは、ブラックは自衛するべきだと考えていましたが、この考えが誇張され、マルコムは戦闘的だったとされることが常です。どう考えますか？

ウェスト　マーティンは、ニグロにはほかと違う性質があると考えていました。精神面でニグロ特有の能力を持っているので、非暴力主義の戦略によって苦しみや痛みに耐えることができるのだと。その能力は時間をかけて蓄積された一種の潜在的な精神面の優越性ともいえるもので、それがあるためにわたしたちは暴力に頼るような活動をすることがないのだという考えです。対してマルコムはどうかといえば、こう繰り返したものです。「あなたが『自分はこんな人間だ』と思っている、その人がわたしです。あなた方が四〇〇年間も奴隷制やジムクロウやリンチによって虐げられたらどうすると思いますか？　非暴力で応じるでしょうか？　あなた方の歴史はどんなものですか？　抑圧されたときにどう反応したかを見てみましょう。ジョージ・ワシントンだって革命主義的ゲリラ戦士だったでしょう！」マルコムはとにかく率直でした。もしマルコムがジョニー・カーソンの番組『ザ・トゥナイト・ショー』[39]に出てこう訊かれたらなんと答えたか容易に想像がつきます。「では、ニグロ問題についてはどうお考えですか？　ニグロが本当に欲しいものはなんでしょう？」――「それはジョニーさん、あなたにそのままお返しします。あなたは自分の子供に安全な地域で育ってほしいですか？　生活できるだけの賃金が得られる仕事に就きたいですか？　まともな医療制度が欲しいですか？　自分や自分のいるコミュニティを尊重してほしいですか？　ニグロの問題なんてものはありません。わたしたちが望むものはあなたが望むものと同じです。あなた方が『自分たちはこんな人たちだ』と思っている、その人たちがわたしたちです。あなたがわたしたちの立場にいたら何を望むと思いますか？　そしてそれをどうやって手に入れようとするでしょうか？」知られているとおり、記録によればリチャード・ニクソンはこう言っています。「おれが黒人だったらブラックパンサー党の党首になる。おれが黒人だったらこれほどの侵害や搾取を我慢などしない。おれはリチャード・ニクソンだぞ」。これに対しマルコムはただこう言うでしょう。「然《しか》り」。わかるでしょう。デュボイスの本に、蜂起する奴隷たちが仮に黒人優越主義と闘う白人であったなら、ヨーロッパ世界のどこに行っても英雄扱いされるだろうという一節があります。[40]つまりマルコムは「みんな正直になれよ」とはっきり言っていた。

自衛についても、マルコムがあのオクスフォード・ユニオン・ソサエティでの討論で述べたとおり「いかなる手段をとろうとも」というだけのことです。[41]「なんということ、では銃を手に取るということですか？」「あなた方こそ、銃を手に取ってきた歴史がありませんか？　あなた方こそ、長崎と広島に爆弾を落としませんでしたか？　誰の歴史の話をしているのでしょう？　わたしたちは人間なのですよ。その点ではあなた方とまったく同じです」。ここでマーティンならこう言うでしょう。「ブラザー・マルコム、そんなことを言うからみんなが怖がってますよ。ほら、あんなにうろたえさせてしまった。あんなに怖がったら、これまで以上に過酷に扱ってきますよ」。マルコムはこう答えるでしょう。「僕は戦略の話をしてるんではなく、現時点での真実の話をしてるんだ。いいかい、君も僕も現実を直視しないと。君についてくる者たちだって——君が掲げる精神や良心の夢や理想は立派だけれども——本当は僕と同じことを考えている。ほとんどは単に怖がっている。心の底から。そんなふうに怖がっている限りは君のことも本気で支持なんかしない」。二人がどんなに対照的な考え方をしていたかがわかるでしょう。

もしマルコムとマーティンが会ったら、こんな会話をするでしょう。「マーティン。ガーヴィーたちは、大多数のブラック、ブラックの一般大衆が尊厳を持って扱われることなどいつまで待ってもないと言っている。いつまでもゲットーや公営団地に住んで、刑務所制度と連動した崩壊と災難の人生を送るだろう。中流階級には機会があるかもしれないが、庶民にそんなものはない」。マーティンはこう答えます。「いや、そんなはずはない。僕には信じられない。僕たちはアメリカの魂を救わなければ」。マルコム「アメリカに魂なんてないんだよ、マーティン」。「嘘を言うなよ」。でもそこでマーティンのほうがマルコムにこう訊きます。「じゃあ君のほうは真実を語ってからどうするつもり？　イライジャについていって南部にブラックの州でもつくる気？　そんなものできるわけがないじゃないか！」。マルコムはこう答えます。「でもマーティン、君のいう全面的な人種統合だって実現の見込みはないさ！　不完全な統合しかできない。実現するのはブラックの同化、ブルジョワ化で、ホワイトハウスにまで上り詰める者まで出るかもしれないが、そこまでしても麻薬密売所《クラックハウス》はなくならず、産獄複合体もなくならない。ホワイトハウスに入ったやつがニュー・ジムクロウについて一言も発しなければ状況はひどくなる一方で、失業率もますます高くなるだろう。ブラックが大統領になっても、ガーヴィーは正しいままだ」。こんな具合でしょう。

それからマーティンとマルコムは涙を流しながら互いを見つめます。二人ともブラックの人びとをそれほど愛しているからです。そして頭を寄せ合ってこう言います。「歌おう。歌を歌おう」。そう。歌うのはジョージ・クリントンか、スティーヴィー・ワンダーか。アリサ・フランクリンも歌うべきだし、ビリー・ホリデイやサラ・ヴォーン、カーティス・メイフィールドも歌わなければ。「歌って、マーティン！」マーティンは「こんなことをして大丈夫かな」と言います。「大丈夫、ただ闘いつづけるだけだ」。問題はたまたまそのときに何が当てになるかではない。肝心なのは、何が誠実か、何が本当か、何が正しいか、わたしたちやかけがえのない子供たちのために闘い、死んでいった人たちに値するものは何か、です。それがマーティンとマルコムを互いに引き寄せるのです。

いま言ったことが、今日のわたしたちにますます必要となっています。大変革を起こすのに必要とされるものを見れば見るほど、到底実現できそうにない。そうするとたいていの人は「やはり出世をめざす道に戻ろう、個人主義に戻ろう、快楽主義に戻ろう、自己中心主義に戻ろう」となる。でもマーティンとマルコムは涙を流しながら、あの献身的でこのうえなく愛のあるやり方で、声を合わせてこう語りかけてきます。「いや、実現できそうにないからといって、たいした価値のないもののために魂を売っていいことにはならない。それが結論ではない。成功すればいいというものではない。本当に大切なのは、わたしたちをここまで連れてきてくれた自由の闘争に誠実であることだ」

ブッシェンドルフ　そこでエラ・ベイカーも間髪を入れずにこう言うでしょう。「革命の過程というものは長い、長い時間がかかるもの。それを持続させ、止まらないようにする忍耐力を持たなければ」

ウェスト　そのとおり、まさに革命的な忍耐がいります。エルドリッジ・クリーヴァーが何年も前に革命的な忍耐について雑誌に寄稿しました。当時のクリーヴァーはまだ革命論者で、右派の共和党員になってはいませんでした。かれの革命的忍耐の観念は非常に難しい、非常に強力なもので、たとえ自分以外の世の中が何もかも、誰もかも売ろうとしている、あるいは買おうとしているように見えても、自分は誠実でいなければいけないということです。

ブッシェンドルフ　そういう世の中は、もう問題は解決したと主張してもきます。

ウェスト　そうやって問題の存在を否定するのは立身出世主義と密接に関係があります。

ブッシェンドルフ　ここでナショナリズムの問題を取り上げましょう。ウェストさんはナショナリズムをかなり厳しく批判してきました。そのことはウェストさんのマルコムXの評価にどう影響していますか？

ウェスト　わたしはそれがイタリアのであろうと、ドイツ、エチオピア、日本、アメリカ、ブラックのであろうと、かたちを問わずナショナリズムというものに対し非常に批判的なので、ナショナリズムのうち少しでも進歩的で革命主義的なものの価値を認めます[42]。そのため、ウォルト・ホイットマンなどは相当なナショナリストですがわたしにとっていまでも大きな意味を持っています。マルコムもナショナリスト、ブラック・ナショナリストですが、そのなかでも非常に革命主義的で進歩的な一翼を担っています。わたしが思うに、ナショナリズムは近代性崇拝がもっともよくとるかたちです。だからわたしにとって、世界について考え、世界を分析するときには国際主義や普遍主義が常に中心にならなければなりません。でもわたしたちはみな特定の人間の身体、コミュニティ、国家に生まれてくるので、ジェンダーや肌の色や人種、階級、国家を考慮に入れなければならないのも確かです。マルコムの国際主義はとくに晩年に非常に魅力的なものになり、それを抜きにして社会変革を真剣に語ることはできません。マーティンにも同じことがいえます。とくにいちばん最後はそうでした。マーティンなどはアメリカの愛国者だったのが転じて本格的な革命的国際主義者になるのです。

でも正直なところ、マルコムの革命主義的ブラック・ナショナリズムは見過ごしてはいけないと思っています。マニング・マラブルが書いたマルコムのすばらしい伝記を見ても[43]――マニングは大切な仲間《ブラザー》でした。わたしはマニングのことが大好きで、心から尊敬していましたが――マルコムの革命主義的ブラック・ナショナリズムの激しさや熱さが完全には伝わってこないように思います。マニングの本に応えてハーブ・ボイドとアミリ・バラカらが小論集を出しましたが、これはたいへん重要な対話だと思います。(44) そちらの本が指摘するのは——非常に重要な洞察をつかんでいます——主流左派の分析に基づく区分に従ってマルコムを見てはいけないということです。マルコムを社会民主主義者として見たのでは、かれの激しさや熱さをとらえることはできません。それもあってわたしはこの対談の初めにガーヴィーの話をしたのです。ガーヴィーはマルコムのような革命主義的ブラック・ナショナリストではありませんでしたが、マーカス・ガーヴィーがいなければマルコムXは存在し得ない。イライジャ・ムハマドがいなければマルコムXも存在し得ない。とにかくあり得ない。マルコム自身がたどった私的な行程、すぐれた預言者的革命主義者になるまでに個人として歩んだ道のりを考えると、ナショナリズムを考慮に入れないわけにいかないのです。したがってわたしたちはナショナリズムについて真剣に考えなくてはいけません。ブラック・ナショナリストの文化がこれほど見事な革命的情熱と洞察を生んだのはいったいどういうことなのか？

ブッシェンドルフ　対談で取り上げてきた預言者的な人物全員についていえることだと思いますが、かれらはときにわたしたちの手に負えないほど複雑です。さまざまな面を検討する必要があります。というのもマルコムXが社会主義に関心があったことも事実だからです。少なくとも反資本主義に関心がありました。ナショナリズムに話を戻すと、ナショナリズムによって得られるのは個人主義を超越することでしょう。集団としての思考ができるようになり、「わたしたち」というアイデンティティ、「わたしたち」という意識が生まれると人はより強くなります。ウェストさんの見方をすれば、この「わたしたち」意識が国家を基盤とする、愛国心を基盤とするといろいろとうまくいかなくなる。それでも、これまでに取り上げた知識人の多くは愛国的な「わたしたち」意識を出発点としていて、そこに公民権を得るための闘争が取り入れられ、そこから人権を求める闘いに発展していきます。少なくともデュボイスにはこの移行がはっきり見て取れますし、キングにも見られます。そしてとくにマルコムXに顕著です。公民権の獲得で終わってはいけない、人権問題として考えなければならない。そこから闘争が国際的になり、新たな「わたしたち」意識が現れます。そこまでいくと「わたしたち」意識はもはや制限を課すものではなくなり、みんなが一体となり、誰とでも共有できる理想を掲げる自由が生まれます。

ウェスト　全人類と共有できる、と。さらに——動物の権利を訴える仲間たちが主張するであろうとおり——あらゆる生き物さえも含まれます。でも、民主主義の可能性の大部分が国民国家という殻の中に浸透していかなければならない現状では、ナショナリズムや国民国家に向き合う必要があります。そこは議論の余地がない。ただ、さまざまなナショナリズムを超越する「わたしたち」意識を持つことができる状態でいなければならず、だからこそ進歩主義者や革命主義者が超国家主義や国際主義でいることがたいへん重要になるのです。わたしはかつてハリー・ヘイウッドからいろいろと学びました。ヘイウッドは『ブラック・ボリシェヴィキ』というすばらしい自伝を書いていますが(45)、おそらく二十世紀でもっとも有名なブラック共産主義者でした。一九二〇年代に黒人国家論をソ連に初めて提案したのがヘイウッドです。そんなかれは共産党運動という国際的な運動にかかわりながらも、ブラックが一つの国家を構成しており、その国家には独自の自決権や独自の自由や解放が必要であることを示そうとしていた。つまりヘイウッドは、あり得ないことのようですが黒人国家の国民としての「わたしたち」意識と、共産主義者としての、つまり全人類につながる「わたしたち」意識の両方に取り組んでいるのです。ヘイウッドやそのあとに続くたとえばネルソン・ペリーが率いた共産労働党などは一九七〇年代の黒人国家論にとって非常に重要でした。基礎となったのはヘイウッドの初期の業績です。国際的に相互依存が進み闘争が国境を越えるようになったいま、当時の議論に立ち返る必要があります。ブラザー・ヘイウッドとはよく議論をしたものです。わたしはごく若く、ヘイウッドは老人でしたが、遠慮なく意見を述べ合いました。わたしは、ブラックという民はあるがブラックという国家はないという意見でした。わたしたちブラックは、米国という国民国家の出現に対して自らを生み出した別個の民であり、その米国はわたしたちを尊重しようとせず、労働力として利用する以外ではわたしたちにそこにいてほしくないことが多い。つまり、わたしたちは米国という国民国家の出現に実に密接に結びついており、そこにあるナショナリズムとも、愛国心とも、ショーヴィニズムとも関係があるのです。わたしの知るナショナリズムはどれも男性中心で階級に縛られ、同性愛を嫌い、たいていは外国人も嫌うので、ナショナリズムはどんなかたちのものでも大いに疑ってかからなければなりません。それでもナショナリズムはわたしたちが取り組まなければならない土台そのものなのです。

ブラックの預言者的伝統が直面している問題の一端に、国旗を振る愛国者であろうとするあまり、国際主義という十字架を背負ってこの国や世界中にいる貧しい人びとの闘争にかかわりたがらない人がいることがあるでしょう。根源的な問いです。旗を振る者になるのか、十字架を背負う者になるのか？　わたしはここで十字架という言葉をキリスト教上の意味でだけではなく比喩として使っています。マルコムは旗を振る者であるよりは十字架を背負う者でした。オバマ時代の今日、ブラック指導者の大半は旗を振るばかりで、十字架を背負いたいとは少しも思っていません。そんなことは絶対にしたくない。欲しいのは米国という国民国家から受容されること、米国の主流に受け入れられることです。だからドローンによる攻撃についても黙っている。ニュー・ジムクロウがブラックの生活に重大な影響を及ぼしていることにも黙っているし、労働組合がつぶされることや、金融業界の犯罪行為についても口を閉ざしたまま。これがブラックの預言者的伝統にとっての課題であり、その伝統の革命主義的な一翼を担ったマルコムは模範を示しました。預言者的伝統に属する誰もがマルコムのような革命主義者ではありません。マルコムは非常に特別な人でした。本当に特別。マルコムをはじめとしてさまざまな人たちがいなければブラックの預言者的伝統もないのですが、マルコムはこの点で傑出しています。わたしたちはこの課題に真面目に取り組まなければ単にうやうやしく旗を振る者で終わってしまう。そうしながら自分たちがブラックの預言者的精神を保っていると勘違いするのです。この自己欺瞞は粉砕されなければいけません――すべての世代で。

ブッシェンドルフ　マルコムXは後世に何を残したでしょうか？　長い間とくにこれといった動きはなかったのが、九〇年代にまた注目されるようになりました。批評家に言わせれば大衆文化の一部になったときです。大衆文化に取り込まれたマルコムはどうなるのでしょう？　そこで進化していくマルコムはウェストさんから見て本当に真のマルコムなのか、それとも死んだ一人の男についての記憶、もっといえば郷愁を表す偶像にすぎず、革命主義的な闘いを思い出させるものではないのでしょうか？

ウェスト　一方に、ブラックの預言者的伝統の革命主義的な一翼――マルコムが見事に担いました――を記憶しておくことの重要性があります。マルコムたちが忘れられないようにすることは非常に重要です。だからわたしはスパイク・リーやデンゼル・ワシントンその他に感謝している面もあります。かれらのおかげでわたしたちはマルコムについて語らざるを得なくなったからです。(46)もちろん、物の商品化が進んだ国ではマルコムの商品化も止められません。(47)愛国心に取りつかれた国ではマルコムの切手まで作られてしまいます。でもマルコムはそんなものをちっとも欲しくなかった。「わたしが欲しいのは人びとが自由になること。切手なんかになりたくない」

ブッシェンドルフ　わたしにはあの切手はマルコムが悪者扱いされがちであることの象徴に見えます。切手に使われた写真は写りが全然よくなく、こわばってもう少しで悪意があるように見える表情が、視線が不自然にそれていることで余計に強調されていて。あの肖像は、主流によるマルコムの周縁化を印象づけるものです。

ウェスト　体制があの切手を正式に認めたという事実もパラドックスの一部、矛盾の一部です。でもマルコムの記憶を生かしておくためには、たとえ固定化された人物像であってもそれを取り上げる機会ができるのはいいことです。そうして議論を続けることができるので。マルコムが人の記憶からすっかり消えてしまうほうが悲しい。若者たちのところに行って――たとえばわたしがニューアークに行って黒板に「マルコムX」と書いたら、若者たちが「マルコム十世って誰？」と言ったとします。マルコムを忘れるとはそういうことです。でももしこちらが「マルコムX」と言ったときに若者が「ああ、スパイクがそのニグロについて映画を作らなかった？」――若者たちはニグロとは言わず、Nで始まる言葉を使うでしょうが――「そのニガーについて映画を作らなかった？　その人のことはよく知らないけどスパイクは頑張ってたな」と言えば、少なくとも「ではスパイクが取り上げたのがどんな人だったかを見てみましょう」と言うきっかけができるでしょう。スパイクの映画はアミリ・バラカやモラーナ・カレンガたちが批判しています。[48]それはとてもいいことです。かれら自身も革命主義者として経験豊富であり、マルコムの品位を保とうとしているわけですから。スパイクはより若い世代で、革命主義者でもありません。でも勇気と才能のある芸術家で、ひどく人種差別的なハリウッドで一人前の人間としてのブラックについて映画を製作しようとしている非凡な人物です。オバマとも親しい。批判もしてはいるものの、オバマとごく親しく、オバマのために多額の資金を集めました。それでもわたしは勇気を持ってマルコムの偉大さを伝える映画を作ったスパイクに感謝しています。そもそも誰がどうやっても、映画や本やインタビューを通じてマルコムという人物を完全に描き出すことはできません。これは動かせない事実です。ジェームズ・ボールドウィンが書いた脚本も感動的だったに違いありませんが――わたしは読んでいません――それでさえマルコムという人を完全に伝えてはいないでしょう。はなから無理なのです。[49] ニュー・ブラックパンサー党というのもできました――ボビー・シールらはこの動きを批判し、ある意味で徹底的に非難もしましたね。「これはわたしたちがしていたことを受け継ぐものとはいえない。反白人の度が過ぎるし、外国嫌いの度も過ぎる」と。ボビー・シールの指摘にはもっともな部分もありますが、それでもわたしはニュー・ブラックパンサー党に一定の愛があります。かれらはこれから学び、成長することができる。それだけでなく、かれらにはマルコムのように恐れを知らない一面があります。かれらはマルコムの勇気を見習おうとしています。勇気があっても外国嫌いであることはできます――ゼノフォビアはゼノフォビアです――ただ、かれらはとにかく立ち上がり、とにかく一定の組織を存続させようとしているのであり、マルコム自身も成熟したようにかれらにも成熟する余地があります。

今日、マルコムXの精神がもっともはっきりと表れているのは『ブラック・アジェンダ・リポート』の革命主義的政治活動でしょう。これを率いているのはわたしの大切な仲間たち、グレン・フォード、ブルース・ディクソン、ネリー・ベイリー、マーガレット・キンバリー、アンソニー・モンテイロ、ルティシャ・スティルズです。[50] わたしの大切な仲間《ブラザー》であるカール・ディクスの勇気ある活動にもマルコムの精神が認められます。カールはボブ・アヴァキアン率いる革命共産党にいます。[51] クリス・ヘッジス、グレン・グリーンウォルド、ラリー・ハムの預言者的証言にもマルコムの精神が見える。[52] いうまでもなく、あのハリー・ベラフォンテと名高いジェームズ・コーンの生涯や活動はいまでも大きな影響力を持っています。[53] レン・トロイ・ブラウンが創設したすばらしいエボニー・レパートリー・シアターが上演する演劇にも希望が持てます。学界ではロビン・D・G・ケリー、イマニ・ペリー、ケイティー・ジュニーヴァ・キャノン、エミリー・タウンズ、マシュー・ブライオンズ、アンドレ・ウィリス、マイケル・ハンチャード、レナード・ハリス、エディー・グロード、ジェラルド・ホーン、ファラー・ジャスミン・グリフィン、ルシアス・アウトローの研究にも同じことがいえます。音楽の分野ではデッド・プレズ、KRS－ワン、イモータル・テクニック、ブラザー・アリ、ジャシリX、ジェイヴォン・ジェイクソン、ラヴィ・コルトレーン、ラー・ディガ、モス・デフ、E－40、エリカ・バドゥ、ジル・スコット、インディア・アリー、ザ・ラスト・ポエッツ、ジェームズ・エムトゥーメ、ルーペ・フィアスコらがマルコムXの精神を引き継いでいます。なんでも商品化される社会で人をどう記憶するかはいつでも難しい問題です。とても難しい。でもそれも含めてわたしたちはなんとかしなければなりません。マルコムの革命的パレーシアは――怖がらず、恐れず、率直、簡潔に話をし、自分の命を懸けることは――わたしたちが取り組むべきことの核をなしています。そのような証言活動を支える預言者的精神はけっして完全に、徹底的には押しつぶされません。身体を殺しても言葉は宙に残り、人びとに届きます。人はその言葉を自分のものにし、自分の好きなように使いますが、それでもエラ・ベイカーについての対談で話に出た憎悪と支配の循環を破綻させることにつながります。わたしたちはマルコムXのことを主流派が当時どう考えていたか、いまどう考えているか、将来どう考えるかにかかわらず、マルコムをブラックの預言者的伝統の中心人物の一人として考えなければその伝統を語る出発点にさえ立てないことはいまさらいうまでもないでしょう。

第6章

# 預言者の炎

## ——アイダ・B・ウェルズ

# アイダ・B・ウェルズ略年表

**Ida B. Wells［1862-1931］**

| | | |
|---|---|---|
| 1862年 | 7月 | ミシシッピ州ホリー・スプリングスで生まれる。 |
| 1863年 | 1月 | 奴隷解放宣言。 |
| 1865年 | 4月 | 南部連合降伏。リンカン大統領暗殺。 |
| 1868年 | | 憲法修正第14条確定（公民権保障）。 |
| 1870年 | | 憲法修正第15条確定（黒人の参政権保障） |
| 1877年 | | 「妥協《コンプロマイズ》」（南部再建時代の終了）。 |
| 1878年 | 9月 | 黄熱病で両親と末の弟が死亡。教師として働き弟妹を養うことに。 |
| 1880年 | | テネシー州メンフィスに移る。 |
| 1884年 | 9月 | 列車で席の移動を命じられ応じず、鉄道会社を訴え一審で勝訴（84年12月）するもテネシー州最高裁判決で敗訴（87年4月）。 |
| 1889年 | 3月 | 『フリー・スピーチ』の編集者・共同経営者に。 |
| 1891年 | | 教育の現場について書いた記事が原因で教師としての職を失う。 |
| 1892年 | 3月 | メンフィス・リンチ事件でトーマス・モスらが殺害される。 |
| | 5月 | ウェルズによる社説を受け、白人暴徒が『フリー・スピーチ』事務所を襲撃。 |
| | 10月 | 「南部の惨事」を発表、フレデリック・ダグラスから賛辞。 |
| 1893年 | 4月 | 訪英（～6月）。帰国後、シカゴ万博を非難する小冊子をダグラスと作成。 |
| | 9月 | シカゴで初のブラックの女性団体が発足（のちのアイダ・B・ウェルズクラブ）。 |
| 1894年 | 2、3月 | 二度目の訪英（～7月）。ロンドン反リンチ委員会が発足。 |
| 1895年 | 9月 | ブッカー・T・ワシントンの「アトランタ演説」。 |
| | | 「鮮血の記録」 |
| | 6月 | ファーディナンド・バーネットと結婚。 |
| 1897年 | | シカゴ初のブラックの幼稚園を設立。 |
| 1898年 | 3、4月 | マッキンリー大統領と面会、リンチ取締法の制定を求める。 |
| 1906年 | 3月 | ロバート・モッツの元酒場「ニュー・ペキン・シアター」で行事を開催。 |
| 1909年 | 5、6月 | NAACP設立準備会合に参加。一時、創設者名簿から外される。 |
| | 11月 | イリノイ州カイロでリンチ事件。 |
| 1910年 | | シカゴのYMCAについて発言。 |
| | 5月 | ニグロ・フェローシップ・リーグの読書室などが完成。 |
| 1918年 | 11月 | マーカス・ガーヴィーの万国黒人《ニグロ》地位改善協会（UNIA）会合で演説。 |
| 1931年 | 3月 | シカゴで死去。 |

最後の対談は、有終の美を飾るべく、前向きで預言者的な炎に満ちたものにしたかった。二〇一三年一月にわたしたちは二日連続で会い、まずマルコムX、次にアイダ・B・ウェルズについて話をした。二人は生きた時代も離れていれば、社会的背景もすっかり異なるが、二人とも妥協しない革命的な精神を持ち、恐れずに発言することでそれを表現した。しかしそんな勇敢さを女性が持っているのはいっそう並々ならぬことであり、ましてや十九世紀の女性となればなおのことである。それなのに、ブラックの預言者的精神を受け継いだ女性としてウェルズはエラ・ベイカーと同様、一般の記憶からはすっかり消えてしまっている。預言者的な証言活動を行なう者として傑出しているウェルズに敬意を払い、一連の対談をウェルズで締めくくることにした。

クリスタ・ブッシェンドルフ　アイダ・B・ウェルズについての対談では、わたしたちの出発点だった十九世紀に戻ります。生没年を見るとウェルズはフレデリック・ダグラスとW・E・B・デュボイスのあいだにいて、二人と知り合いでした。ウェルズは反リンチ運動の先駆者で、ブラックの男性を獣に喩えるような偏見に抵抗する闘争に困難や危険を恐れず勇ましく身を投じました。ウェルズはブラックの預言者的精神を受け継ぐ「長距離走者の」自由闘士であり、対談で取り上げるに十分な資格があります。デュボイスと同様、ウェルズはヴィクトリア時代のアメリカに育ちました。ブルジョワ階級でもあるため、現在の基準で彼女を評価するのは容易ではありません。ウェルズを正しい文脈で解釈する必要がありますから、その作業を通じて彼女の本質に迫ろうと思います。まずは、ブラックの自由闘争におけるアイダ・B・ウェルズの重要性を評価してくださいませんか?

コーネル・ウェスト　アイダ・B・ウェルズは特異な存在であることに加え、預言者的な炎にあふれ、アメリカ版テロリズムに抵抗したたいへんすばらしい人です。アメリカ版テロリズムとは人種《ジム》差別体制《クロウ》やジェーン・クロウのことで、そのころは二日半ごとにリンチが起きるのが五〇年以上も続いていました。きわめて重要なのは、当時ブラジル、ジャマイカ、バルバドスなどの「新世界」にいたブラックはみな奴隷でしたが、ジムクロウのような差別体制によって虐げられていたのはアメリカにいたニグロだけだったこと。ジムクロウによって虐げられるとは、単に恐怖で圧倒され、中傷され、苦痛を与えられるだけでなく、以前にも話したとおりニガー化《ニガライズ》させられることです。ブラックの人びとが初めて市民権を取得しはじめたのは、近代でもっとも野蛮な内戦だった南北戦争のあとのことでした――いまになって七五万人が死んだことが明らかになっています。[1] ブラックはまず奴隷にされ、次に市民になり、さらにアメリカのテロリスト体制に従属する臣民になりました――抵抗したにもかかわらず。従来の意味での奴隷ではなくなっても、ジムクロウ下では市民ではなく二等市民です。言い換えれば臣民、あるいはニグロ、あるいはニガーとして、この恐怖《テラー》と闘っていました。

　なぜジムクロウの話をするのか？　それはブラックの考え方や社会の諸制度、それにブラックの宿命を理解するにはジムクロウが奴隷制と同じくらい重要であると思うからです。奴隷制の次は公民権運動だと考えている人が多いのですが、そうではない。アメリカの社会秩序が世界中の白人移民にとって好機となっていた時期、つまり一八八一年以降――たとえばロシアで皇帝が死んでユダヤ人の大虐殺が始まると、[2] 白人移民が大挙してアメリカに来て、そこにあった機会を利用するようになりました――ジムクロウが出現したのはまさにそのころです。それが一八九〇年代に強化され、同時にアメリカ帝国体制がフィリピンやキューバ、グアムその他の領域に拡大していきます。こうして国外に六〇〇万の有色人を従属させ、国内ではブラックを恐怖で圧倒し、苦痛を与え、中傷する体制、つまりジムクロウが生まれました。これがアイダが置かれる文脈です。

　なぜアイダはそれほどたぐいまれな存在なのか？　ブラック史について教科書には次のような記述

があります。よくあるのがW・E・B・デュボイスとブッカー・T・ワシントンの対比です。ブッカー・T・ワシントンについては、消臭完了後のような感じのいい話が書いてあります。ワシントンは白人エリートとつながりがあり、たいへんな額の金を使うことができ、自分の都合のいいように政治を動かす装置を持ち、ブラックの新聞を乗っ取ったりブラックの市民団体を支配下に置いたりしましたが、リンチ問題については公の場ではただの一言も発しませんでした。リンチとはブラックに対するアメリカ版テロリズムだったのに。対してデュボイスは公民権問題についてもブラックの政治的権利についても発言しましたが、リンチというかたちで現れたアメリカ版テロリズムにアイダ・B・ウェルズのようには取り組みませんでした。ウェルズはわたしたちが認めたいとなかなか思わないことを実にいろいろなかたちで教えてくれます。たとえば、ブラックによる自由闘争は初めからテロリストに対抗する運動だったこと。アメリカにいるブラックには、ブラック版アルカイダのようなものを結成するか、アイダ・B・ウェルズによる運動のようなものを始めるかの選択肢がありました。ウェルズの運動はジムクロウやアメリカ版テロリズム、リンチの獣性、野蛮さ、残忍性を問題とするのですが、ウェルズのキリスト教信仰もあり、その運動は自分たちの良心や精神をより高いところに引き上げてくれる何かのために行なうのです。同じことを問題にするのでも、ブラック版アルカイダだったら「われわれを恐れさせるなら、われわれもおまえたちを恐れさせてやる。われわれの子供を殺すなら、おまえたちの子供も殺してやる」となりますが、そうではない。「目には目を、歯には歯を」で目が見えず歯もない状態になるのではないのです。ウェルズはこう考えていました。「人の道から外れてはいけない。それでもこの問題には正面から取り組もう」

これは実にいろいろな意味で今日のわたしたちに意味を持ちます。現代では人は四六時中テロリズムや恐怖《テラー》を問題にしていますが、この点でアイダ・B・ウェルズから学ぶべきことが多い。ウェルズは奴隷として生まれ、若くして両親をなくしました。二人ともミシシッピ州ホリー・スプリングスで黄熱病のため亡くなっています。ウェルズは妹のうち二人とともにメンフィスに行きますが、のちにメンフィスから追放されます。『フリー・スピーチ・アンド・ヘッドライト』という新聞の編集者となったころから預言者的精神を持つ発言者として頭角を現しはじめました。それから一八九二年三月九日、メンフィスで三人の男性、トム、カルヴィン、ウィルがリンチで殺される事件が起きると、[3]白人の有力者たちはウェルズの首に賞金を懸けました。ウェルズがその事件の真実を話そうとしたからです――マルコムXと同じ、恐れずに発言するパレーシアです。幸いT・トーマス・フォーチュンがウェルズをニューヨークに迎え、自分の新聞『ニューヨーク・エイジ』に誘います。[4]そうしてウェルズは古典となる二本の論文を書きました。一八九二年の「南部の惨事（Southern Horrors）」と一八九五年の「鮮血の記録（The Red Record）」です。

アメリカ版テロリズムという表現を使うことも重要です。現代に生きるわたしたちは、テロリズムといえばごく少人数のイスラム教徒のことを思い浮かべますが、実はアメリカの民主主義の実験はその出現も継続もテロリズム抜きには語れないからです。先住民に対する仕打ちや奴隷制に始まり、南北戦争後には新しいテロリズム――人道に対する罪――が現れ、アメリカの日常の中心に腰を据えました。アイダ・B・ウェルズはわたしたちがこの事実から目をそむけないようにしてくれます。

ブッシェンドルフ　ここで南部再建期（リコンストラクション）にふれておくといいかもしれません。南北戦争直後のこの時期には、ブラックの政治力の面で状況が改善していました。当時アイダ・B・ウェルズが明らかにしたのは――ダグラスなどブラックを含む大半の人の理解とは対照的に――ブラックに対するテロリズムが始まったのはまさにそんな状況下でブラックの人たちが成功し、社会的地位を上げ、尊敬され学識があるようになった、政治力もついたことへの反応だったということです。ウェルズはまた、当時言われていた、ブラックの男性がリンチされるのは単にかれらが白人女性を手に入れようとしたのが原因だ、というのが嘘であることを見抜きます。それが口実であること、実際にはリンチ事件は階級の順序の変化に対する反応として起きていることを見て取ったのです。いうまでもなく、とくに南部では白人はブラックが地位を上げるのを好ましく思っていませんでした。これこそがウェルズが勇気を持って恐れずに語った真実でしょう。この真実を理解することはブラックにとってさえも非常に重要なことでした(5)。

ウェスト　まさにそのとおりだと思います。一八七六年から七七年にかけて何が起きたかも重要です。一八七七年にいわゆる「妥協《コンプロマイズ》」があり、南部から連邦軍が撤退しました。これで南部の州の権限が拡大した結果、白人優越主義勢力が支配的になり、クー・クラックス・クランや白人同盟が文化面、経済面、政治面で勢力をふるい、ブラックの人びとがあのような恐ろしい目に遭うことになったのです。連邦軍が撤退すると、南北戦争で敵同士だった南部連合と北部連邦とが和解する余地が生まれました。これで南部と北部が自分たちを次第に一つの家族だと考えられるようになったのですが、和解の身代わりとなったのが連邦軍の撤退によって犠牲となったブラックの人びとでした。

　もちろん、ほかに問題が起きていたことも関係していました。不況に陥り、国際関係の問題もあり、いわゆる人種問題に対処する気運が単に失われていた。白人優越主義が残した問題に対処するのにみなうんざりしていたのです。そこでウィリアム・ロイド・ギャリソンのようなすぐれた人物——わたしはギャリソンをたいへん尊敬しています。奴隷制廃止のために時間と労力と人生を捧げた人です——でさえも、白人優越主義が南北戦争後に残した深刻な問題の解決を見届けるような活動には手を出しません。奴隷制がなくなったいま、みんなの頭にあったのは「やれやれ、やっと終わった。もう大丈夫」でした。

ここで一つ話をしましょう。先日、ウェストポイント陸軍士官学校で学生や教授を前に講演する機会がありました。ウェストポイントの図書館でいちばん大きな絵はロバート・E・リーの肖像です。リーは連邦軍にいたときにウェストポイントの校長でしたが、連邦軍では大佐止まりでした。将軍になったのは連合軍でのことです。図書館にある肖像の中のリーは連合軍の軍服姿で、右端でブラックの奴隷がお辞儀をしています。つまり、絵の中のリーはウェストポイントに対する反逆者や裏切り者からなる軍隊の将軍なのです。連合軍と連邦軍の和解が始まったのは、米西戦争で南部の兵士が北部の兵士に加わって戦ったときだったそうです。帝国の戦線が両軍の和解の場になったということ。そして米西戦争が終わるころにウェストポイントはなんと、ロバート・E・リーを称えるようになります。その後、一九七一年にニクソン大統領がウェストポイントに連合軍と連合軍の兵士の記念碑を置かせようとして、アレクザンダー・ヘイグをその役に任じます。これにはブラックから反対があり――ウェストポイントは一九六〇年代にブラックの入学を認めるようになったばかりでした――ブラックの士官候補生が記念碑設置案に強く反対し、大混乱が起き、ウェストポイントは設置をあきらめました。というわけで、白人優越主義の伝統への敬意はいまも昔もウェストポイントの重要な一部なのです。

帝国の戦線に話を戻すと、南部出身の白人と北部出身の白人は南部再建期後に一つになり、ハワイ、グアム、フィリピン、プエルトリコにいる有色人を従属させ、国内ではブラックを従属させます。こうして南部と北部は口論好きの家族のようになってしまう。この家族は連邦が存在するべきかについて本当には対立しておらず、言い争いが多いだけで実際には相違点よりも共通点のほうが多いうえ、国内のブラック、国外のブラウンたちを共通の敵と見なして団結しています。そしてここがわたしにとって非常に重要な点なのですが、この状況を前にアイダ・B・ウェルズは勇気を持ち、身の危険を顧みずにアメリカ版テロリズムによる国内での残虐行為を率直に語り、同じテロリズムが国外でも起きていることにも目を向けました。(6)

ブッカー・T・ワシントンとは異なり、アイダ・B・ウェルズはリンチを公然と非難しました。デュボイスはリンチ問題の深刻さに気づいていませんでしたが、アトランタでリンチ犠牲者のサム・ホーズの指関節が店先に飾られているのを見て衝撃を受けてからは、それまでの一歩離れた、無関心で科学的な構えをやめて政治活動家になります。でもこれは、アイダ・B・ウェルズの首に懸賞金がかけられてから七年も後のことですよ！

ブッシェンドルフ　そうです。でもデュボイスにはその直面体験が必要で、それから考えを変えました。アイダ・B・ウェルズは同じような経験をもっと早く、南部にいるときにしています。メンフィスでのリンチ事件で殺された三人のうちトム・モスはウェルズの親友の一人で、ウェルズはトムの娘の後見人でもありました。やはり直面の経験が要なのでしょう。いったん直面したデュボイスはそれによって人生が変わりましたが、それはウェルズも同じでした。

ウェスト　そうですね。でもデュボイスは一八八〇年代にフィスク大学の学生としてテネシー州ナッシュヴィルにいました。それから二年続けて夏に同州の小さな町で教えましたから、リンチなど恐ろしい事件が起きていたのは耳にしていたはずでしょう。

ブッシェンドルフ　デュボイスは自伝で、まさにその異なる種類の差別――デュボイスはリンチのことを恐怖《テラー》とは呼ばず、自分がよく知らない南部のブラックに対する差別の一種としていますが、それについて書いていています。わたしの記憶が正しければ、デュボイスはリンチに言及はするものの、自分が「ぎょっとして立ち上がるきっかけになった」のはサム・ホーズのリンチだったと書いています。(7)

ウェスト　そうですね。でもアイダ・B・ウェルズの反抗的精神には――わたしはそこがとても好きな

のですが——心を引く何かがあります。ウェルズは若いときから権威というものを非常に警戒してい

ました。(8) ウェルズにはマルコムを連想させるところがありますし、マルコムにもウェルズを連想させ

る面があって、それは痛みや苦しみを引き起こすどんな原因についても率直で正直であろうとし、ど

んな代償を払っても、どんな重荷が伴っても、どんな犠牲を払わなくてはいけなくても、ありのまま

に語ろうとするところです。

ブッシェンドルフ　ウェルズが初めてたいへんな勇気を出したのは、両親が亡くなった直後、周りの大人たちが子供たち、つまりアイダの五人の妹や弟を分散させると決めたときでした。それぞれ別々の家族に養われることになったのです。ウェルズはまだ十六歳の少女でしたが、こう言います。「だめ。だめです、そんなことをしたら。代わりに仕事をください。わたしが弟や妹の面倒を見ます」。それほど若い女性が一家の独立した主になるのは前例がなく、非常に怪しまれることになり、ウェルズは周りから実にひどい中傷を受けます。ドクター・グレイという白人の医師が、ウェルズの父親が死ぬ間際にかれに託した預金をウェルズに返すのですが、町の広場でそのやりとりが行なわれているのを見た近所の人たちはすぐにウェルズが売春したのではないかと疑います。若い女性でありながら自分の家族を養おうとする、そんな勇敢さがウェルズには早くからありました。これはヴィクトリア時代に手本とされていた女性のあり方にはまらなかったので、人はそれを不愉快に思い、その結果まったく筋違いの言いがかりをつけてウェルズを責めます。このときがウェルズの勇気が初めて現れる瞬間です。

ウェスト　まさに。その後も、列車でローザ・パークスのような抗議行動をするでしょう。それもまだかなり若いときでした。女性用の一等車の席から立とうとせず、力ずくで追い出されます。ウェルズは裁判を起こし勝訴しますが、控訴審で負けて費用の負担を命じられました。それでもウェルズは自

分の立場を明確にした。闘志を持ち、妥協せず、大胆で、恐れを知らないこの若い女性ウェルズの意欲についてはまったくおっしゃるとおりです。

ブッシェンドルフ　ウェルズは犠牲も払います。学校を終えることができず、のちに自分が通っていた学校の卒業式に出たとき、自分が卒業できなかったので涙します。それがウェルズの払った代償でした。学び、読むために不断の努力をして埋め合わせますが、思ったことを口にし、自分の家族を養うことへの代償を支払うことになったのでした。(9)

ウェスト　一家を養うために教師として働いていたとき、自分の給料は一カ月に三〇ドルなのに白人の教師たちがその倍以上ももらっていることを知ります。ひどく人種差別的なことが行なわれているのを早くも見て取るわけです。ウェルズが夏にフィスク大学の講座に出ていたことも忘れてはいけません。デュボイスと同様、ウェルズもフィスク大学にいた時期がありました。勉強したいというたいへん強い気持ちがあり、学ぶことが大好きだったのがわかります。それも単に一般的な意味で知識を得るためではなく、知るようになるその過程や探究に打ち込むその過程そのものを経験するため、知性の冒険をしているという感覚を得るため、読み、会話し、対話することを通じて実にさまざまな方法で文化的に洗練された人間であるためでした。

ブッシェンドルフ　若い女性教師だったウェルズは若い男性とも交流します。それには伴侶を探すという面ももちろんありました。ウェルズの年齢では自然なことです。でもウェルズが求めていたのは、会話をし、刺激を与えてくれる相手、知識人である誰かでもありました。そんな相手との会話をウェルズは大いに楽しみますが、礼儀作法の問題にぶつかります。作法に従わないといって注意されるのです。女性が男性と交際するときにはもう一人別の女性が付き添わなければならないといった決まりや作法にウェルズはよく反発します。(10)それからもう一点、学び、もっと上に行こうとしたウェルズについてふれておきたいことがあります。ウェルズは四年生より上の学年を教えるのを認められず、あるとき自分はそれでは満足できないと気づきます――ここで活動家としてのウェルズが前面に出てきます。ウェルズはより大きな影響力を持つためにジャーナリストになり、それが天職だと悟るのです。こう書いています。「わたしが本当の自分を見つけたのはジャーナリズムを通じてだった[11]」

ウェスト　ジャーナリズムといえば、アイダ・B・ウェルズはイギリスを回っていたときにシカゴの白人の有力紙『デイリー・インターオーシャン』で初のブラックの記者になります。イギリスでは反リンチ協会を設立しました――これはイギリスでリンチ問題が起きていたからではありません。イギリスにも根強い人種差別がありましたが、ジムクロウはなかった。それでも、進歩的な白人イギリス人はアメリカで起きているリンチ問題に深い懸念を持っていました。アイダは一八九〇年代に二度イギリスを訪れ、同協会の設立を手伝い、さまざまな記事を書いてシカゴの本社に送ります。その際、記者として観察によって得た真実を伝えるという使命を果たそうとします。ある意味で、セオドア・ウェルドとアンジェリーナ・グリムケによる『アメリカ奴隷制の実態（*American Slavery As It Is*）』の名文を思い出します[12]。一八三九年にベストセラーになった本で、やはり観察に基づいていました。イングランドのウィリアム・コベット[13]やハリエット・マーティノー[14]もそうですが、自分たちと同じ人間の苦しみや窮乏を観察し、読む人の印象に残るやり方で表現してみせる、アイダの場合はブラックが置かれた状況を白人の読者に伝えるのです。ジャーナリストとしてのアイダ・B・ウェルズはただ記事を書くのではなく、人びとの置かれた苦境を統計や実地のデータだけでなく物語を使って伝えました。こんな具合です。「これら一七件のリンチについてお話ししましょう。リンチの原因は白人女性の純潔を守るためだったなどとされていました。でもそれは違います。本当の原因は経済的競争が起きることに対する恐れでした。犠牲になったブラックの男性たちは強姦されたとされる白人の女性《シスターズ》たちとはいっさい関係がなく、恣意的にねらわれた疑いがあります」。ジャーナリズムがアイダの天職であり使命だったというのはそのとおりです。嘆かわしいことに今日のアメリカではジャーナリズムは死んだも同然で、大半のジャーナリストは権力者の手先となっていますが、当時は預言者的証言という行為があり、アイダ・B・ウェルズは預言者的ジャーナリズムの偉大な先駆者の一人でした。

ブッシェンドルフ　そう、ウェルズは現代なら調査報道家と呼ばれる存在でした。リンチが起きた場所に赴き、そこで何が起きているのかを調査したからです。調査を通じてリンチに使われた口実と真実を突き止めました。ただ、ウェルズは当時にしても急進的すぎることもありました。一八九二年五月、ウェルズはメンフィスで起きたリンチ事件に言及し、メンフィスの白人男性たちに対し調子に乗るなと警告します。

『フリー・スピーチ』紙の前号が出てから八人のニグロがリンチで殺された。三人は白人男性を殺したこと、五人は白人女性を強姦したことで咎められたのである。この近辺では、ニグロの男性が白人女性を襲うなどという陳腐な嘘を信じる者はいない。南部の白人男性は行き過ぎないよう用心するべきである。さもなければ白人女性の素行についての評判がひどく損なわれる結論が導かれてしまうだろう。(15)

ウェルズは徹底して急進的な自分の言動が引き起こした事態に対処しなければならなくなります。ウェルズにはよくあることですが、このときは深刻でした。ウェルズが白人女性が合意のうえでブラックの男性と関係を持っていると示唆したことにメンフィスの白人エリートが激怒し、有力な市民による「委員会」を結成して『フリー・スピーチ』紙の事務所をすっかり破壊したのです。[16] ウェルズは同僚の記者たちにとっても挑発的過ぎることが珍しくなく、ウェストさんの言うとおりジャーナリズムに現在より実のあった当時にしてもやり過ぎてしまうことがありました。

ウェスト　そう、アメリカのジャーナリズム史といえばアプトン・シンクレアや場合によってはジャック・ロンドンなど、社会にあるさまざまなかたちの不公平や窮乏について調べ、暴露していた人を思い浮かべることが多いでしょう。でもアイダ・B・ウェルズは同じことを一〇年、一五年先にしていたのです。シンクレアの『ジャングル』は一九〇六年に出ましたが、[17] アイダ・B・ウェルズは一八九二年にもう同じことを書いていました。ウェルズのラディカルさはウィンチェスター・ライフルについての発言によく表れています。すべてのブラックの家庭でウィンチェスターを大事に持っておくべきだと言ったのですが、[18] そんなことを言ったらたいへんなことになるに決まっています。「ディーコンズ・フォー・ディフェンス」や、ノースカロライナ州のロバート・ウィリアムズ、ブラックパンサー党、ヒューイ・ニュートンなど、自衛の必要性を訴える現代の人や団体と同じことを言っていたのです。武装しなさい、そして警察に殺されないように警察を監視しなさい、と。[19]

ブッシェンドルフ　そのきっかけとなったのはメンフィスでのリンチ事件でした。事件後にウェルズはリボルバーを買います。「もし襲われたら、無駄死にするつもりはないから。必ず誰かが――」

ウェスト　「――自分より先に死ぬのを見届ける[20]」。そんな発言はブッカー・T・ワシントンやW・E・B・デュボイスからはけっして聞けませんよ。もしかしたらウィリアム・モンロー・トロッターのような人ならあり得るかもしれませんが。[21] 考えてみれば、トロッターはそんなことを言いそうです。でもアイダ・B・ウェルズほど時代を先取りし、預言者的な炎が燃えさかっている人だと――ファーディナンド・バーネットと結婚するとアイダ・B・ウェルズ＝バーネットになりますが[*26]――孤独感も相当なものです。まったく一人ぼっちであるように感じ、孤立し、誤解され、勘違いされる。預言者的な人物には繰り返し見られる現象です。これまでに取り上げた人たちのなかでもアイダ・B・ウェルズはこの点でおそらくもっとも顕著な例でしょう。

ブッシェンドルフ　それはウェルズが女性だからというのもあります。ウェルズが持っていたような火のついた精神や闘志を女性が持っていることはなかなか期待されません。[22]先ほども言いましたが、ウェルズはヴィクトリア時代の女性像にははまろうとしませんでした。非常に厳格な教育を受け、まさにその女性像に忠実でいるように教えられ、初期のウェルズにはその教育による影響が見えますが、[23]ウェルズはその理想像を捨て、「そんなのは知ったことではない。わたしは他者のために何かをするために生きているのだから」と決めます。たとえば、鉄道会社に対する訴えが棄却されるとウェルズは大いに落胆しましたが、それは裁判を通じてブラックのために何かを成し遂げたいと考えていたからでした。[24]活動家としての責任感が最大の関心事となると、世間体や上品な振る舞いといったことに以前ほどとらわれなくなります。同時に、常に自衛しなければなりません。攻撃されることがあまりにも頻繁にあったので――

ウェスト　――独立し、自由に考える女性だったからですね。知ってのとおり、例の鉄道会社に対する訴訟ではウェルズの弁護人が鉄道会社に買収されます。賄賂を受け取ってあっさりと会社の言いなりになってしまいました。このニグロは魂を売って、その間もウェルズは正義のために戦っている。ウェルズは裁判を続けるためにもっと誠実な白人の弁護人を雇わなければならなくなりますが、ニグロたちを見捨てることはしません。ただ、ブルジョワ階級のニグロがどれほど卑怯になり得るかは思い知りました。世間体をめぐる政治と女性の直面した困難についてはエヴリン・ヒギンボサムとケヴィン・ゲインズによる古典的な著書がありますが、とくに世間体が非常に重んじられ、大事にされていたヴィクトリア時代、人は地位や名声を手に入れることに執着し、礼儀作法と機転を大事にしていました。(25) アイダ・B・ウェルズは、ブルジョワの世間体というものは良心の喪失と政治上の勇気の欠如の一つのかたちであるだけでなく、従順の一つのかたちでもあることを示してくれます。その従順によって当時のとくにひどい現実の一部が隠され、覆われてしまう。こういうことです。アイダ・B・ウェルズがアメリカのテロリズムの残虐性を明らかにすることに注力している間も、主流は世間体の政治に夢中で、当時の女性市民の大半は、自分たちが特定の扱われ方をされるに値することを男性の規範的視線《ノーマティヴ・ゲイズ》に対して証明しようとしている。立証責任は女性側が全面的に負います。「女性であるあなた方は、男性であるわれわれに受け入れられるに値することを示さなければならない」という具合です。そんな考え方をアイダ・B・ウェルズは粉ごなにした。そのために払った代償はたいへんなものでしたが、ウェルズは現代のわたしたちにとってある意味で同時代人でもあります。ウェルズがはかりしれないほどの犠牲を払ってまで打ち破ろうとした世間体についての観念が空虚であることを、わたしたちは疑いもしないからです。

ブッシェンドルフ　ウェルズの寂しさに話を戻すと、彼女は信じられないほど多くの団体で活動しましたが、それらはブルジョワの団体やキリスト教徒の団体であり、つまりどれも中流階級の団体でした。そうした団体の中で活動していたウェルズは中流階級に基盤を置いていたことになります。とくに後年、シカゴに住むようになってからのウェルズは中流階級の感覚、なかでも中流階級女性の感覚ではついて行けないところまで行ってしまい、かといって妥協する用意もなかったので、よく寂しさを感じていました。事実、気が短い自分を叱り、もっと控えめにしなければと自分に言い聞かせることもよくあった。しかしそれができず、妥協もしないので、団体の内部で孤立することになります。それが自分で設立した団体である場合もありました。

ウェスト　そしてそれを何度も繰り返します。それでアイダ・B・ウェルズ＝バーネットは付き合いにくい人だということになったのでしょうが、実際には彼女は真実を主張したまでです[26]。ウェルズは実にいろいろな人と衝突しました。アメリカ版テロリズムについていっさい発言しないブッカー・T・ワシントンを批判すると[27]、ワシントンは非常に激しい調子で反論してきます。「でたらめばかりだ」と[28]。W・E・B・デュボイスを批判すると、デュボイスは全米有色人地位向上協会（NAACP）創設者の名簿からウェルズの名前を削ります。ウェルズも開始にかかわったブラックの女性クラブ運動では、ほかのブラック女性からひどい扱いを受けます。シカゴには「アイダ・B・ウェルズ・クラブ」まであったのに、そこでも十分敬意を持って扱われませんでした。メアリー・チャーチ・テレル[29]と、ブッカー・T・ワシントンの妻マーガレット・ワシントンは二人ともウェルズが設立したクラブ運動の団体の総裁になりますが、ウェルズ自身は一度も総裁になりません。ウェルズはまた、NAACPのメアリー・オヴィントンなど有力な白人女性と渡り合うことも厭いませんでした。ウェルズとオヴィントンは衝突し、ウェルズはオヴィントンと衝突し、ウェルズはオヴィントンのパターナリズムや、自分に対して人種差別的、男女差別的な傲慢さを持って接してくることをはっきりと批判しました[30]。フランシス・ウィラードとの有名な一件も同じことでしょう。ウィラードがイングランドにいるときにウェルズはウィラードを非難します。「あなたはアメリカでの女性の権利問題を取り上げてここイングランドでも支持を集めようとしていますが、リンチについてはただの一言も発していませんね」。「そんなことはありませんん」。「証拠はどこですか?」[31]。ウィラードの嘘がばれ、アイダはそのことを批判するのに手加減しませんでした。ウェルズはそこまでして真実を話そうとしていたのであり、相手がブラックの男性でも白人男性でも白人女性でもブラックの女性でも変わらない。夫のファーディナンドと子供たちと、大好きで一〇年間も教えた日曜学校を除くと[32]、ウェルズに批判されなかったものは多くありません。もちろんジェーン・アダムズという友人はいましたが、[33] ウェルズはアダムズのことも批判しました。こう言いたくなるでしょう。「アイダ、そのやり方はどこまでもソクラテス風に徹底的で預言者的です。でもその結果生まれる寂しさにはどう耐えたらいいのでしょう?」。ウェルズのあのたいへんな勇気、[34] 一貫性、思いやりからは、わたしの大切な仲間《シスター》であり、同志であり、共著者であるベル・フックスを思い出します。

ブッシェンドルフ　それでもウェルズは疲れを見せずに活動します。どの時期を取っても実にいろいろなことを同時に進めていて、落胆したり意気消沈したりするのではなく、活発でした。

ウェスト　いいところに気がつきましたね。そのとおり、ウェルズはいつまでも頑張るのです。といっても、古典となっているウェルズのすばらしい自伝『正義を求める運動（*Crusade for Justice*）』には読む者の涙を誘う箇所もあります。自分が助けようとしている人びとから見捨てられることが多かったとか、[35] 自分が始め、生み出した運動からあまり感謝されることもなかったと感じているところです。ウェルズは一人でもいいと思っていましたが――「わたしは真実のためにたった一人で立ち上がるニグロでいても構わない」という考えでした――それでもある種の――単なる仲間関係ではなく、彼女がどれほど自分を犠牲にし、運動にどれほど貢献したかを正当に評価してくれる人を待ち望んでいたのもわたしは感じ取ります。

ブッシェンドルフ　そこにはまた別のことも関係してきます。つまり、ほとんどの場合ウェルズが重視するのはブラックたちのまとまり、正確にはまとまりのなさです。自伝でも、W・T・ステッドが一八九四年にシカゴのベセルAME教会で行なった挑発的な演説を長々と引用しています。「みなさんにはリンチされた経験が足りない！　リンチを十分受けていないからまとまることができないのです！　[…]　一〇人が一つになって戦えば、その一〇倍の人数が相手でも、それぞれが自力で、単独で戦うのよりも前進できることは十歳の子供にもわかることです」[36]。ウェルズ＝バーネット自身もよく同じことを言いますし、ステッドと同様、政治面での戦いで成果を上げるために必要な団結をブラックたちが見せることができないらしいことに腹を立てます。政治闘争でのまとまりや団結といったものがウェルズにとっては非常に重要なのに、そのことを仲間の闘士たちに理解させることができないので気落ちすることがよくありました[37]。

ウェスト　ニガー化された人びとに囲まれた非ニガー化されたブラックというのは、この世でもっとも寂しい道を行く人のうちに入ると思います。ウェルズにはブラックの人びとが多大な潜在力を持っているのもわかっていますが、かれらが恐れや不安感、劣等感、卑怯さ、従順さ、独善、無関心、惰性を抱えていることも見えています。奴隷制擁護派に何度も窮地に追い込まれたあのハリエット・タブマン[*27]が感じたとされているのと同じことを感じたのでしょうか。「多くの奴隷を助けたけれども、もしも奴隷が自分が奴隷であることをわかっていたらもう千人を助けることができただろう」。奴隷たちは精神的にも身体的にも心理的にも所有者とつながったままで、そんなかれらの頭と心と魂を解放するには、奴隷制からの脱出も同時に試みなければならなかった。まさにこれが、アメリカ版テロリズムとジムクロウの時代にアイダ・B・ウェルズが取り組んでいたことでしょう。ウェルズはとくに中流階級のニグロを相手にしていました。いま話に出たとおり、ウェルズの活動の場はほとんどの場合、中流階級の世界の内側にありました。ウェルズは貧しいブラックの人びとに対しても深い愛情を持っていたと思いますが、自身は貧しいブラックの組織の一員ではありませんでした。ただしバプティストだったウェルズはブラック全体の中では最大の教派に属しており、そこには数多くの貧しいブラックもいました。わたしが人生でもっとも親しくなった人――大切な友人《ブラザー》のジェームズ・メルヴィン・ワシントンがブラックのバプティストについて『失望する信者たち（*Frustrated Fellowship*）』

というすばらしい本を書いています[38]。アイダは、各地の教会でブラック・バプティストが階級ごとに分かれていることが多いのにとても苛立っていました。そのような階層化のせいでアイダ・B・ウェルズは自分がなりたかった者になりきるのが難しかったのです。ウェルズは貧しかろうが労働者であろうが地方にいようが都市にいようが、とにかくあらゆるブラックの組織に基盤を置く自由の闘士になりたかった。

ブッシェンドルフ　でもウェルズは貧しい人びとの団体や活動に基盤こそなかったものの、いつでもかれらのために活動し、貧しい人びとが住む地域にも行きます。するとここでもまたクラブに入っている女性たちに落胆させられます。ウェルズはクラブの女性たちにも貧しい人びとの住む地域で活動してほしかったのに、彼女たちは「あら、わたしたちはそんなところには行きませんよ」と言う[39]。ウェルズは自らがそこに行き、貧しい人びとが置かれた状況を改善するために動く用意がありました。でもここで本当に問うべきなのは、中流階級出身だったウェルズがのちにエラ・ベイカーがしたようなことをするのは実際問題として可能だったのかということです。歴史的にはどうなのでしょうか？　ただ、エラのような活動を中心にしなかったことでウェルズを批判するべきではないでしょう。中流階級を活動の基盤とするのをやめれば、戦いで勝利するのに必要な支援や資金を失う危険があったかもしれないからです。

ウェスト　ヘイゼル・コーヴィやアンジェラ・デイヴィス[40]といった学者が指摘していることで、その指摘はもっともなのですが、当時すでに職場での問題、つまり白人世帯で働くブラック女性に対する暴行や強姦の問題が注目を集めていました。家庭内で働くブラック女性に対する白人男性の立場が背景にあります。女性のクラブ運動も職場での問題を主に取り上げていました。デュボイスやワシントンはそうではなかった。アイダ・B・ウェルズはどうかといえば、職場での問題やリンチ問題にも取り組みますが、それだけでなく、市民にある種の預言者的な意識を持たせるための制度づくりにも力を注ぎます。

ブッシェンドルフ　女性の参政権も主張します。

ウェスト　そうですね。でも、貧しい人びとの闘いに基盤を置き、そちらに合わせて活動するブラックの女性のことを考えてみましょう。たとえば芸術の分野では、マ・レイニーやベッシー・スミスというすばらしいブルーズ歌手がいます――当初、ブルーズ歌手は主に女性で、のちに男性に取って代わられます。この二人もそうですが、才能のある女性《シスター》の大半は貧困地域の出身でした。アメリカ版テロリズムがブラックの人びとに容赦なく襲いかかっていた時代、アイダ・B・ウェルズが偉大な戦士だったことに疑いはありません。ウェルズに匹敵する人物はほかに思いつかないくらいです。それでも、貧困や人種、ジェンダーといった問題に取り組んだのは誰かと考えると、頭に浮かぶのはファニー・ルー・ヘイマー、エラ・ベイカー、ヴィクトリア・ガーヴィンでしょう(41)。彼女らに続いて同じ問題に取り組む自由の闘士としては、かの有名なアンジェラ・デイヴィスや、現在ではミシェル・アレクザンダーがいます。これはアイダの評価を下げようということではなく、彼女が中流階級という文脈にあることを認めようということです。問題は、アイダ・B・ウェルズのような大物をどのようにしてとらえ、どのように批評的に解釈すればわたしたちは学ぶことができるのか。またウェルズはもちろん、ウェルズの証言を通じてウェルズと同時代に生きた多くの人が教えてくれることを生かすことができるのか。政治的な帰属の点でウェルズはデュボイスやキング、ベイカー、マルコムXとは異なり、マルクス主義はおろか、社会主義も支持しませんでした。それでも生涯、労働者階級のブラックの窮状の改善を図る活動にかかわりつづけました(42)。

ブッシェンドルフ　ウェルズの自伝には、アフリカ系アメリカ人文化への言及がほとんどありません。

政治状況のことばかりが書かれています。

ウェスト　実際にはウェルズにとって文化が重要だったことがわかっています。ウェルズは毎週日曜日に教会に行っていましたから。

ブッシェンドルフ　そう、そしてそこにも問題がありました。ウェルズが繰り広げたたくさんの戦いの一つが、YMCAとYWCAにブラックの入会を認めさせることでした(43)。ウェルズはこの問題について非常に興味深い指摘をします――その鋭い、分析的な考え方には感心します――ウェルズはある会に出席したときにシカゴの犯罪率について発言するのですが、ウェルズが発言する前に、ブラックのあいだで犯罪率が高いという統計が示されていました。こうした現象は通常、本質主義や自然化で説明されます。つまり、そういう性質なのだから仕方がないのだと。しかしウェルズはそんなありがちな説明に反論し、白人住民の社会的向上を図る施設がブラックに対して閉鎖されていることを指摘します。

先ほど提示された統計は、一見、シカゴにいるさまざまな人種集団のなかでニグロがもっとも犯罪に走りがちであることを示しているようですが、そうではありません。この統計から読み取るべきなのはむしろ、わたしたちニグロがもっとも放置されている集団であるということです。シカゴにいるニグロ以外の人種集団はすべて、肌の色が白くさえあれば隣保館《セツルメント》やYMCA、YWCA、体育館、その他多くの向上運動の施設に喜んで迎えられます。［…］ニグロを喜んで迎える社会的施設はたった一つしかなく、それは酒場です。わたしたちは今夜列挙された結論を疑ってみるべきではないでしょうか(44)？

ウェスト　社会史的な説明をしています。

ブッシェンドルフ　まさにそうで、それがウェルズの知性面の強さです。ウェルズは体系的な分析をしているのであり、その強みはリンチの背景を明らかにしたときにも発揮されました。リンチが行なわれる原因についても社会学的な主張ができるからです。それにここでウェルズは革新的でもあります。
ウェスト　ウェルズには本当に驚かされます。
ブッシェンドルフ　たとえば「鮮血の記録」では社会学に明示的に言及しています。

アメリカ社会学を学ぶ者なら、一八九四年という年は、リンチという無秩序と無法が支配する装置について一般市民の良心が確実に呼び起こされた年であることに気づくだろう。この装置はそれまでの一〇年間で拡大し、あまりにもありふれたものになっていたので、この国の人びとは異常な残虐行為の光景を目にしても人間としての心が少しも動かないようになってしまっていたのである。(45)

このように、ウェルズは社会学がまだ新しい分野であったころにすでに社会学に言及しています。それだけでなく社会学的な考え方も理解していて、リンチ問題や、のちにシカゴの社会施設の問題を取り上げたときにもそれを応用します。時代に先駆けていました。
ウェスト　それもかなり先まで、見えなくなるほど先まで進んでいました。本当にそうです。しかも、同じ人がフレデリック・ダグラスとも活動し、一八九三年にシカゴで開かれた万博を批判する冊子をダグラスとともに作成しただけでなく、(46)デュボイスともガーヴィーとも活動したというのは非常に興(47)(48)味深いことです。なかでもシカゴのすぐれた説教者、ジュニアス・シーザー・オースティン・シニアと活動したのがとくにおもしろい。師はガーヴィーともA・フィリップ・ランドルフとも活動し、牧師を務めたピルグリム・バプティスト教会では「踊る説教者」と呼ばれていました。かれのような人はなかなかいません。師の教会では聖歌隊にマハリア・ジャクソンがおり、ブラック・ゴスペル音楽の父とされるトーマス・A・ドーシーがピアノを弾き、毎週日曜日に「踊る説教者」が説教をしていたのです。これこそ文化ではありませんか。宗教文化ですが、それも文化です。先ほど話に出ましたが、このような文化をウェルズが本当はどう考えていたのかはぜひとも知りたいところです。いうまでもなくシカゴはブルーズの大きな中心地でもありました。アメリカのブルーズの中心地としてはミシシッピ・デルタを除けばおそらく最大だったでしょう。ミシシッピ出身者の実に多くがまっすぐシカゴに移ったからです。ブルーズというブラック文化の中でもより世俗的なかたちをとったものについてウェルズはあまり書き残していませんが、[49] いろいろな面でブルーズにたいへんな影響を受けたことはわかっています。それにしてもなんという人生、なんという幅広さと深さのある人生でしょう。進んで証言し、真実をあらわにし、勇気を持って発言し、ブラックの男性や白人男性、ブラックの女性や白人女性から裏切られながらもめげずに愛を注ぎつづけたという点で、ウェルズにはブラックの預言者的精神の最高の部分が凝縮されています。途方もない人生です！

ブッシェンドルフ　これまでの対談で取り上げた人物全員について問うてきたことをここでも考えたいと思います。ウェルズは有機的知識人としてはどのような人だったのでしょうか？

ウェスト　アイダ・B・ウェルズ＝バーネットはアメリカ史上もっとも勇気のあるブラックの有機的知識人ではないでしょうか。ウェルズが相対したのはリンチつまりアメリカ版テロリズム、それも国民国家に容認された市民の自警活動によるものですが――権力者が国民国家の抑圧装置を使って襲いかかってきてもなおウェルズほど勇敢だった知識人は、彼女のあとはマーティン・キングかヒューイ・ニュートンまで出てきません。アメリカという人種差別帝国があのように手加減をせずに襲いかかってきても――市民が思いつきで人を殺したり家を爆破させたりできるのですよ――ウェルズは相変わらずしっかりと立っているのです、ウィンチェスター・ライフルと聖霊とともに。ウェルズよりも勇敢な有機的知識人はなかなか思いつきません。有機的知識人であり指導者だったガーヴィーも刑務所に送られ、不当に投獄されるなどしましたが、アイダのように暴力が冷徹に襲ってくる経験をしたことはないでしょう。マルコムも、国民国家の抑圧装置にアイダのように手加減なしで襲われたことはなかったでしょう。マルコムもたしかにねらわれていましたが、アイダのようにではありません。アイダ・B・ウェルズ゠バーネットが直面したような容赦ない国家権力に有機的知識人がねらわれることは、彼女のあとはキングやヒューイ・ニュートンまでありません。しかも、アイダはブラックの女性の有機的知識人であることを覚えておくべきです。

ブッシェンドルフ　すでに話したとおり、ウェルズの活動はたいへん広範にわたり、さまざまな団体や事業にかかわっていました。たとえばシカゴで初のブラックの幼稚園を設立したほか、読書室のついた社会施設も創設しました。これもシカゴ時代のことで、このころは反リンチ運動や女性参政権など全国規模の問題にもまだ取り組んでいましたが、同時に地域の政治や、自分が住む町の住民を助けるための事業にも大いに力を注ぎます。ここにオキュパイ運動の発展との類似点はあるのでしょうか。オキュパイ運動は街頭での運動だったのが変化していまに至ります。運動自体は続いていますが、占拠とは別のかたちをとっています。よくあるのが地域に根差した活動、たとえば住民が自宅から立ち退きさせられないように支援するといった活動です。

ウェスト　たしかにウェルズのラディカルな活動は実に多文脈的です。ウェルズはラディカルな改革論者としてさまざまな団体にかかわりますが、どの団体も正義を求めて活動している点が共通しています。それでも、これほど多くの異なる分野、領域、方面にかかわる人はまれです。しかもウェルズには家族があり、子供も夫もいました。夫のファーディナンドはたいへん立派な市民であり、自身も自由の闘士でした。オキュパイ運動は、ウェルズ自身が預言者的な炎をたやさないようにしながら参加を続けた、一つところに集中せずにそれぞれ異なる形態をとる運動のあり方から学ぶことができると思います。その点はブッシェンドルフさんの指摘のとおりでしょう。以前、オキュパイの時代はエラ・ベイカーの時代だと言いましたが、オキュパイの時代は深いところでの組織化という点ではエラ・ベイカーの時代であり、活動が多文脈的である点ではアイダ・B・ウェルズ゠バーネットの時代であるといえるかもしれません。もちろん今日の運動は環境保護、大企業への反対、グローバリゼーション批判、世界中を支配する寡頭資本家や金権政治家の批判などが中心ですが、アイダ・B・ウェルズ゠バーネットの中に生きているのは多文脈的活動の一般原則ですから。

アイダを同時代のすぐれた指導者と並べて評価するとしたら、当時はブッカー・T・ワシントン、W・E・B・デュボイス、T・トーマス・フォーチュン、メアリー・チャーチ・テレル、メアリー・マクロード・ベシューン[50]らそれぞれ非凡な人物がいましたが、そのなかでもアイダはもっとも闘志にあふれ、率直で、多くの意味でもっとも勇敢でした。といってもジョージ・ワシントン・ウッドビーを忘れてはいけませんね。ウッドビーはブラックの社会主義の説教者で、一九〇八年に副大統領候補としてユージーン・デブスとともに大統領選挙に出ました。[51]ウッドビーも闘志にあふれ、妥協せず、当時すでに資本主義や帝国主義などを批判する動きにも連なっていました。サンディエゴのマウント・ザイオン・バプティスト教会で何十年も牧師を務め、当時のすぐれた指導者の一人に数えるに値する非凡な人物です。しかし結局は、わたしが思うに、誰を参考にするべきかとなればシスター・アイダのほかにいないといわざるを得ないでしょう。心の気高さ、不屈の精神、政治的な決断力の点で、わたしたちは彼女から学ばなければなりません。

# 終章 オバマ時代の預言者的精神

いまを生きるわたしたちにとって最大の皮肉は、ブラックの人びとが受け継いできたすばらしい預言者的精神がオバマの時代に弱り、衰えていることだ。ブラックであるオバマがアメリカ帝国の顔となったことで、勇気あるラディカルなブラックがアメリカ帝国を批判するのが以前より難しくなった。ブラックの人びとが実際に経験し肌で感じるレベルでは、少し前の時代よりもいまのほうが苦しい。乳幼児死亡率、大量収監、大量失業、世帯の富の大幅な減少といった経験的な指標からこの悲しい現実が見て取れる。ブラックの大統領がいるというのに、どうしてこうなるのか？ 問題はオバマ大統領という一人の人物をはるかに超えたところにある。オバマにも責任はあるとはいえ、かれは一つの症状であって、主たる原因ではない。オバマには、人種が障壁ではなくなるポストレイシャル状態やブラックの途方もない前進を体現している面がないわけではない。しかしオバマが大統領の座にあることで、貧しいブラックがアメリカ社会でますます窮乏している現実が隠されてしまった。

ブラックの預言者的精神が衰退した主な原因は三重構造になっている。第一に、ブラックの人びとを導くのは、以前は本書で取り上げたような社会運動に携わる者たちだったが、それがいまでは選挙で選ばれて主流の政治制度に入った者に取って代わられている。この移行によって、国の政治制度に批判的な声が上がることがめったになくなった。政治制度を保持しようとしている者にその制度を批判することを期待できるはずがない。この移行は、二十世紀半ばの資本主義に起きたより大きな構造的変容の一環である。ネオリベラルのエリートが、台頭しつつあった一握りの支配者の権力を固めようとして社会運動や預言者的な声を軽んじた結果、中間にいた労働者階級が打ちのめされ、その労働が必要とされなくなって追い詰められた貧困層が底辺に取り残されたのである。

第二に、このネオリベラル的転換から、野心を隠さず一夜にして成功しようとする文化が生まれた。潜在的な指導者や知識人の大半がこれに心を奪われ、ネオリベラル体制に組み入れられている。くだらない見せ物や露出過度の有名人であふれるこの文化は、社会の底辺からでも上昇できることを強調し、現在の不公平な体制になんの問題もないように見せかける。実際には、アメリカはほかのどの近代国家よりも上昇の可能性に乏しいのに！(1)

第三に、米国のネオリベラルな体制には悪質な抑圧装置が内在する。優秀で献身的な指導者や活動家、預言者的知識人がこの装置にねらわれるといとも簡単に評判が落ち、信望を失い、人格を破壊され、あるいは文字どおり暗殺されることさえある。人格の破壊は社会全体にじわじわと影響を及ぼしつづけるので、文字どおりの暗殺よりも好まれる。指導者が殺されて殉教者のように扱われると、夢遊病状態の一般市民が目を覚まし、現状に対する脅威がかえって大きくなるからだ。

マスメディア、なかでも米国のネオリベラル体制に義理がある大企業メディアのもっとも重要な役割は、公的な言説の範囲を狭め、消臭しておくことである。狭めるとは、保守的な共和党支持者とネオリベラルな民主党支持者の見解だけを伝えるということだ。かれらは預言者的な声やラディカルな未来像などに関心はない。政治の領域や分野を定める決定的な力がこのように働き、預言者的な声を聞こえなくしようとしている。また消臭とは、預言者的な声が明るみに出す諸問題、たとえば大量収監や富の不平等、帝国のドローン攻撃による無実の人の殺害という戦争犯罪などに蓋をすることである。

オバマの時代は三本の柱に支えられて成立した。一本目は二〇〇八年の金融危機の際にウォール街が犯した犯罪。二本目は米国愛国者法と国防授権法の名のもとで行なわれる帝国的犯罪。これらの法律のもと、大統領は警察国家やネオファシズム国家を思わせる包括的で恣意的な権力を持つのである。三本目は社会的犯罪で、これは刑事司法制度自体が犯罪的であること（拷問や盗聴を行なう者や、法に触れたウォール街の人間は罪を問われないのに、薬物法違反などで捕まった貧しい犯罪者は投獄される状況）にはっきりと表れている。政治的な議論の中でこのように明瞭で率直な批判がされることが少ないのは、わたしたちが人道に対する罪が目の前で起きていても何事もないかのように振る舞うのに慣れているからにほかならない。ブラックの預言者的伝統は常に、貧しい人びとの泥臭い人間性と貴い個人としての存在のためにこの偏狭と無臭の状態を打ち破る役割を担ってきた。このごろはめったにそんなことは起きないが！オバマ大統領に重大な欠点があることは、かれがウォール街のための政府を率い、ニュー・ジムクロウ（産獄複合体）に無関心で、ブッシュ時代以来急増したドローンによる帝国的犯罪行為を拡大させていることに表れている。言い換えれば、オバマは主としてウォール街の大統領であり、ドローンの大統領であり、監視社会の大統領であり、ニュー・ジムクロウや大量失業など貧しいブラックを追い詰める社会的困窮のことは具体的な課題としないのである。オバマが貧しいブラックの男性のために行なった取り組みは慈善事業や社会奉仕活動が中心で、司法や公共政策の改革ではなかった。

オバマ時代のブラック・アメリカは絶望と混乱と屈服の状態にある。絶望は、あらゆる面で苦しみが増していることが原因だ。混乱は、象徴と実質とが混ざってしまっていることから生じている。屈服は、初のブラックの大統領をあらゆる批判から何がなんでも守らなければならないという思い込みから来ている。ブラックの絶望は、オバマ時代に貧しい労働者一般が抱いている絶望の一部である。オバマ政権が住宅所有者ではなくウォール街を救ったことで、何百万人もの労働者が痛手を被った。オバマ政権が生活賃金を満たす職の提供を優先させようとしないので大量失業も悪化し、貧しい人びとの置かれた苦境を露骨に無視する公共政策のせいで力を持たず弱い立場の人びとの社会に対する失望が深まった。オバマが初のブラック大統領という前例のない歴史的シンボルとなったことにほとんどのブラックの人びとが惑わされ、現政権の政策が本質的にはネオリベラルであることを軽視し、オバマ（とその一家）の輝かしさとカリスマを持ち上げることになった。いうまでもなく、聡明でカリスマのある妻のミシェル――夫と異なり、奴隷制とジムクロウに虐げられてきた人びとの子孫である――の存在が、象徴としてのオバマが占める地位に正統性を与え、いっそう強固なものにしている。しかもその地位にいるだけで実質的な成果を出さなくてもまったく問題はない状態である。ブラックの指導者たちが、ブラックの預言者的精神の名を借りてオバマのネオリベラルな政策をいっさい批判しないのは卑怯なことで、実に嘆かわしい。全米有色人向上協会（NAACP）や全米都市同盟（NUL）、大企業メディアに登場するブラックの評論家たちがさっさとオバマの擁護者となったのは、ブラックの預言者的伝統を根底から裏切る行為である。かつての預言者的人物たちの主張にネオリベラルで帝国的な現米国政府に通じるものがあるなどと考えようとすること自体、これまでそして現在のブラックの預言者的営みに対する冒瀆である。このかけがえのない伝統を生み、維持してきた人たちが流してきた血と汗と涙を思うと、そんな冒瀆に激しい怒りを覚える。ブラックの預言者的伝統の義憤は、わたしたちを支配する抑圧的な体制だけでなく、人びとの苦しみが覆い隠されている間にもあたかも預言者的人物であるかのように振舞って人を騙そうとする者にも向けられる。目先の利益を得ようとオバマ人気に乗じて魂を売るのは、かけがえのないブラックの預言者的伝統に傷をつけることである。暴君が白人であるときには声を上げるのに、暴君がブラックであるときにはいっさい批判しないのは偽善的ではないだろうか？ブーツで首を踏まれているとき、そのブーツの中の足が何色かは関係ないではないか？　ブラックの預言者的精神の核心にあるのは誠実さ、政治的一貫性、そして体制の分析である。

ネオリベラル体制が登場して以来、ブラックによる自由闘争は連邦議会黒人幹部会という圧力団体に託された。闘争自体が同会にかたちを変えたともいえる。アメリカ政治には同じような圧力団体がほかにもあるが、同会は米国の立法府にいるブラックの議員たちで構成され、そのモットーときたらこうである。「われわれには永遠の味方も永遠の敵もない。あるのは永遠の利益だけ」。なんと道義的に空疎で倫理的に欠陥のある標語だろうか。道義上の原則も倫理面の基準もない、万人のための正義という壮大なヴィジョンもない、ただ永久の利益があるだけだというのなら、ウォール街の一握りの権力者のための「ビジネス・ラウンドテーブル」、イスラエルの安全保障のための「アメリカ・イスラエル公共問題委員会（ＡＩＰＡＣ）」、銃所持のための「全米ライフル協会（ＮＲＡ）」と変わらない。むろんブラックの預言者的営みにも追求する利益はあるが、重点を置いているのはそんな狭量な計算のはるか向こう、万人が公正と正義を享受するという道義的に高い境地をめざすことである。ブラックの預言者的精神の源はたしかに黒人街にある。しかしそこから発せられる言葉は、ブルーズやジャズと同様、正義と自由のことを気に留める人間すべてに響くのである。

連邦議会黒人幹部会が追い求める「永遠の利益」をブラックの中流階級があっという間に自分たちの利益として採用したのは、かれらがネオリベラルな体制に適応していったことを考えれば偶然ではない。ブラックの専門職や政治家として活躍することが、不公平な扱いをされることに慣れ、ブラックを含む貧しい人びと一般について平気で無関心でいられることと同列である場合があまりにも多い。ブラックの預言者的営みは貧しい労働者階級のために動くことを根源としているため、ネオリベラル体制、資本主義制度、米国政府の帝国的政策とは相反する。ブラックの預言者的営みがブラックの人びとの利益や状況のためだけのものだったことはない。ブラックの預言者的精神はブラックの利益を守り、ブラックの置かれた状況に対応するための原則や理想像に根差してはいるが、その伝えようとしていることはアメリカ全体や広く世界に向けられたものだ。ブラックの預言者的精神はアメリカの民主主義というパンのパン種なのである。ブラックの預言者的精神が脈々と息づいていれば、肌の色を問わず貧しい労働者階級が恩恵を受ける。ブラックの預言者的精神が衰えれば、貧しい労働者階級は見過ごされる。国際的には、ブラックの預言者的精神が活気にあふれていれば、帝国主義に対する抵抗は強力なものとなり、地に呪われたる者たちの窮状も改善される。一人の象徴的な人物が大統領の座に就いたからといってわたしたちが貧しい労働者たちの苦しみに背を向けて魂を売ってしまうようでは、一つの民にとってどんな益になるというのか？ ブラックの預言者的精神は、ここアメリカのもろい民主主義の実験に宿る魂を救おうとしてきた。その魂に救いようはあるのだろうか？

コーネル・ウェスト

# 原注

## はじめに――いまこそ預言者的精神を語り継ごう

（1）Cornel West, “Pragmatism and the Tragic,” in West, *Prophetic Thought in Postmodern Times*, vol. 1, *Beyond Eurocentrism and Multiculturalism* (Monroe, ME: Common Courage Press, 1993), 45; cf. Cornel West, “Pragmatism and the Sense of the Tragic,” in West, *Keeping Faith: Philosophy and Race in America* (New York: Routledge, 1993), 114.

（2）West, “Pragmatism and the Tragic,” 32.

（3）Cornel West, *Race Matters* (New York: Vintage, 1994), 147.〔コーネル・ウェスト『人種の問題――アメリカ民主主義の危機と再生』山下慶親訳、新教出版社、二〇〇八年、一五五頁〕

（4）James Baldwin, “Down at the Cross,” in *The Fire Next Time* (New York: Vintage, 1992), 26.〔J・ボールドウィン『次は火だ――ボールドウィン評論集』黒川欣映訳、弘文堂、一九六八年、二〇頁〕。次も参照。Pierre Bourdieu, *Pascalian Meditations* (Stanford, CA: Stanford University Press, 2000), 170.〔ブルデュー『パスカル的省察』加藤晴久訳、藤原書店、二〇〇九年、二九〇～九一頁〕

## 第1章　火のついた魂は美しい――フレデリック・ダグラス

（1）「ニグロにとって七月四日の意味するところ」“The Meaning of July Fourth for the Negro” は一八五二年七月五日にニューヨーク州ロチェスターで行なわれた演説。Frederick Douglass, “The Meaning of July Fourth for the

Negro," in *Frederick Douglass: Selected Speeches and Writings*, ed. Philip S. Foner (Chicago: Lawrence Hill Books, 1999), 188-206. ダグラスが行なったなかでとりわけ格調高いこの演説は、本人による要約版が「奴隷にとって七月四日とは何か?」("What to the Slave Is the Fourth of July?") の題名でよく知られており、ダグラスの自伝にほかの演説の抜粋とともに付録として収録されている。*My Bondage and My Freedom*, in Frederick Douglass, *Autobiographies*, ed. Henry Louis Gates Jr. (1855; New York: Library of America, 1994), 431-35. ＊28

(2) アンジェラ・デイヴィスはカリフォルニア大学ロサンゼルス校の哲学の准教授として最初に行なった講義でフレデリック・ダグラスを論じた。「フレデリック・ダグラスに関する最初の講義で、アンジェラはこう語った――奴隷状態にある人びとにとっては、『自由の第一条件は、公然たる抵抗――つまり肉体的抵抗であり、暴力的抵抗である』と」。Howard Moore Jr., "Angela—Symbol in Resistance," in *If They Come in the Morning: Voices of Resistance*, ed. Angela Y. Davis et al. (New York: Third Press, 1971), 191-92〔アンジェラ・デービス『もし奴らが朝にきたら――黒人政治犯・闘いの声』袖井林二郎監訳、現代評論社、一九七二年、二七四頁〕。第3章注(31)も参照。

(3) ダグラスは晩年に行なった二つの演説で「アメリカ南部諸州でリンチによる制裁が科されることがよくあり、その頻度が増している」ことを批判している。このうち「南部におけるリンチ制裁」は有名雑誌に掲載された。"Lynch Law in the South," *North American Review* (July 1892); reprinted in *Selected Speeches*, 746. 編集者によれば「ダグラスは初期の情熱をすっかり取り戻し、リンチ擁護派に真っ向から打ちかかった」(*Selected Speeches*, 746)。この演説が大きな反発を招いたことに憤ったダグラスは、大きなものとしては最後となった次の演説で批判を強めた。"Why Is the Negro Lynched?," in *The Lesson of the Hour* (1894); reprinted in *Selected Speeches*, 750-76.

(4) "Oration in Memory of Abraham Lincoln, delivered at the unveiling of the Freedmen's Monument in Memory of Abraham Lincoln, in Lincoln Park, Washington, D.C., April 14, 1876," in *Selected Speeches*, 616-24. 彫刻家トーマス・ボール制作の像をダグラスは「ニグロをひざまずかせているが、もっと凛々しいポーズだったら自由を表すものとなったのに」と批判した (615)。しかしジムクロウにふれなかったダグラスは一八五二年の演説 (本章注

（1）参照）で自ら示した基準を満たさなかった。その演説でダグラスは「過去の話をするのは、それを現在と未来に役立てることができるときだけにするべきだ」と述べていた（193）。

（5）結果をめぐって大混乱が起きた大統領選挙を経て、一八七七年三月初めにラザフォード・B・ヘイズが第十九代大統領に就任した。共和党が南部諸州の再建（リコンストラクション）の終結と引き換えに大統領ポストを獲得した「一八七七年の妥協」である。ヘイズは就任直後にダグラスをコロンビア特別区の連邦執行官に指名。相当な反対があったが、ダグラスの人事は一八七七年三月十七日に上院で正式に承認された。ダグラスによると、反対理由には「官邸で黒人がキッド革の白手袋をはめて」「共和国の上流階級市民を大統領に紹介する」儀式をすることになるというものがあった。*Life and Times of Frederick Douglass Written By Himself*, in *Autobiographies*, 856. 選挙時には共和党が再建への関与を弱めているとして批判したダグラスだが、新大統領が南部からの連邦軍の撤退を決めたときには何も言わなかった。

（6）「それはもう、ホワイトハウスに入るくらいならクラックハウスにいるよ」。Jeff Sharlet, "The Supreme Love and Revolutionary Funk of Dr. Cornel West, Philosopher of the Blues," *Rolling Stone*, May 28, 2009.

（7）Michael Lind, *The Next American Nation: The New Nationalism and the Fourth American Revolution* (New York: Free Press, 1995).

（8）ハーマン・メルヴィルは『白鯨』第一〇八章で、個の自律という幻想と現実社会での相互依存とを対比させている。人間の傲慢さの権化であるエイハブ船長が、自分のために義足を作っている大工に自分が依存していることに不平を言う。「ギリシアの神のごとく誇らかなおれが、骨に乗って立つためには、この阿呆の恩を着ねばならぬとは！　人の世の貸借が、いつになっても残高が消えぬとは、呪わしい限りだ」。*Moby-Dick or The Whale* (Evanston: Northwestern University Press/Newberry Library, 1988), 471-72.〔メルヴィル『白鯨』下巻、阿部知二訳、岩波文庫、一九五七年、一一八頁〕

（9）二人とも著名な奴隷制廃止論者で、ダグラスの叙述をいわば裏書きしている。次に収録されたウィリアム・ロイド・ギャリソンによる「はしがき」、およびウェンデル・フィリップスのダグラス宛書簡を参照。*Narrative of the Life of Frederick Douglass, an American Slave. Written by Himself* (1845), in Douglass, *Autobiographies*,

3-10, 11-13.〔フレデリック・ダグラス自伝『数奇なる奴隷の半生』岡田誠一訳、法政大学出版局、一九九三年、一～一二頁、一三～一七頁〕

(10) Cornel West with David Ritz, *Brother West: Living and Loving Out Loud* (Carlsbad, CA: Smiley Books, 2009).

(11) Douglass, *Narrative*, in *Autobiographies*, 33.〔『数奇なる奴隷の半生』四九頁〕

(12) Douglass, *My Bondage and My Freedom* (1855), in *Autobiographies*, 169.

(13) Douglass, *Life and Times* (1881; rev. 1893), in *Autobiographies*, 492.〔フレデリック・ダグラス『わが生涯と時代』稲澤秀夫訳、真砂書房、一九七〇年、三五頁〕

(14) 詳しい議論は次を参照。Christa Buschendorf, “‘Properly Speaking There Are in the World No Such Men as Self-Made Men’: Frederick Douglass’s Exceptional Position in the Field of Slavery,” in *Intellectual Authority and Literary Culture in the US, 1790-1900*, ed. Günter Leypoldt (Heidelberg: Winter Verlag, 2013), 159–84.

(15) Douglass, *Narrative*, in *Autobiographies*, 97.〔『数奇なる奴隷の半生』一五五頁〕

(16) Ludwig Andreas Feuerbach, *The Essence of Christianity* (1841), trans. from the second German edition by Marian Evans (London: Chapman, 1854; New York: Blanchard, 1855).〔フォイエルバッハ『キリスト教の本質』〕。フォイエルバッハはヘーゲル観念論を根本的に批判することで宗教を人類学的に解釈し、神とは人間が抱く自己超越欲求の投影にすぎないと主張した。

(17) 一八六〇年にダグラスは、ドイツ人の友人オティリー・アシングと一緒にフォイエルバッハの『キリスト教の本質』を読んでいる。アシングはダグラスをキリスト教から不可知論に移行させたかったようで、一八七一年のフォイエルバッハ宛書簡に「ダグラスはあなたの熱心な崇拝者になりました」と記している。次を参照。Maria Diedrich, *Love Across the Color Lines: Ottilie Assing and Frederick Douglass* (New York: Hill and Wang, 1999), 227-29. フォイエルバッハに暗にふれたアシングのダグラス宛書簡（一八七九年一月六日付）も参考になる。アシングはダグラスに二作目の自伝の続きを書くよう勧めている。「きわめて興味深い内容［…］を存分に示すことができるでしょう。なかでも、どのようにして不可知論に転換したか。自分の勇気と力を通じ、フォイエルバッハの助けも借りて、二度目の屈従の鎖をいかに断ち切ったかを」。*Radical Passion: Ottilie Assing's*

*Reports from America and Letters to Frederick Douglass*, ed., trans., and introduced by Christoph Lohmann (New York: Peter Lang, 1999), 351. しかしダグラスは三作目の自伝ではフォイエルバッハに言及しなかった。

(18) ダグラスは「目覚ましい天才」バーンズの出生地であるスコットランドの港町エアを訪問し、詩人バーンズの置かれていた社会的立場を描写した（一八四六年）。自身が最近まで経験していたことを連想させる記述である。「バーンズは偏屈で愚かな信者――敬虔ぶるが堕落した者たち――に囲まれて暮らしていた。誇り高く、野心的で、人を見下す特権階級にあったかれらは、人より少しだけ重んじられていたが、農民である高貴なバーンズのことを獣と大差ないと見なしていた」。Philip S. Foner, *The Life and Writings of Frederick Douglass*, vol. 1., *Early Years, 1817–1849* (New York: International Publishers, 1950), 153. 十八世紀の詩人バーンズは偽の権威の主張を容赦なく批判し、貧しい労働者の声を情熱的に代弁するとともに、平凡な人間の威厳を勇敢に擁護した。このため「多くのアメリカのニグロ同様、ダグラスもこのハイランドの詩人が格別に好きだった」のも驚くべきことではない。Arna Bontemps, *Free At Last: The Life of Frederick Douglass* (New York: Dodd, Mead, 1971), 127. スコットランドを訪れたおよそ五〇年後、ダグラスはバーンズの詩「人の運命は嘆くこと」に、一人の人間として思考することが許されなかった自身の奴隷時代を重ね合わせた。「服従が奴隷の義務だった。無邪気だった私はあるとき、当時の主人に、命じられた仕事を効率よく片付けるにはこうするのがいちばんいいと思うと告げた。主人は即座にこう言った。『お前に考える権利などやった覚えはない』。いまならロバート・バーンズの言葉を借りてこう答えられただろう。『自然の法則によって計画され、／殿の奴隷になるのが私の運命ならば、／私の心の中に独立心が／植えつけられたのはなぜか』と。しかし当時はまだロバート・バーンズを読んでいなかった。バーンズは素朴な人間の尊さを高いものとしてとらえていた」。"The Blessing of Liberty and Education" (1894), in *The Frederick Douglass Papers*, series 1, *Speeches, Debates, and Interviews*, vol. 5, *1881-95*, ed. John W. Blassingame and John R. McKivigan (New Haven, CT: Yale University Press, 1992), 565. ＊29

(19)「世々相継いで来た奴隷よ。／自由を欲するものは、自ら起って戦わねばならぬことを知らないのか」（バイロン全集第三巻「チャイルド・ハロルド世界歴程　第二巻」岡本成蹊訳、那須書房、一九三六年、六三頁。新かな遣いにあらためた）。ダグラスはバイロンの『チャイルド・ハロルドの遍歴』（*Childe Harold's Pilgrimage*）』

第Ⅱ編七六連の有名なカプレットを『屈従と自由（*My Bondage and My Freedom*）』の第一七章の終わりで引用し、長く激しい格闘の末、悪名高い奴隷調練師コーヴィに勝ったときのことを詳しく述べている。ダグラスはこの勝利が奴隷だった自分の人生の転換点になったと考えていた（*Autobiographies*, 287）。ダグラスの蔵書には『ロバート・バーンズ全集』（一八三七年版）と『バイロン全集』（一八四〇年版）があった。William L. Petrie and Douglas E. Stover, eds., *Bibliography of the Frederick Douglass Library at Cedar Hill* (Fort Washington, MD: Silesia Companies, 1995).

（20）ジョン・T・グレイソンは現在もマウント・ホリヨーク大学で教え、ダグラスとかかわりのあった女性たちについて研究している。

（21）*Autobiographies*, 431, 432.

（22）次を参照。Christa Buschendorf, "The Shaping of We-Group Identities in the African American Community," in *The Imaginary and Its Worlds: American Studies after the Transnational Turn*, ed. Laura Bieger et al. (Hanover, NH: Dartmouth College Press/University Press of New England, 2013), 84-106.

（23）ここを含め、対話の中でウェストは反植民地主義の古典となった『地に呪われたる者』に何度も言及している。著者フランツ・ファノンは精神科医の資格を持ち、マルクス主義を奉じる革命的ヒューマニストで活動家だった。Frantz Fanon: *The Wretched of the Earth* (1961), trans. Constance Farrington, preface by Jean-Paul Sartre (New York: Grove Press, 1963); new edition, trans. Richard Philcox, foreword by Homi K. Bhaba (New York: Grove Press, 2004).〔フランツ・ファノン『地に呪われたる者（新装版）』鈴木道彦・浦野衣子訳、みすず書房、二〇一五年〕ファノンのブラック・パワー運動への影響については、高く評価された次の伝記を参照。David Macey, *Frantz Fanon* (2000; London: Verso, 2012), 23.

（24）「わたしの兄弟であるこのもっとも小さい者のひとりにしたのは、すなわちわたしにしたのである」。「マタイによる福音書」第二五章四〇節。

（25）楽天主義に対する批評に関連して、ここでウェストは十八世紀を代表するフランスとドイツの啓蒙思想家を挙げている。ヴォルテールの作品の中でもっとも有名な『カンディード』（一七五九年）は、主人公の師パングロスが体現する哲学的楽天主義を風刺する。ドゥニ・ディドロは『ラモーの甥』（一七六〇〜一七七四年）で、痛烈な風刺を効かせた哲学的対話の形式を通じて当時のフランス社会を批判する。ドイツ観念論を代表する哲学者イマヌエル・カントは、人間が理性と自己決定を行使するのを自明とした（『啓蒙とは何か』一七八四年）が、宗教に関する哲学では、人間が根本悪に傾きがちであると理解した（『単なる理性の限界内における宗教』一七九三年）。劇作家で批評家のゴットホルト・エフライム・レッシングは、自身が理想とする同胞愛と宗教的寛容を『賢者ナータン』（一七七九年）で表現した。また、当時起きていた神学論争に際しては、批判的精神を持ってさまざまな考察を行なうことで知られていた。

（26）John Stauffer, "Frederick Douglass's Self-Fashioning and the Making of a Representative American Man," in *The Cambridge Companion to the African American Slave Narrative*, ed. Audrey Fisch (Cambridge, UK: Cambridge University Press, 2007), 210.

（27）「学界に腰を落ち着けて満足している多くの伝統的知識人とは対照的に、有機的知識人は組織や団体、場合によっては草の根の人びとの運動に身を置き、提携しようとする」。Cornel West, *The American Evasion of Philosophy: A Genealogy of Pragmatism* (Madison: University of Wisconsin Press, 1989), 234.〔拙訳。該当箇所はコーネル・ウェスト『哲学を回避するアメリカ知識人——プラグマティズムの系譜』村山淳彦・堀智弘・権田建二訳、未來社、二〇一四年、五一四頁〕。「有機的知識人」の考え方はマルクス主義の流れに連なるイタリアの思想家アントニオ・グラムシに由来する。この概念についてのグラムシの議論は『獄中ノート』にある。次を参照。Antonio Gramsci, "The Intellectual Selections from the Prison Notebooks," *Selections from the Prison Notebooks*, trans. and ed. Quintin Hoare and Geoffrey Nowell Smith (New York: International Publishers, 1971), 5-23. ウェストはグラムシの核となるヘゲモニーの概念（「公式の考えや信念と、非公式な振る舞い方や習慣、態度、意識、ものの見方とが組み合わさって既存の秩序を支え是認すること」）と、「有機的知識人とは、主として組織や団体に加わることで特定の文化集団と直接提携する指導者や思想家である」という自身の考え方を早期からブラックの預言者的伝統に応用して考えている。*Prophesy Deliverance! An Afro-American Revolutionary Christianity* (Philadelphia: Westminster Press, 1982; Louisville, KY: Westminster John Knox Press, 2002; anniversary ed. with a new preface by the author), 119, 121. ウェストは自身の預言的プラグマティズムの概念について「グラムシの模範に影響を受けている。［…］〔グラムシは〕実践、権力、挑発を論じる二十世紀における主要な哲学者であるからだ」と説明、さらにグラムシの業績を「歴史上の位置づけが明確であり、理論として魅力的であり、政治面でも実践主義的である点で模範的である」とする。*American Evasion of Philosophy*, 231.〔該当箇所は『哲学を回避するアメリカ知識人』五〇八頁。訳文を一部変更〕

(28) イギリス人ジャーナリストのウィリアム・コベット（William Cobbett）（一七六三〜一八三五年）は、イングランド農村の苦しい生活を調査し一八三〇年に *Rural Rides* として出版した。

(29) ダグラスがリベラル派の政治ジャーナリストで文芸批評家のウィリアム・ハズリット（一七七八〜一八三〇年）を読んだ証拠はないようだ。ハズリットは英語で書く随筆家のなかでもっともすぐれた一人とされる。

(30) ダグラスはジョン・ラスキンの著作を何冊か持っていた。ラスキンはヴィクトリア時代の主要な美術史家であるだけでなく、近代産業資本主義をいち早く批判した。ラスキンの人間社会に関するユートピア的な構想は多くの社会主義者に刺激を与えることになる。ダグラスの蔵書には *Lectures on Architecture* など美術史の本だけでなく、よく知られたラスキンの講義「仕事論」「戦争論」「交通論」もあったのは興味深い。この三つは次に所収。*The Crown of Wild Olive* (New York, n.d. [1866]).〔ジョン・ラスキン『野にさく橄欖の冠』御木本隆三訳、東京ラスキン協会、一九三一年〕。*Bibliography of the Douglass Library*, s.v. Ruskin も参照。

(31) 数多くの詩やフィクションを書いた筋金入りの社会主義者ウィリアム・モリスはラスキンの熱心な弟子で、ラスキンの工芸復興の概念をテキスタイルデザイン技術に応用し、一八六一年に芸術家のエドワード・バーン＝ジョーンズやダンテ・ゲイブリエル・ロセッティらと装飾芸術の会社を立ち上げた。しかしハズリットの場合と同じく、ダグラスがモリスの考えを取り入れたことを示す証拠はない。

(32) スコットランド人の哲学者で歴史家、評論家でもあるトーマス・カーライルは『衣服の哲学（*Sartor Resartus*）』を一八三六年に刊行したのちに『フランス革命史（*The French Revolution*）』（一八三七年）、『英雄崇拝論（*On Heroes and Hero Worship and the Heroic in History*）』（一八四一年）を刊行した。一八四九年の小論「ニガー問題についての補説（Occasional Discourse on the Nigger Question）」は次に収録。Thomas Carlyle, *Collected*

*Works*, vol. 11, *Critical and Miscellaneous Essays: Collected and Republished in Six Volumes*, vol. VI (London: Chapman and Hall, 1870), 169–210.

(33) James McCune Smith, "Introduction," in Douglass, *My Bondage*, in *Autobiographies*, 132.

(34) ダグラスのエマーソン読解については次を参照。Stauffer, "Frederick Douglass's Self-Fashioning," 205. また公開されているダグラスの文書にエマーソンへの言及がある。北部に移ったばかりのころにダグラスはしばしば一般向けの講演を聴きに行き、エマーソンの講演にも出席していた。次を参照。*Frederick Douglass Papers*, vol. 1: *1841-46*, xxiii. ダグラスは一八六五年ごろの草稿で「生産者と詩人に関するエマーソンの見解を論じている」(*Frederick Douglass Papers*, series 1, vol. 3: *1855-63*, 620)。

(35) Gay Wilson Allen, *Waldo Emerson: A Biography* (New York: Viking Press, 1981).

(36) Lawrence Buell, *Emerson* (Cambridge, MA: Belknap Press of Harvard University Press, 2003). ビュエルは、英国による奴隷解放についてのエマーソンの演説にふれてこう述べている。「エマーソンが公の場でこれほど決然と何かの社会改良運動に参加したのは初めてだった。フレデリック・ダグラスら有名活動家とともに登壇したのである」(251)。ビュエルは、エマーソンの文書にダグラスがエマーソンの『代表偉人論』のことを知っていた証拠があるとしている。ダグラスは『代表偉人論』刊行直後の一八五〇年二月五日付の手紙で、一冊送ってほしいとエマーソンに頼んでいる (368, n. 14)。

(37) *Frederick Douglass and Herman Melville: Essays in Relation*, ed. Robert S. Levine and Samuel Otter (Chapel Hill: University of North Carolina Press, 2008).

(38) 前掲書に収録されている Sterling Stuckey, "Cheer and Gloom: Douglass and Melville on Slave Dance and Music" を参照。「メルヴィルはダグラスが描写する音楽を表現しているのだが、そこではその音楽が持つ悲劇的な喜びと憂いの性質が実に丁寧に再現されている。後述のとおり、この小説の重大局面でブルーズふうの形式と感覚がメルヴィルの文体をかたち作り、満たしているといえる」(71)。

(39) こちらも参照。William V. Spanos, *The Legacy of Edward W. Said* (Urbana: University of Illinois Press, 2009).

(40) William V. Spanos, *Herman Melville and the American Calling: Fiction After Moby-Dick, 1851–1857* (Albany: State

University of New York Press, 2008) および William V. Spanos, *The Errant Art of Moby-Dick: The Canon, the Cold War, and the Struggle for American Studies* (Durham, NC: Duke University Press, 1995). スパノスは「ハーマン・メルヴィルによるアメリカ例外主義神話の転覆を蘇らせることを基本的な目標とした三部作」の三作目を刊行した。*The Exceptionalist State and the State of Exception: Herman Melville's Billy Budd, Sailor* (Baltimore: Johns Hopkins University Press, 2011), xi.

(41) ウェストの哲学的プログラムを示した『哲学を回避するアメリカ知識人』の最終章「預言的プラグマティズム」で、ウェストは自分のプラグマティズム概念を「預言的」としている。「みずからの時代の悪にたいして、ユダヤ教とキリスト教の伝統において切迫感と共感にみちた批判をなげかけた預言者たちを思い返すことになるからだ。預言者のしるしとは、愛における真実を勇気を持って語る――その結果がどうなろうとも――ことにある」からである(West, *American Evasion of Philosophy*, 233)。〔『哲学を回避するアメリカ知識人』五一二～一一三頁〕

(42) Robert S. Levine, *Dislocating Race and Nation: Episodes in Nineteenth-Century Literary Nationalism* (Chapel Hill: University of North Carolina Press, 2008).

(43) チャールズ・サムナーは一八五一年から一八七四年までマサチューセッツ州選出の上院議員を務めた。雄弁で揺るぎない奴隷制廃止論者で、奴隷制支持勢力に対するリンカンの穏健な政策を厳しく批判し、南北戦争後も、奴隷でなくなった解放民への公民権と投票権の付与を強く主張した。サムナーの同僚で友人でもあったなかにドイツ系アメリカ人のカール・シュルツがいる。シュルツは学生のときにドイツの一八四八年革命に参加し、五二年に米国に移住した。民主主義の原則を信じていたシュルツは奴隷解放のための戦いに身を投じ、北軍の准将として従軍した。リンカン、ヘイズ両政権で政治職に就き、六九年にはドイツ系アメリカ人として初めて上院議員(ミズーリ州選出)となる。

(44) 本章注(42)の *Dislocating Race and Nation*, 209 を参照。

(45) コリンズが「理念のことなど考えるな。ただ事実を話せばいい」と述べたことについては Douglass, *My Bondage*, in *Autobiographies*, 367 を参照。

（46）次を参照。John Stauffer, *Giants: The Parallel Lives of Frederick Douglass and Abraham Lincoln*（New York: Twelve, 2008）, 87-88.

（47）小説『元黒人の自伝（*The Autobiography of an Ex-Colored Man*）』は一九一二年に著者名を伏せて出版された。ジョンソンが自分の外交官としての評判が損なわれることを恐れたためだ。一九二七年にクノッフ社から本人の名前で出版され、カール・ヴァン・ヴェクテンが序文を書いている。James Weldon Johnson, *Along This Way: The Autobiography of James Weldon Johnson*（New York: Viking Press, 1933）.

（48）この対談が行なわれた当時、オバマ大統領はキーストーン・パイプライン建設計画などの環境問題についてまだ立場を後退させていなかった。

（49）Frederick Douglass, "West India Emancipation," speech delivered at Canandaigua, NY, August 3, 1857, in *Selected Speeches*, 367. ダグラスはこの演説でもバイロンを引用している。「自由を欲するものは、自ら起って戦わねばならぬ」（366）。本章注（19）も参照。

（50）「わたしは死ぬことを恐れない境地に達していた」（Douglass, *My Bondage*, in *Autobiographies*, 286）。ダグラスは初めて脱走を試みたときのことに関して〈アメリカ独立革命指導者の一人〉パトリック・ヘンリーの言葉「自由を与えよ。さもなくば死を」を引用し、「比べようがないほど崇高な」のは「鞭打ちと鎖に慣れた人びと、束縛のせいで感情が多かれ少なかれ摩耗してしまったに違いない人びとがこれと同じ感情を行動を通じて訴えるときである」と指摘している（312）。

（51）Douglas A. Blackmon, *Slavery by Another Name: The Re-Enslavement of Black Americans from the Civil War to World War II*（New York: Random House, 2008）.

（52）Leon F. Litwack, *Trouble in Mind: Black Southerners in the Age of Jim Crow*（New York: Knopf, 1998）および Isabel Wilkerson, *The Warmth of Other Suns: The Epic Story of America's Great Migration*（New York: Random House, 2010）を参照。

（53）W. E. B. Du Bois, *Dusk of Dawn: An Essay Towards an Autobiography of a Race Concept*（1940）, in *The Oxford W. E. B. Du Bois*, ed. Henry Louis Gates Jr.（New York: Oxford University Press, 2007）. このデュボイス著作集（全一九巻）

にはコーネル・ウェストへの献辞がある。

(54)「奴隷制廃止派は目的を達成したので、わたしの声は必要でなくなった。[…] わたしのような状況にある者は旧態から抜け出さなければならない。それは容易にできることではないのだが、それだけでなく、一新された状況にも適応せねばならず、それはさらに骨の折れることである。[…] しかし何をして暮らすのかが問題だった。『屈従と自由(*My Bondage and My Freedom*)』の売り上げと国内外での講演料で [… ] 数千ドルの蓄えがあった。これを使って [… ] 小さな農場を買って腰を落ち着け、畑を耕して質素な生活をしようと考えた」。Douglass, *My Bondage*, in *Autobiographies*, 811, 812.

## 第2章　ブラック・フレイム――W・E・B・デュボイス

(1)デュボイスについての対談は二〇一〇年の夏に行なわれた。初出は次のとおり。"A Figure of Our Times': An Interview with Cornel West on W. E. B. Du Bois," in the *Du Bois Review* 10, no. 1 (2013): 261-78.

(2)Cornel West, "W. E. B. Du Bois: The Jamesian Organic Intellectual," in West, *American Evasion of Philosophy*, 138-50.〔『哲学を回避するアメリカ知識人』三〇五~三二一頁〕

(3)Cornel West, "Black Strivings in a Twilight Civilization," in *The Future of the Race*, ed. Henry Louis Gates Jr. and Cornel West (New York: Vintage, 1997), 53-112, 180-96, 55; reprinted in *The Cornel West Reader* (New York: Civitas, 1999), 87-118, 571-79.

(4)Ibid., 55.

(5)ウェストが踏まえているのは、十八世紀イギリスの著名な歴史家エドワード・ギボンの主著『ローマ帝国衰亡史』(一七七六~八八年)。

(6)*Dusk of Dawn* でデュボイスは自分の知性の発達を丁寧に書き留めている。初めはピューリタン的労働倫理に順応し(「財産と収入についてのわたしの考え方はだいたい次のようなものだった。働く気があれば誰でも容易に生計を立てることができ、財産のある者はそれを得るだけのことをしてきたのであり、好きに使うことができる。貧困は犯罪の産物であり、勤勉不足とやる気のなさを背景とする。わたしが育った町では経済についてそんな考え方が一般的だった」[9])、「白人の責務」というイデオロギーに同意していた(「フランス、イギリス、ドイツがアフリカに進出していたが、それが文明の前進であり、野蛮人に対する善意に基づいた指導であるとする解釈を疑うことはなかった」[21])ところから、労働と財産の問題が国境を超えるものであることを理解するようになる。そうなったのは一八九二年から九四年にベルリン大学で学び、「アメリカの人種問題、アフリカとアジアの諸民族の問題、そしてヨーロッパの政治情勢を一つの問題としてとらえはじめた」(23)ときだった。

(7)*The Negro*(New York: Holt, 1915)はアフリカの歴史や諸文化を扱い、奴隷貿易と『米国のニグロ(*The Negro in the United States*)』(New York: Holt, 1915)とについてそれぞれ一章を割いている。ちなみにデュボイスは*The World and Africa: An Inquiry into the Part Which Africa Has Played in World History*(1946; Oxford, UK: Oxford University Press, 2007)の序文で、アフリカに関する自分の著作の順番を説明している。「これまでに二度、アフリカの歴史について書こうとした。最初は一九一五年、ホーム・ユニヴァーシティ・ライブラリの編集者から依頼されたときである。その結果、*The Negro*というちょっとした本ができた。[…]第一次世界大戦が終わり、自分では新しい時代が始まると思ったとき、当然のことながら*The Negro*を改訂したいと考えた。それで新たな内容を加え、構成をより論理的にしたのが*Black Folk: Then and Now*(1939)である。しかしこれを書いたのは、ヨーロッパが世界を支配していた前時代が最後の破局を迎えた時期の終わりだった。[…]したがって一九四六年という年にふさわしくかつ必要なのは、ニグロイド人の歴史というより、先史時代から近代までの人類の歴史においてニグロイド人がどれほど重要な役割を果たしてきたかを言明しようとすることだと考えたのである」(xxxi)。これを書いた一九四六年には、デュボイスはヨーロッパによる植民の歴史をマルクス主義的観点からとらえている。「本書ではあえてカール・マルクスによる証言を繰り返した。わたしにとってマルクスは近代の哲学者のなかでもっとも偉大であり、マルクスの名が出るたびに魔女狩りのようなことになるのがわかっていても、自分の思うとおりにした」(xxxii)。

(8)「社会学の草分け」としてのデュボイスについての研究はこの一〇年間でかなり増えた。デュボイスが以前は社会学の基本的な文献に数えられていなかったこと、社会科学分野での業績が次第に認められるようになってきたことについては次の序文を参照。*The Social Theory of W. E. B. Du Bois*, ed. Phil Zuckerman (Thousand Oaks, CA: Sage, 2004). デュボイスの社会学、とくに宗教社会学についてロバート・A・ウォーサム (Robert A. Wortham) が発表している多数の論文も参照。"Du Bois and the Sociology of Religion: Rediscovering a Founding Figure," *Sociological Inquiry* 75, no. 4 (2005): 433–52; "W. E. B. Du Bois, the Black Church, and the Sociological Study of Religion," *Sociological Spectrum* 29:2 (2009), 144-72; "W. E. B. Du Bois and the Scientific Study of Society: 1897-1914," in *W. E. B. Du Bois and the Sociological Imagination: A Reader, 1897-1914*, ed. Robert A. Wortham (Waco, TX: Baylor University Press, 2009), 1–20. デュボイスが社会学分野で軽視される一方で、都市および農村の社会学、人種、ジェンダー、宗教の社会学、さらに教育と犯罪に関する社会学の分野で残した業績については次を参照。*W. E. B. Du Bois*, ed. Reiland Rabaka (Farnham, UK: Ashgate, 2010). ラバカはミシェル・フーコーの理論を用い、デュボイスについて多数の著作を出している。革新的だったデュボイスの領域横断型手法に関連するのは次の単著である。*Against Epistemic Apartheid: W. E. B. Du Bois and the Disciplinary Decadence of Sociology* (Boulder, CO: Lexington Books, 2010). 米国社会学分野にデュボイスらブラックの社会学者を位置づけるより幅広いアプローチについてはピエール・サン=アルノー (Pierre Saint-Arnaud) の画期的な研究を参照。*African American Pioneers of Sociology: A Critical History*, trans. Peter Feldstein (Toronto: University Press, 2009 [French original, 2003]). サン=アルノーはデュボイスの重要性をこうまとめている。「デュボイスが自分に課していた仕事、すなわちアングロ・アメリカのパラダイムでは非歴史的なレンズを通してとらえられていたニグロ『問題』を再歴史化する作業はあまりに広範にわたるものだったので、デュボイスは社会歴史学的分析というもの自体を考案しなければならなかった。黒人社会学の道を開くために自分の学問領域に大変革をもたらさなければならなかったのだ」(143)。

(9) *The Philadelphia Negro: A Social Study* (Boston: Ginn & Co., 1899) の書評が *American Journal of Sociology* に載らなかったというのがより正確である。このジャーナルは当時アメリカで唯一の社会学ジャーナルだった。さらに、サン=アルノーが述べるとおり「デュボイスの論文そのものが同ジャーナルに掲載される可能性があったかといえば、そんな可能性はまったくなかった」(*African American Pioneers*, 155)。ちなみに、アフリカ系アメリカ人を取り巻く社会情勢についてデュボイス率いる社会科学者のチームが一八九六年から一九一四年にかけて行なったアトランタ大学の研究結果が学界に無視されたことについてデュボイスはこう述べている。「わたしたちの報告書は広く読まれ、多くのコメントもあった。他方で、アメリカの人文科学界に関していえば、わたしたちがそこに『属する』ことはなく、学問の団体や学会からも認められないままだった。わたしたちは、ニグロを研究するニグロであると評価されただけだった。というのも結局のところ、ニグロがアメリカや科学になんの関係があるというのだ」。*Autobiography of W. E. B. Du Bois: A Soliloquy on Viewing My Life from the Last Decade of Its First Century* (New York: International Publishers, 1968), 145.

(10) Du Bois, *Dusk of Dawn*, 67.

(11) デュボイスによる記述を参照。「わたしたちには誰でも、アメリカの本当の姿についてなんらかの明察、鮮明な認識のようなものがぱっと訪れる瞬間がある。肌の色の濃いわたしたちは、白人アメリカ人にはできないやり方でアメリカを理解することができる」"Criteria of Negro Art," *Crisis* 32 (October 1926): 290.

(12)「新しい天使《アンゲルス・ノヴス》と題するクレーの絵がある。そこには一人の天使が描かれていて、それは自分が凝視しているものから、いままさに遠ざかろうとしているかに見える。眼は大きく見開かれ、口は開かれ、翼は広げられている。歴史の天使はこうした姿をしているにちがいない。歴史の天使は顔を過去のほうへと向けている。わたしたちの眼には出来事の連鎖と見えるところに、かれはただ一つの破局を見ている。たえまなく瓦礫のうえに瓦礫をつみかさねては、かれの足もとに放りだしている破局をだ。できることならかれはそのばにとどまって、死者を目覚めさせ、打ち砕かれた破片を集めてもとどおりにしたいと思っている。だが、エデンの園から吹いてくる強風がかれの翼をからめとり、そのいきおいが激しいために翼を閉じることがもうできなくなっている。この強風はかれが背を向けている未来のほうへと、かれをとどめようもなく吹き飛ばしてゆく。そうしているうちにもかれの眼の前では、瓦礫の山が天にとどくほどに高くなってゆく。わたしたちが進歩と呼んでいるものは、まさにこの強風なのだ」。Walter Benjamin, "Theses on the Philosophy of History" (1940), in *Illuminations*, ed. Hannah Arendt, trans. Harry Zohn (New York: Harcourt, Brace & World, 1968), 257-58.〔ヴァルター・ベンヤミン『新訳・評注　歴史の概念について』鹿島徹訳・評注、未來社、二〇一五年、五四〜五五頁〕

(13)「次のような事柄についてわたしはまったく理解しておらず、それまでに聴いていた歴史の講義からも手がかりを得られていなかった。当時のヨーロッパ諸国でどんな陰謀が練られていたか。ヨーロッパ諸国のアフリカ進出の意味。産業革命が奴隷貿易を踏み台にして築かれ、今度は『植民帝国主義』になりかけていたこと。植民地の原材料と労働力から得られる利益の支配をめぐって白人国家同士が激しい競争をしていること——こうしたことをどれもわたしは明確にとらえていなかった。わたしは何も考えずにヨーロッパ人的、帝国主義的なものの見方をし、アメリカで考えられていた民主主義と同じだけ民主主義的だった」(Du Bois, *Dusk of Dawn*, 16-17)。

(14)自分が以前は啓蒙の力を信じていたことについて、デュボイスによる記述を参照。「『ニグロ問題』とは系統的な調査と聡明な理解で解決されるものと思っていた。世界は人種について思い違いをしているが、それは知識がないからだ。諸悪の根源は愚かさであり、それを除くことができるのは科学的調査に基づく知識である〔と考えていた〕」(*Dusk of Dawn*, 30)。一九四〇年にはデュボイスの考えはもっと掘り下げられていた。「ニグロが置かれた窮状についてアメリカの白人に責任があるのを大半の人が知らないのは確かであり、純然たる悪意が存在することも間違いないが、〔ニグロ問題に対して〕今日の白人がとる態度は、かれらが受け継いだ慣習や、かれらの行為の実に多くの部分を支配する者たちの非合理的で一部は無意識的な行動の結果である面のほうがずっと大きい。このようにして形成された態度や習慣は急に非難したところで変えられるものではない」(ibid., 98)。デュボイスは過去を振り返り、自分の見解の変化を助けた理論上の武器を列挙している。「長期的な治療薬は『真理』だった。これは、肌の色や人種は人の能力や値の限界を決めるものではないことを示す慎重に集められた科学的な証拠のことである。〔一九〇六年〕当時はフロイトに十分通じておらず人の行動のほとんどが理性などに基づいていないことを理解していなかったし、カール・マルクスもよく知らなかったので人間の歴史がどのような経済的土台の上に成り立っているかも理解していなかった」(ibid., 145)。

(15)デュボイスの「ニグロ協同組合運動」の概念を参照(*Dusk of Dawn*, 106-9)。

(16)Loïc Wacquant, *Punishing the Poor: The Neoliberal Government of Social Insecurity* (Durham, NC: Duke University Press, 2009).

(17)デュボイスは、南部にいたときに「自分と肌の色が同じ人びととの交流に応じ、熱心に受け入れていた」ことを強調する（*Dusk of Dawn*, 17）。『黒人のたましい』第十章の冒頭では「南部の人跡未踏の森の奥でおこなわれる黒人の信仰復興集会の狂乱というもの」を初めて見たときのことを記している。W. E. R. Du Bois, *The Souls of Black Folk* (1903; New York: Modern Library, 2003), 190-91.〔W・E・B・デュボイス『黒人のたましい』木島始ほか訳、岩波文庫、一九九二年、二六〇頁〕

(18) *Dusk of Dawn* にある、デュボイスによる自身の性格描写を参照。「全般的な思考や振る舞いの面でわたしはほぼすっかりニューイングランド流になった。［…］ニューイングランドの一族の社会的遺産だけでなくオランダ人らしい寡黙さまでも受け継いでいた。こうした性質は、のちに現実かつ想像上の差別に直面して内向きに閉じこもったことによっていっそう助長され、強まった。［…］南部のニグロたちは、親しくなってから教えてくれたことだが、わたしがなぜ道ですれ違っても自然に声をかけることもなければ、友人の背中をぽんと叩くこともないのかをどうしても理解できなかった」(9)。

(19)『民主主義の問題』はいわば信条のような「悲喜劇的な希望」への賞賛で終わる。その希望は「旧約聖書の預言者アモスからソクラテスを経てラルフ・エリソンにいたるまで、知恵と正義と自由を追求するヒューマニズムの長い豊かな伝統と深く結びついている。シェイクスピア、ベートーヴェン、チェーホフ、コルトレーンら、近代以降におけるこの伝統の重要な節目ではソクラテス的、預言的、そして悲喜劇的な要素を、人間の意味をめぐる深遠な解釈に豊かな創造力とともに織りこんでいく作業が行われ、作品として具体化された。この三つの要素は、腐敗したエリート権力と戦う際に身につけるもっとも頑丈な民主主義の鎧となる」。Cornel West, *Democracy Matters: Winning the Fight Against Imperialism* (New York: Penguin, 2004), 217.〔コーネル・ウェスト『民主主義の問題　帝国主義との闘いに勝つこと』越智博美・松井優子・三浦玲一訳、法政大学出版局、二〇一四年、二三七頁〕

(20)ブッシェンドルフが言及する小論は「美と死について（Of Beauty and Death）」。自然の中の美の享受とジムクロウ下で経験される社会的死の苦痛とが、「色白で前向きな」女性の友人との対話の中で並置される。そしてデュボイスにあたる語り手が「感受性が強すぎる」と批判される。*Darkwater: Voices from Within the Veil* (1920;

New York: Washington Square Press, 2004), 171.

（21）「白人のたましい（The Souls of White Folk）」。興味深いのは、この小論でデュボイスが、小論と小説と詩からなる自選集 *Darkwater* が白人読者に不評だろうと予期していることだ。「かれらにとってわたしの言葉は恨み言、わたしのたましいのあり方は単なる悲観主義にすぎないのである」（Du Bois, *Darkwater*, 21）。デイヴィッド・レヴァリング・ルイスが序文で指摘しているとおり、「主流アメリカの新聞や雑誌の多くが似たような非難の言葉を使った。*Darkwater* は非常に残念なことに著者の辛辣さに冒されていた」（xvi）。

（22）Ibid., 35–36.

（23）デュボイスは「クリグワ［作家と芸術家のクライシス・ギルド（Crisis Guild of Writers and Artists）］小劇場運動」について「真のニグロ演劇」とは「わたしたちについて、わたしたちによって、わたしたちのために、わたしたちの近くで行なわれるべきである」と述べた。*Crisis* 32 (July 1926): 135.「その野外劇は、衣装を着けた黒人が大勢参加し、波乱に富む主題が主に身のこなしと踊りと音楽で表現されることで効果をもたらし得ると考えた。［…］ニグロ人種の歴史について、『エチオピアの星』と題する歴史劇を作り、野外で上演した。三万人の観衆を前に、兵器工場の床を舞台にして三五〇人の役者が演じた」（*Dusk of Dawn*, 136）。この作品は一九一三年にニューヨークで初演されたのち、一五年にワシントン、一六年にフィラデルフィアで再演された。野外劇というジャンルが、技術面で進んだメディアとの競争に勝ちようがないことをデュボイスが明確に理解していた点は指摘しておかなければならない。「しかし残念なことに、詩も野外劇も利益を生むものではない。わたしの場合は必要経費もろくに賄えなかった。わたしの野外劇は一九二五年のロサンゼルス公演を最後に息を引き取った。しかし上演できなくなったのは支援が足りなかったことだけが原因ではない。むしろ、映画がたいへんな人気で、その人気が拡大する一方だったのと、ラジオや拡声器の力が強かったのが原因だった。わたしたちにはこの業界に進出する資本もなかったし、事実、この業界の独占の度合いを考えれば、そんな資本は誰にもないだろう。それでも、ハリウッドボウル〔野外音楽堂〕で行なわれた最後の上演は大きな出来事だったし、やはりすばらしかった」（137）。アメリカで野外劇が一般に政治闘争の一つの形態としてよく用いられていたことと、とくにデュボイスの野外劇については、ソイカ・ディグズ・コルバート（Soyica

Diggs Colbert）による『エチオピアの星』の解釈を参照。収録されているのは *The African American Theatrical Body: Reception, Performance, and the Stage* (New York: Cambridge University Press, 2011), 48-90で、情報量が多い。

（24）次を参照。"The Talented Tenth Memorial Address" (delivered at the Nineteenth Grand Boulé Conclave, Sigma Pi Phi, 1948); reprinted in Gates and West, *Future of the Race*, 159-77.『才能ある一〇分の一』論を再度検討し、述べ直す」(159) 試みの中で、デュボイスは自分が誤って「知識さえあれば、自分を犠牲にしようという意識も自動的についてくるものだと思っていた」ことを認め、「まだ若く、理想主義的だったため、人にとって自分を大切にすることのほうが自分を犠牲にすることよりもさらに当然のことであるのに気づいていなかった」と述べた(161)。個人ではなく「集団による指導」あるいは「指導する一〇〇分の一」を重視するようになったのが概念面での大きな変化である。そこから「特別な組織化による指導が必要となる」(168, 177)。

（25）次を参照。Shirley Graham Du Bois, *His Day Is Marching On: A Memoir of W. E. B. Du Bois* (New York: Lippincott, 1971). 夫であるデュボイスのすぐれた知性と揺るぎない勇気、預言者的な先見の明だけでなく、鋭いウィットと（しばしばいたずらっぽい）ユーモアが伝わってくる。グレアム本人の政治運動はこれまで軽く見られることがあまりに多かったが、次を参照。Gerald Horne and Margaret Stevens, "Shirley Graham Du Bois: Portrait of the Black Woman Artist as a Revolutionary," in *Want to Start a Revolution? Radical Women in the Black Freedom Struggle*, ed. Dayo F. Gore et al. (New York: New York University Press, 2009), 95–114.

（26）「社会階級に基づく隔離が心理面にどのような影響を持つかを完全なかたちで他人に理解させるのは難しい。それはまるで、せり出した山の側面にある暗い洞窟の内側から外を見ている人が、外の世界の日常を見て、そこに話しかけるようなものだ。礼儀正しく、説得力を持って語り、洞窟に閉じ込められた人びとが自由に動けず、表現できず、成長できないことを示す。[…] やがて囚人たちは、通り過ぎる人には何も聞こえていないことを悟る。かれらと世界のあいだには、目には見えないがあまりにも歴然として存在する分厚いガラス板があるのだ。囚人たちは興奮し、声を張り上げ、身ぶり手ぶりを使う。[…] 叫び、ガラス板に飛びかかる。しかしその困惑の中、自分たちが孤立しているので叫んでも誰に聞かれることもなく、むしろ自分たちの仕草が外から中を見る人には滑稽に映っているかもしれないのに気づきようもない」。Du Bois, *Dusk of Dawn*,

66.

(27) Ibid., 67.

(28) ウェストは『哲学を回避するアメリカ知識人（*American Evasion of Philosophy*）』で、*Black Reconstruction* を「デュボイスがマルクス主義と出会ったことで生まれたもっとも重要な成果」だとし（146）〔『哲学を回避するアメリカ知識人』三二三頁〕、デュボイスが用いる「なまなましくおおげさな表現」の例を示す。「アメリカはこうして近代の最初の幕開けに世に躍り出たのである。美しい芸術［…］と信仰の自由に［…］自己統治という民主主義の姿［…］をつけ足したのである。［…］アメリカの出現は、西洋の《偉大な戦い》の歴史の最後に位置する《至高の冒険》であった。それは、たんなる肉にたいする低次元の欲望から人間の精神を解放し、夢をもち、歌を歌うことを可能にする自由を求めた冒険だったのだ。そののちに、正義に無頓着な神が笑いながら、天国の城壁から身を乗り出して、人びとのまっただなかに黒人を投げ落とした。その結果、世界は変わった。民主主義はローマ時代の帝国主義とファシズムにあと戻りしてしまった。階級差と寡頭政治がふたたびあらわれ、自由を奴隷制に変え、大勢の人間から人間性の名を奪い取ってしまったのである」。Du Bois, *Black Reconstruction in America: An Essay Toward a History of the Part Which Black Folk Played in the Attempt to Reconstruct Democracy in America, 1860–1880* (New York: Harcourt, Brace, 1935), 29-30. Cf. West, *American Evasion of Philosophy*, 147.〔『哲学を回避するアメリカ知識人』三二三～二四頁〕

(29) ジョン・A・ホブソン（一八五八～一九四〇年）はイギリスの経済学者で、多数の著作を残した。近代資本主義の結果としての帝国主義を批判したことでもっともよく知られる。

(30) ウェストによる次の記述を参照。「デュボイスの研究課題の最後の柱は、自身のアメリカについての楽観である。新世界の知識人の大半と同様、デュボイスも進歩に夢中だった。［…］デュボイスは、合衆国の拡張主義はアメリカの進歩が確実であるしるしだと思い込みがちだった。この意味では、初期から中期のデュボイスは進歩主義者であるだけでなく、一種のアメリカ例外主義者だったのである。［…］デュボイスはガーヴィー運動の下地にあった、アメリカの民主主義に対するたいへんな悲観を完全に理解することはなかった」（"Black Strivings," 71-72）。この記述に付けた脚注で、ウェストはデュボイスによる二本の小論がいかに重要かを説く。一つは前述のものだ。「デュボイスがこの悲観にもっとも際立ったかたちで向き合っているのは、かれの全作品中でもっとも洞察に富み、怒りに満ちた二本の小論、*Dusk of Dawn*（1940）所収の『白人世界（The White World）』と、*Darkwater*（1920）所収の『白人のたましい（The Souls of White Folk）』である」（West, "Black Strivings," 187n27）。

（31）「この国の仕打ちにもうこれ以上我慢できないのです。十月五日にガーナに向けて出発し、いつ帰るかは決めていません。［…］顔を上げて戦いつづけなさい。でもアメリカのニグロは勝てないことに気づきなさい」。Gerald Horne, *Black and Red: W. E. B. Du Bois and the Afro-American Response to the Cold War, 1944-1963*（Albany: State University of New York Press, 1986）, 345 にあるデュボイスの言葉。West, *American Evasion of Philosophy*, 149〔『哲学を回避するアメリカ知識人』三三〇～三一頁〕も参照。

（32）「ロシア人の悲劇観、中欧のユダヤ人の不条理観、アフリカ系アメリカ人が置かれた苦境に対する黒人知識人の反応」の類似点と、デュボイスがこの三つの相関を見過ごしていたことについて、詳しい議論は次を参照。West, "Black Strivings," 76-79, 184n14, 187-90n29.

（33）第1章注（23）を参照。

（34）ここで言及している箇所は、『黒人のたましい』の第六章「黒人の教育」を参照。「シェイクスピアは、わたしがそばに坐っても顔をしかめたりしない。カラー・ラインを越えれば、バルザックやデュマとも腕を組んで歩ける。［…］アリストテレスでもアウレリウスでも、誰でも好きな人を呼び戻すことができる。かれらはみな感じよくやってきて、人を見下したり恩着せがましい態度をとったりしない」（109-110）。〔拙訳。該当箇所は『黒人のたましい』一五〇頁〕

（35）次を参照。West, "Black Strivings," 190-91n30.

（36）デュボイスの教育にドイツやヨーロッパの文化や作法が及ぼした影響については次を参照。Chap. "Europe 1892 to 1894" in Du Bois, *Autobiography*.

（37）デュボイスはライト（Richard Wright）が一九四一年に上梓した写真入りの本 *12 Million Black Voices: A Folk History of the Negro in the United States*（photo direction Edwin Rosskam）について非常に肯定的な書評を書いた。

しかしライトの自伝 *Black Boy* (1945)〔リチャード・ライト『ブラック・ボーイ——ある幼少期の記録』野崎孝訳、岩波文庫、二〇〇九年〕には懐疑的で、「どう見てもあまりに誇張の過ぎる芸術作品」と評した。(次を参照。Reviews nos. 104 and 115 in *Book Reviews by W. E. B. Du Bois*, ed. Herbert Aptheker (Millwood, NY: KTO Press, 1977)。また、ライトの *Black Power: A Record of Reactions in a Land of Pathos* (New York: Harper, 1954) にも非常に批判的だった。「当然のことながらリチャード・ライトの新刊は気に入らなかった。描写の中にはすばらしい部分もあるのだが、論理がどうしようもない。初めはアフリカを共産主義から救わなければならないと言いながら、次はイギリスの資本主義を批判していて、ひどいものだ。いったいどうやってその二者を両立させようというのか」。Letter to George Padmore, December 10, 1954, in *The Correspondence of W. E. B. Du Bois*, vol. III, *Selections, 1944–1963*, ed. Herbert Aptheker (Amherst: University of Massachusetts Press, 1954), 375.

(38) Edward J. Blum, *W. E. B. Du Bois: American Prophet* (Philadelphia: University of Philadelphia Press, 2007).

(39) "The Revelation of Saint Orgne, the Damned," commencement address, 1938, Fisk University; reprinted in *W. E. B. Du Bois Speaks: Speeches and Addresses, 1920-1963*, ed. Philip S. Foner (New York: Pathfinder, 1970), 111.

(40) Ibid.

(41) ニコス・カザンツァキ(一八八三〜一九五七年)は *Zorba the Greek* (1946; trans. 1952)〔『その男ゾルバ』秋山健訳、恒文社、一九九六年〕、*The Greek Passion* (1948; trans. 1954)〔『キリストはふたたび十字架に』福田千津子・片山典子訳、恒文社、一九九八年〕、*The Last Temptation of Christ* (1951; trans. 1960)〔『キリスト最後のこころみ』児玉操訳、恒文社、一九八二年〕、*Saint Francis* (1954; trans. 1962)〔『アシジの貧者』清水茂訳、みすず書房、一九八一年〕の小説の作者としてもっとも知られている。また、戯曲 *Buddha* (1941-1943; trans. 1983) および叙事詩 *The Odyssee: A Modern Sequel* (1938; trans. 1958) も書いた。カザンツァキはのちに破棄することになる悲劇詩 *Buddha* の初稿を書いていた一九二八年にレーニンを題材にした脚本の構想も練り、映画にしたいと思っていた。次を参照。*The Selected Letters of Nikos Kazantzakis*, ed. Peter Bien (Princeton, NJ: Princeton University Press, 2012). デュボイスとカザンツァキには、ボリシェヴィキ革命とロシアでの共産主義の試みに関心を持っていたという共通点もあった。二人とも一九二〇年代にロシアに旅している。一九二七年にカザンツァキはソ連政府に招待されて革命一〇周年を祝う行事に出席した。モスクワからの手紙で「空気は［…］活気に満ち、あらゆる人種が赤のベツレヘムに参拝に来ている」と賞賛している（*Selected Letters*, 278）。旅行記も参照。*Russia: A Chronicle of Three Journeys in the Aftermath of the Revolution*, trans. Michael Antonakes and Thanasis Maskaleris（Berkeley, CA: Creative Arts Book, 1989）. デュボイスのほうは、一九二八年にロシアを訪れた感想を次のようにまとめている。「それでも、その土地には忘れがたい活気があった」（*Dusk of Dawn*, 143）。次も参照。Chap. IV, "The Soviet Union," *Autobiography*, 16-25.

（42）暗殺のわずか四〇日前、マーティン・ルーサー・キング・ジュニアは、ニューヨークのカーネギーホールで開かれたデュボイス生誕一〇〇周年記念行事で演説した。"Honoring Dr. Du Bois," in *Black Titan: W. E. B. Du Bois*, ed. John Henrik Clarke et al.（Boston: Beacon Press, 1970）, 176-83.

（43）Ibid., 181-82, 183.

## 第3章　良心の炎——マーティン・ルーサー・キング・ジュニア

（1）この対談が最初に発表されたのは "We Need Martin More Than Ever" in *Amerikastudien/American Studies* 56, no. 3（2011）: 449-67で、本章とはわずかに異なっている。また短縮版がドイツ語雑誌 *Die Gazette*（Summer 2013）にマーロン・リーバー（Marlon Lieber）訳で掲載された。

（2）Cornel West, "Prophetic Christian as Organic Intellectual: Martin Luther King, Jr.," in *The Cornel West Reader*, 426. 初出は以下。Cornel West, *Prophetic Fragments: Illuminations of the Crisis in American Religion and Culture*（1988; Grand Rapids, MI: Eerdmans Publishing, 1993）, 3-12.

（3）引用元は以下。James Cone, "'Let Suffering Speak': The Vocation of a Black Intellectual," in *Cornel West: A Critical Reader*, ed. George Yancy（Malden, MA: Blackwell, 2001）, 108.

（4）Cornel West, "Introduction: The Crisis in Contemporary American Religion," *Prophetic Fragments*, ix-xi; reprinted in *The Cornel West Reader*, 338.

（5）Martin Luther King Jr., "The Good Samaritan," sermon at Ebenezer Baptist Church, Atlanta, August 28, 1966. 次に

引用されている。 David J. Garrow, *Bearing the Cross: Martin Luther King, Jr., and the Southern Christian Leadership Conference* (New York: Vintage, 1988), 524.

（6）「貧困をテーマに行進しましょう。自分の子供に食べさせるために食事をとばさなければならない親がアメリカからいなくなるまで。アメリカの都市や町を、腹を空かせた人がありもしない職を求めてさまよい歩くことがなくなるまで」。 Martin Luther King Jr., "Our God Is Marching On!" speech, Montgomery, AL, March 1965, in *I Have a Dream: Writings and Speeches That Changed the World*, ed. James M. Washington (New York: Harper, 1992) 123. ＊30

（7）次を参照。 Tavis Smiley and Cornel West, *The Rich and the Rest of Us: A Poverty Manifesto* (New York: Smiley Books, 2012).

（8）エイブラハム・ジョシュア・ヘッシェルは、ポーランドのハシディズムのラビの高名な家系の出身で、ドイツのポーランド侵略直前にロンドンに逃れることができ、その後一九四〇年にアメリカに移住した。二十世紀を代表するユダヤ教神学者の一人で宗教間対話の推進者であるヘッシェルは、ヘブライの預言者に関する研究とベルリン大学での博士論文（*Die Prophetie*, 1936）で「預言者意識」と名づけたものをめぐる研究を土台にして宗教への献身と社会運動との結合を強く訴えた。公民権運動を支持して〔六五年の〕セルマからモンゴメリーまでの行進に参加するなどしたほか、ヴェトナム戦争に反対の声を上げた（一例として、超教派組織「ヴェトナムを憂慮する聖職者と平信徒」を代表して刊行した Robert McAfee Brown, Abraham J. Heschel, and Michael Novak, *Vietnam: Crisis of Conscience* [New York: Association Press, 1967] を参照）。一九六五年四月四日、ニューヨークのリヴァーサイド教会でキングが「ヴェトナムを越えて」、あるいは「沈黙を破るとき」という題で知られる演説を行なって物議を醸したが、ヘッシェルもこのとき演説をした一人だった。ヘッシェルが七二年に記したとおり、「かつての預言者たちが、ヴェトナム戦争や諸都市の頽廃に抗議する人びとを支えないはずがない」。次を参照。 Michael A. Chester, *Divine Pathos and Human Being: The Theology of Abraham Joshua Heschel* (London: Mitchell, 2005), 195.

（9）Michelle Alexander, *The New Jim Crow: Mass Incarceration in the Age of Colorblindness*, foreword by Cornel West

(New York: New Press, 2010).

(10) Loïc Wacquant, *Punishing the Poor: The Neoliberal Government of Social Insecurity* (Durham, NC: Duke University Press, 2009).

(11) コレッタ・キングは自伝ではこのことを伏せることにしたが、次のように記している。「マーティンはもちろんカール・マルクスを読んでいた。マルクス主義も伝統的な資本主義も真理をすべて伝えるものではないが、どちらも真理の一部を伝えていることがマルクスを読んでよくわかったとのことだった」。Coretta Scott King, *My Life with Martin Luther King, Jr.* (London: Hodder and Stoughton, 1970), 71. 一方、キングのほうは、コレッタとの初めてのデートについてこう書いている。「わたしたちが最初に話し合ったことが人種的、経済的不正義の問題であり、平和の問題であったことを、わたしは決して忘れない」。*The Autobiography of Martin Luther King, Jr.*, ed. Clayborne Carson (New York: Warner, 1998), 35.〔クレイボーン・カーソン編『マーティン・ルーサー・キング自伝』梶原寿訳、日本基督教団出版局、二〇〇一年、五三頁。訳文を一部変更〕。キングの自伝にはマルクス主義に関するかなり長いくだりがある。ここでキングはマルクスとレーニンの「共産主義に関する著作」に見られる「唯物論的歴史解釈」「倫理的相対主義」「政治的全体主義」を批判しながらも、マルクスによって自分が「過剰な富と絶望的な貧しさとの格差を〔…〕かつてないほど意識させられた」と認めてもいる(ibid, 21)〔前掲書、三六~三七頁〕。キングは早くも一九五二年には妻宛ての手紙で資本主義体制の破綻を論じていた。「その結果今日では資本主義はその有用性を失ってしまっている。それは大衆の必需品を奪って有産階級に贅沢品を与える制度をもたらしているのだ」(ibid, 36)〔前掲書、五五頁〕。六七年ともなると、キングは臆することなく公の場で資本主義経済に疑問を呈している。たとえば南部キリスト教指導者会議の議長として行なった最後の演説では「アメリカ社会全体の構造改革」を論じ、「いつの日か、われわれは物乞いを生み出す建物を建て直す必要があることを理解しなければならない」、さらに「『いったいだれが石油を所有しているのか』と問わなければならなくなるだろう」と説いた。また演説の締めくくりでは「私が社会全体を問うと言う時には、それは究極的には、人種主義の問題と経済的搾取の問題と戦争の問題とを、一つの問題として理解することを意味するのである」と述べている。"Where Do We Go From Here?" in *A Testament of*

*Hope: The Essential Writings and Speeches of Martin Luther King, Jr.*, ed. James M. Melvin Washington（San Francisco: HarperCollins, 1991）, 250.〔『私には夢がある――M・L・キング説教・講演集』二一四～一五頁〕。キングがマルクス主義や民主的社会主義をどう取り込んでいったかについて綿密で多角的な評価をしているのは Adam Fairclough, “Was Martin Luther King a Marxist?,” *History Workshop Journal* 15（Spring 1983）: 117–25; reprinted in *Martin Luther King, Jr.: Civil Rights Leader, Theologian, Orator*, vol. 2, ed. David J. Garrow（Brooklyn, NY: Carlson, 1989）, 301-9.

（12）キング同様、ノーマン・トーマス（Norman Thomas）も社会的福音運動の指導者ウォルター・ラウシェンブッシュにかなりの影響を受けていた。またキング同様、ガンディーの流れに連なる非暴力運動を信奉し、アメリカの軍国主義に激しく反対した。ラウシェンブッシュのキリスト教的な社会主義理解に影響を受けた以外にも、マンハッタン最南部でソーシャルワーカーとして、その後イースト・ハーレム教会の牧師として、労働者階級が人種を問わず極貧と失意の底にあるのを目の当たりにしたことで、トーマスは社会主義に基づく資本主義批判に転じた。*Human Exploitation in the United States*（New York: Frederick A. Stokes, 1934）, 258–83 の “The Negro” と題する章で、トーマスは二十世紀におけるブラックに対する経済的搾取と「プランテーション心理」〔白人農園主に服従するのが最善であると考える心理〕との相互関係を詳しく論じている。リンチの経済的、心理的要因をとくに強調するため、トーマスは次の事例研究を参考にした。Arthur Raper, *The Tragedy of Lynching*（Chapel Hill: University of North Carolina Press, 1933）〔一九三〇年代に起こったリンチ事件約二〇件を取り上げ、事実関係や分析をまとめたもの〕。トーマスは公民権運動の一環で行なわれた主要な活動を支持し、一九六五年のセルマからモンゴメリーまでの行進には身体の具合が悪く参加できなかったものの、六三年八月のワシントン大行進で演説をした。六五年にキングはトーマスについて “The Bravest Man I Ever Met,” *Pageant* 20（June 1965）という記事を書き、トーマスが正義と平等の獲得のために果敢に身を捧げたことを称えている。人種間の平等を求めるトーマスの闘いやキングとの関係について、詳しくは次を参照。Harry Fleischman, *Norman Thomas: A Biography: 1884–1968*, with a new chapter, “The Final Years”（New York: Norton, 1969）, 323–24; and Raymond F. Gregory, *Norman Thomas: The Great Dissenter*（New York: Algora, 2008）, 250-51, 271-72. ウェストは、ノーマン・トーマスが残したものを団体として受け継ぐアメリカ民主社会主義者（Democratic Socialists of America）の名誉議長の一人である。

（13）ウォルター・R・チヴァーズは一九二五年から六八年までモアハウス大学で社会学を教えた。ほかのブラックの社会学者に与えた影響や教育活動への熱意、若いころソーシャルワーカーだった経験に基づく運動への取り組みについては Charles V. Willie, "Walter R. Chivers—An Advocate of Situation Sociology," *Phylon* 43, no. 3 (1982): 242-48 を参照。キングを「卓越した公共社会学者」ととらえるジョン・H・スタンフィールドは「公共善としての人種間平等を促す社会学的思考」に力を入れるモアハウス大学のカリキュラムの重要性をとくに強調し、「アーサー・レイパーの『リンチの悲劇（*The Tragedy of Lynching*）』（一九三三年）［本章注（12）参照］のために黒人コミュニティ内での調査を主に行なった研究者」であるチヴァーズが「キングに絶大な影響を与えた」と論じている。John H. Stanfield, s.v. King, *The Blackwell Encyclopedia of Sociology*, vol. 5, ed. George Ritzer (Oxford, UK: Blackwell, 2007), 2465-67.

（14）学生非暴力調整委員会（ＳＮＣＣ）は、座り込み（シットイン）、フリーダムライド〔自由のための乗車運動。南部でバス乗車の人種隔離を撤廃しようとする運動〕、有権者登録運動の企画実行にあたりきわめて重要な勢力だった。一九六〇年代半ばにはより急進的になり、新議長ストークリー・カーマイケル（クワメ・トゥレ）のもとで「ブラックパワー」という言葉を普及させた。Stokely Carmichael and Charles V. Hamilton, *Black Power: The Politics of Liberation in America* (New York: Random House, 1967) は、ＳＮＣＣ革命派の「政治的枠組みとイデオロギー」(vi) が展開された重要なテキストである。九二年には、両著者が自分たちの構想を批判的に論じた「あとがき」が新たに付された増補版が出た。草の根レベルでの組織化が必要であることを明確にし、「パワーとはコミュニティから出てくるものでなければならない」(ibid., 46) と記している。ＳＮＣＣのブラックパワー概念については次を参照。Stokely Carmichael, "What We Want," *New York Review of Books*, September 1966; reprinted as "Power and Racism" in *Stokely Speaks: From Black Power to Pan-Africanism* (1971; Chicago: Chicago Review Press, 2007), 17-30. カーマイケルとキングの対立については次を参照。Garrow, *Bearing the Cross*, 481-85. ブラックパワー政治に対するキングの批判は次を参照。"Black Power" in Martin Luther King

Jr., *Where Do We Go from Here: Chaos or Community?* (1967; Boston: Beacon Press, 2010), 23-69.〔マーティン・ルーサー・キング『黒人の進む道――世界は一つの屋根のもとに』猿谷要訳、明石書店、一九九九年、二六〜七〇頁〕

（15）スタンリー・デイヴィッド・レヴィソンとバイヤード・テイラー・ラスティンはともにキングと親しい相談役だった。ユダヤ人実業家のレヴィソンは共産党員で、一九五〇年代半ばにラスティンを通じてキングと知り合った。ＦＢＩがレヴィソンを共産圏のスパイと疑ったことでレヴィソンとキングは盗聴対象となり、ロバート・ケネディ司法長官がキングに強い圧力をかけることにつながった。次を参照。Taylor Branch, *Parting the Waters: America in the King Years, 1954-63* (New York: Simon & Schuster, 1988), 516-18, 835-38. クエーカー教徒だったラスティンは非暴力運動の闘士で、公民権運動のもっとも重要な組織者の一人だったが、同性愛者であることがキングの評判を損なうために利用されると前線から退いた。ラスティンの生涯を扱ったドキュメンタリー *Brother Outsider*（Nancy Kates and Bennett Singer, dir.〔California Newsreel, 2002〕）の題名は当を得ている。ラスティンが周縁的立場にあったことを関係社会学の視点から分析した研究は次の博士論文を参照。Nicole Hirschfelder, "Oppression as Process: A Figurational Analysis of the Case of Bayard Rustin," PhD dissertation, University of Tübingen, 2012.

（16）一九六七年五月二十二日付のハリス世論調査による。

（17）カール・Ｔ・ローワンは一九六〇年代にたいへんな人気と影響力のあったジャーナリスト。執筆したコラムは内外一〇〇紙以上に配信されたほか、ラジオやテレビで週ごとに解説を行なう契約も結んでいた。六四年から六五年にかけて米国文化情報局（ＵＳＩＡ）局長となり、ブラックとして初めて国家安全保障会議に出席した。ローワンはキングの公民権運動をごく好意的に報じていたが、一九六七年九月にキングが『リーダーズ・ダイジェスト』誌に寄稿してからはキングから距離をとった（"Martin Luther King's Tragic Decision"）。マルコムＸが六五年二月十四日の演説で人種差別撤廃の空手形《トークニズム》を取り上げた際にローワンを引き合いに出したのは興味深い。「空手形はほんのわずかな人間に限り利益をもたらす場合もあり得るが、大衆には決して利益を与えない。〔…〕つまるところ大衆の問題は全く未解決のまま放置されている現状なのである。ただ一人問題が解決ずみなのは［…］ＵＳＩＡに登用されたカール・ローワンのように上等な仕事を与えられたほかの連中は、きわめて巧みに、この国の黒人問題は解決ずみであるとアフリカ人たちに信じこませようとはかるだろう」。*Malcolm X Speaks: Selected Speeches and Statements*, ed. George Breitman (New York: Pathfinder, 1990), 174.〔マルコムX述、ジョージ・ブレイトマン編『マルコムX・スピークス』長田衛訳、第三書館、一九九三年、一九六〜九七頁。訳文を一部変更〕

(18) 一九六〇年代に全米有色人向上協会（ＮＡＡＣＰ）の事務局長を務めたロイ・ウィルキンズは公民権運動の熱情的なスポークスマンだったが、闘争的な意見には一貫して批判的だった。ウィルキンズの友人で、体制内での作戦行動こそが有効だと信じていたホイットニー・ムーア・ヤング・ジュニアは、全米都市同盟の事務局長として名を成した。

(19) 南部キリスト教指導者会議（ＳＣＬＣ）は一九五七年前半、さまざまな非暴力抗議行動に賛同する組織として設立された。キングは初代議長となり、エラ・ベイカーは同会議初の、そして初期には唯一の職員だった。

(20) ヴェトナム戦争に対するキングのラディカルな批判が公民権運動にダメージを与えかねないと危惧した著名なアフリカ系アメリカ人はほかにもいた。次を参照。Henry E. Darby and Margaret N. Rowley, "King on Vietnam and Beyond," *Phylon* 47, no. 1 (1986): 49-50.

(21) Sacvan Bercovitch, *The American Jeremiad* (Madison: University of Wisconsin Press, 1978).

(22) クラレンス・Ｂ・ジョーンズおよび国連で合衆国を訴追しようという計画については第5章注（21）を参照。

(23) この一〇年で、ブラックのフラタニティやソロリティへの学術的な関心が高まっている。「アルファ・ファイ・アルファ」の起源と伝統については次を参照。Stefan Bradley, "The First and Finest: The Founders of Alpha Phi Alpha Fraternity," *Black Greek-Letter Organizations in the Twenty-First Century*, ed. Gregory S. Parks (Lexington: University Press of Kentucky, 2008), 19-39.

(24) ブラックパンサー党シカゴ支部の指導者フレッド・ハンプトンは一九六九年十二月、シカゴ警察による家宅捜索の際に暗殺された。二十一歳だった。またブラックパンサー党の会計責任者ボビー・ハットンは六八年四月六日にオークランド警察に射殺されたが、このときまだ十八歳にもなっていなかった。

(25) ファニー・ルー・ヘイマーは有権者登録運動を通じて公民権運動に参加するようになった。警官から激しい身体的暴行を受けてもたじろがず、公民権を求める闘争に打ち込み、一九六五年にはミシシッピ自由民主党(Mississippi Freedom Democratic Party)から連邦下院議員選挙に出た。ヘイマーはキングと同じくアメリカを「病んだ場所」と呼び、マルコムXと同様、公民権だけでなく人権を求めて戦うべきだと強く主張した。たとえば次の演説を参照。"America Is a Sick Place, and Man Is on the Critical List" (May 27, 1970) and "Nobody's Free Until Everybody's Free" (July 10, 1971), in *The Speeches of Fannie Lou Hamer: To Tell It Like It Is*, ed. Maegan Parker Brooks and Davis W. Houck (Jackson: University Press of Mississippi, 2011).

(26) タヴィス・スマイリーがPBSテレビで企画した有名な特集番組『ヴェトナムを越えて(*Beyond Vietnam*)』がこの歴史的な演説をもっともうまく扱っている。演説本文は次に収録されている。Martin Luther King, "A Time to Break Silence," in *Testament of Hope*, 231-44. ＊31

(27) 次の画期的な論文集を参照。Vincent Harding, *Martin Luther King: The Inconvenient Hero* (Maryknoll, NY: Orbis, 2008, rev. ed.). 著者のハーディングはキングという国民的英雄に関する「記憶喪失」に異を唱え、カール・ウェンデル・ハインズ・ジュニアの詩"Now That He Is Safely Dead"を引用する。ハインズ早くも一九七七年にこう書いていた。「死者は実に便利な／英雄になる。というのもかれらは／死んでいるので／ぼくたちがかれらの人生を元にこしらえる／人物像に反論などできない」(3)。

(28)「ユージーン・デブスは、合衆国社会党の指導者であると同時に、もっとも偉大な労働組合員のひとりだった。かれの貧富の差撲滅運動は伝説的である。が、自身は人種差別に反対だったにもかかわらず、有色人種との統合を組織に納得させることはできなかった」(West, *Democracy Matters*, 53)(『民主主義の問題』五九頁)。デブス同様にジム・ラーキンも社会主義者で組合指導者だった。米国滞在中にアメリカ社会党を代表して発言するようになり、デブスの大統領選を支えた。よく知られた逸話によれば、ラーキンはあるとき「シャツをはだけて十字架のペンダントを見せ、無神論者が大半を占める［ニューヨークの］聴衆に『キリスト教と社会主義とのあいだに対立はありません。[…] わたしはキリスト教を支持しますし、カール・マルクスのことも支持します』と語りかけた」。次を参照。Emmet O'Connor, "James Larkin in the United States, 1914–1923," *Journal of Contemporary History* 37, no. 2 (2002): 185.

(29)「当時［一九七〇年代前半］、キングは誠実さや犠牲という点では立派な手本だったが、マルコムXとは好対照で、ハーヴァード大生のあいだでは、確かな政治方針を持つ抜きん出た指導者だとは考えられていなかった。［…］わたしたちにとってキングは自分たちのために死んでくれた偉人ではあったが、わたしたちが耳を傾け、学び取り、土台とすべき論者にはまだなっていなかった。その後の一〇年で事態は変わっていく」。Cornel West, "Introduction: The Making of an American Democratic Socialist of African Descent," in West, *The Ethical Dimensions of Marxist Thought* (New York: Monthly Review, 1991), xv-xxxiv; reprinted in *The Cornel West Reader*, 6-7.

(30)ヒューイ・P・ニュートンは一九六六年にブラックパンサー党を共同創設した。ニュートンと同志のボビー・シールはマルコムXの影響を受け、毛沢東やフランツ・ファノン、チェ・ゲバラといった革命家たちの著作を基にして同党の理念を作り上げた。党員は自警団を編成し、警察と暴力的に衝突することも多かったが、子供向けに無料で朝食を出したり医療を提供したりする社会事業も行なった。

(31)アンジェラ・Y・デイヴィスは若いころからラディカルな活動家で、ブラックパンサー党の党友、アメリカ共産党の党員である。初期の活動および一九七〇年代前半に第一級殺人罪に問われたが無罪となった事件については自伝を参照。Angela Davis, *An Autobiography* (New York: Random House, 1974).［『アンジェラ・デービス自伝』加地永都子訳、現代評論社、一九七七年］。この事件で政治囚として世界的に知られ支持を集めた。最新刊は未刊行の演説を集めたもので、権力、人種、ジェンダー、階級、大量収監といった問題の相互連関を強調し、とくに産獄複合体の廃止を訴えている。*The Meaning of Freedom*, foreword by Robin D. G. Kelley (San Francisco: City Lights Books, 2012). 第1章注(2)も参照。＊32

(32)ストークリー・カーマイケルについては本章注(14)を参照。

(33)ガードナー・C・テイラー博士は優雅で巧みな話術で知られる。かれもまた宗教的指導と社会運動の面で傑出した人物である。

(34)トーマス・デクスター・ジェイクスは一九九六年にダラスでポッターズ・ハウス教会を設立し、テレビを通じての牧師活動を続けている。

（35）グレン・A・ステイプルズはワシントンDCのテンプル・オブ・プレイズ教会の牧師。

（36）「ハーバート・ドートリー師の精力的な指導により、全米黒人《ブラック》統一戦線（ブラックのキリスト教徒、マルクス主義者、ナショナリスト、左派リベラルがつくる組織）は進歩派ブラックを代表する団体としての地位を確立した。キリスト教徒が主導し、リベラリズムのはるか先を行くこの組織は、社会民主主義にはこだわらず、断固としてアメリカ帝国主義に反対しており、漠然と社会主義支持で、ブラック・ナショナリズムの要素も持つ。ドートリー師は一九八三年三月にアフリカ諸民族キリスト教徒機構を設立し、キリスト教徒のみからなるこの組織によって全米黒人統一戦線を補うことで自らの構想を広げた。同機構は、全米黒人統一戦線内部での世俗的なイデオロギー闘争で士気をくじかれ疲弊した預言者的ブラックキリスト教徒にとってとくに重要だった。ドートリー師は現在も両組織の指導を続けている」（West, *Prophetic Fragments*, 71）。ドートリーの著作でもっとも有名なのは Herbert Daughtry, *No Monopoly on Suffering*（Trenton, NJ: Africa World Press, 1997）で、コーネル・ウェストが序文を書いている。尊敬を集めるフレイガー神父は現代アメリカのジョン・ブラウンというべき人物で、ブラックの自由に全身全霊を捧げる白人指導者である。ウェストは過去一五年間毎年、フレイガー神父の教会で説教を行なっている。次を参照。Robert McClory, *Radical Disciple: Father Pfleger, St. Sabina Church, and the Fight for Social Justice*（Chicago: Chicago Review Press, 2010）.

（37）J・アルフレッド・スミス・シニアはオークランドのアレン・テンプル・バプティスト教会の名誉牧師で、二〇〇四年に刊行した自伝 J. Alfred Smith Sr., *On the Jericho Road: A Memoir of Racial Justice, Social Action, and Prophetic Ministry*, with Harry Louis Williams II（Downers Grove, IL: InterVarsity Press, 2004）の題名で預言的キリスト教への献身をはっきり表明した。フレデリック・ダグラス・ヘインズ三世はダラスのフレンドシップ・ウェスト・バプティスト教会の首席牧師。キャロリン・アン・ナイト博士はコーネル・ウェストのもとでユニオン神学校に学び、神学修士号（M. Div および S.T.M.）を取得したのち、オハイオ州デイトンのユナイテッド神学校で神学博士の学位を取った牧師。ナイト師は若者の精神的、知的成長を促す活動に取り組むキャン・ドゥ・ミニストリーズを設立したほか、アトランタの超教派神学センターで説教学の教授を長年務めた。師はその世代でもっともすぐれた説教師の一人である。バーナード・リチャードソン博士は由緒あるハワード大学アンドリュー・ランキン・メモリアル・チャペルの主任牧師でハワード大学神学校教授。ウェストはこの二〇年間毎年この礼拝堂で説教を行なっている。トビー・サンダーズ師はビラヴド・コミュニティの牧師で、ニュージャージー州トレントン教育委員長、同州ＳＴＥＰプログラム（マーガレット・アトキンス代表）〔服役中の受刑者に高等教育を施すなどする事業〕の「学長」を歴任した。ウェストはこのプログラムに参加し、同州ローウェイで一四〇人の学生に哲学を教えている。バーバラ・キング博士はアトランタのヒルサイド・チャペル&トゥルース・センターを創設し、そこで牧師を務める。M・ウィリアム・ハワード・ジュニア博士はニュージャージー州ニューアークのベサニー・バプティスト教会の牧師で、ブラックとして初めて全米キリスト教会協議会の議長に就任した。ウィリアム・バーバー博士も牧師で、今日キングを彷彿させる偉大な人物の一人である。

(38) ここその次の箇所で引用されている住居と富の分配に関する統計については、二〇〇九年の政府統計に基づいてピュー・リサーチセンターが行なった分析を参照。Rakesh Kochhar et al., *Twenty to One: Wealth Gaps Rise to Record Highs Between Whites, Blacks, Hispanics* (Washington, DC: Pew Research Social and Demographic Trends, July 26, 2011), http://www.pewsocialtrends.org/2011 /07/26/wealth-gaps-rise-to-record-highs-between-whites-blacks-hispanics.

(39) ウェストがいう七カ月間とは二〇一〇年十二月から翌年八月までのこと。

(40) E. Franklin Frazier, *Black Bourgeoisie* (Glencoe, IL: Free Press, 1957).〔E・F・フレイジア『ブラック・ブルジョアジー――新興中産階級の勃興』太田憲男訳、未來社、一九七七年〕

(41) Kochhar, *Twenty to One*. 一時解雇が企業利益の急拡大の主因であることについては、たとえば次の記事を参照。Floyd Norris, "As Corporate Profits Rise, Workers' Income Declines," *New York Times*, August 5, 2011. 二兆一〇〇〇億ドルという数字は連邦準備銀行が二〇一一年に出した統計に基づくものだが、広く話題になった。たとえば、ジェイコブ・ゴールドスティーンは二〇一一年九月二十日にナショナル・パブリック・ラジオでこの問題を取り上げた。

（42）マリアン・ライト・エデルマンはイェール大学ロースクール出身の弁護士で、公民権問題に取り組み、アフリカ系アメリカ人女性として初めてミシシッピ州の弁護士資格を取得した。〔暗殺の直前にキングが企画していた〕「貧者の行進」の宣伝を助けたエデルマンは、「子供保護基金」などを通じて貧困児童のために根気強く活動していることでとくに知られる。

（43）ウォリンは民主主義を「一般市民の政治的潜在力、つまり共通の関心事とその実現に向けた手段を自分たちで見つけ出すことを通じて政治的存在になる可能性にかかわるプロジェクト」と定義する。したがって民主主義は「一つのかたちであるというより、一つの瞬間であることを定められているように思われる」。Sheldon S. Wolin, "Fugitive Democracy," *Constellations* 1, no. 1 (1994): 11, 19.

（44）ブルデューは「ハビトゥスには慣性がある」（*Pascalian Meditations*, 160）〔ブルデュー『パスカル的省察』加藤晴久訳、藤原書店、二〇〇九年、二七二頁〕と主張するが、ハビトゥスは「実践による変容」だけでなく「意識の目覚めと社会分析をとおして制御すること」も可能だとも強調する。Pierre Bourdieu, *In Other Words: Essays Towards a Reflexive Sociology*, trans. Matthew Adamson (Cambridge, UK: Polity, 1994), 116.

（45）*Howard Zinn on Race*, introduction by Cornel West (New York: Seven Stories Press, 2011).

（46）Raymond Williams, *The Long Revolution* (London: Chatto, 1961).〔レイモンド・ウィリアムズ『長い革命』若松繁信ほか訳、ミネルヴァ書房、一九八三年〕

（47）「混沌（mess）」はファニー・ルー・ヘイマーの好んだ言葉でもあり、ヘイマーはアメリカでブラックとして生まれることは混沌状態に生まれ落ちることだと演説でよく述べた。

（48）Garrow, *Bearing the Cross*, 562.

（49）カール・ストークスが一九六七年にクリーヴランド市長選に立候補した際にキングがストークスを支持したことについては次を参照。Ibid., 580.

（50）ヒューイ・ニュートンとアミリ・バラカ（リロイ・ジョーンズ）については本書第5章も参照。バラカは二〇一四年一月九日に亡くなった。

（51）一九四九～五四年にアフリカ民族会議（ANC）書記長を務めたウォルター・シスルと、八歳のときに一家で南アフリカに移住したリトアニア系ユダヤ人のジョー（ヨッセル・マシェル）スロヴォはともに南アフリカ共産党員で、マンデラが率いたANCの軍事部門ウムコント・ウェ・シズウェ（民族の槍）にも属していた。

## 第4章　民主的実存主義の熱――エラ・ベイカー

（1）次を参照。Barbara Ransby, *Ella Baker and the Black Freedom Movement: A Radical Democratic Vision* (Chapel Hill: University of North Carolina Press, 2003), 170.

（2）Ibid., 273.

（3）「受容力」はローマンド・コールズのラディカル・デモクラシー理論の核となる概念である。草の根レベルの組織化では相手の言い分をよく聴き、一対一の関係を築くべきだと論じるコールズは、コーネル・ウェストとエラ・ベイカーの二人を扱った小論で、ウェストの著述について非常に洞察鋭い解釈をしている。コールズは、発言するウェストよりも耳を傾けるウェストのほうがよく出ている箇所を取り上げてみせ、ウェストの「驚くべき情熱とカリスマ」とエラ・ベイカーの「民主的な受容力」とを対比させて率直な批評もした。そうしたのは、コールズが「コーネル・ウェストはエラ・ベイカーとボブ・モーゼズから学ぶべきことが多いといまも考えて」おり、ウェストの著述から読み取れる一定の限界をウェストに超えてほしいからだという。Romand Coles, "'To Make This Tradition Articulate': Practiced Receptivity Matters, Or Heading West of West with Cornel West and Ella Baker," in Stanley Hauerwas and Romand Coles, *Christianity, Democracy, and the Radical Ordinary: Conversations Between a Radical Democrat and a Christian* (Cambridge, UK: Lutterworth Press, 2008), 79, 53, 81.

（4）ベイカーは「深い信仰心のある若者で、頭脳明晰、直感が鋭い」(Ransby, *Ella Baker*, 248) ロバート・パリス・モーゼズを目にかけた。モーゼズがどのような教育を受けていたかや、活動家になりたてのころのSNCCでの様子、ベイカーとのごく良好な関係について有益な情報がまとめられているのは ibid., 248-52. ランズビーは二人の「感性が似ていた」ことに注目する。「二人とも知識人で、思慮深く分析力にすぐれていたが、同時に実際的で人あたりがよかった。二人とも、イデオロギーにも、ある戦略的判断をする際にそれがイデオロギー上どんな意味を持つかにも非常によく注意していたが、それと同じくらい、そうして決めたことを実行するのに現実に必要となる面倒な作業にも喜んで取り組んだ」(ibid., 251)。

(5)ベイカーとスカイラーは一九三〇年代にごく親しかった。ベイカーはスカイラーが三〇年に発足させた青年ニグロ協同組合連盟(YNCL)に創設時から加わり、全国局長も務めた。大恐慌期にはアナーキストの諸派のあいだで、資本主義と国家マルクス主義との中間に位置する第三の道として協同組合が示す経済モデルがもっとも注目されていた。スカイラーが三〇年に書いたとおり「協同民主主義とは一つの社会秩序のことで、工場、鉱山、鉄道、農場、市場、家屋、店舗など、生産、分配、交換に必要なすべての手段を、それらを生み出し、動かし、使用する者が協同で所有するのである。そんなユートピア社会を実現させようとして社会主義者は投票用紙を使い、共産主義者は弾丸を使う。対して協同組合員は(実際にはアナーキストである。理想とする社会が実現すれば、現在の形態をとる国家は必要なくなるからである——わたしもアナーキストである)、ゆっくりと、手順を踏みつつ、合法で知的な経済協力や相互扶助を通じてそんな社会の実現をめざしている」。*Pittsburgh Courier*, November 15, 1930; quoted in Ransby, *Ella Baker*, 87. ベイカーは協同組合運動を、根本から《ラディカル》の社会変革につながる道と考えていた。その道をたどれば、「大地とそこにある資源すべてが正当な所有者——世界の勤労大衆の手に戻る日」に達するのだと、三五年に書いている。“Youthful City Workers Turning to Cooperative Farming,” *Amsterdam News*, May 11, 1935; quoted in Ransby, *Ella Baker*, 86. デュボイスが三〇年代に協同組合型経済を広めようとしていたことについては Du Bois, *Dusk of Dawn* を参照。

(6)バイヤード・ラスティンについては第3章注(15)を参照。

(7)「カトリック労働者運動」の創設者の一人として、また『カトリック・ワーカー』紙の執筆者として名高いドロシー・デイは、一九二七年にカトリックに改宗し、アナーキストおよび社会主義者としての信条を熱い宗教心と融合させた。次を参照。Cornel West, “On the Legacy of Dorothy Day,” *Catholic Agitator* 44, no. 1 (February 2014): 1-3, 6; Cornel West, “Dorothy Day: Exemplar of Truth and Courage,” a lecture given at Maryhouse Catholic Worker, New York City, November 8, 2013, the 114th birthday of Dorothy Day (http://www.youtube.com/watch?v=Ac-MmXSMqJag). デイやバイヤード・ラスティン、デイヴィッド・ソローのアナーキズム思想については次を参照。Anthony Terrance Wiley, “Angelic Troublemakers: Religion and Anarchism in Henry David Thoreau, Dorothy Day, and Bayard Rustin," PhD dissertation（Princeton University, 2011）.

（8）オランダの詩人で活動家のヘルマン・ホルテル（Herman Gorter）とオランダの天文学者で評議会社会主義の理論家アントン・パンネクーク（Anton Pannekoek）はともにレーニンとボリシェヴィキによる共産党独裁体制を批判した。たとえばホルテルによる冊子 *The World Revolution*, Pamphlet（1923）や、パンネクークの *Lenin as Philosopher: A Critical Examination of the Philosophical Basis of Leninism*（1948; rev. ed., edited, annotated and with an introduction by Lance Byron Richey（Milwaukee: Marquette University Press, 2003）を参照。パンネクークの一九四六年の著作『労働者評議会（*De arbeidersraden*）』の英訳が最近刊行された。*Workers' Councils*（Edinburgh: AK, 2003）. ノーム・チョムスキーが序文を書いている。

（9）それでも、カーマイケルがベイカーに影響されたことは次の発言にはっきりと表れている。「[南部のニグロは] 恥ずかしめられた結果、自分には成長し、人を導き、意見を理路整然と述べる能力がないのではないかと思うようになる。生まれたときから肌の色、貧しさ、無知、そして話し方を恥ずかしいものだと思っている。テレビに出ているのは誰か、政治の舞台に立っているのは誰かといえば、リンジーやロックフェラー、マーティン・ルーサー・キングのような人であり、ファニー・ルー・ヘイマーのような人ではないからだ」。Stokely Carmichael, "Who Is Qualified?"（1966）, in *Stokely Speaks*, 13.

（10）ベイカーはブラックの自由闘争に主に携わったが、ヴェトナム戦争やプエルトリコ独立運動、南アフリカのアパルトヘイトといった国際問題のほか、アメリカ国内の貧困や社会不正義、教育の不平等、女性差別などの問題にも取り組んだ。Ransby, *Ella Baker*, 5.

（11）ウェストが言及しているのはベイカーの伝記である。Joanne Grant, *Ella Baker: Freedom Bound*（New York: John Wiley, 1998）; Barbara Ransby, *Ella Baker and the Black Freedom Movement*（本章注（1）で引用）。コールズの著作については本章注（3）にも挙げた "To Make This Tradition Articulate" を参照。

（12）エラ・ベイカーが実践のみに根差した活動家だったと考えるべきではない。実際には、ベイカーは理論書で読んだことを実践に活かしていた。たとえばある友人によれば「エラ・ベイカーはマルクスをよく学んでおり、わたしたちはマルクスについてよく議論した」（Ransby, *Ella Baker*, 68）. ハーレムという「革新的な思想の温床」(Ibid., 64 にあるベイカーの発言) でベイカーが学んだことの詳細は次を参照。"Harlem during the 1930s: The Making of a Black Radical Activist and Intellectual" (*Ella Baker*, 64-104). ランズビーはベイカーの実践の論理をこうまとめている。「社会変革と政治的組織化に関するベイカーの理論はその実践にはっきりと現れている。ベイカーの思想は彼女の業績に刻みこまれていた。ベイカーの活動そのものが、約六〇年にわたる実践に基づく体系的なテキストなのである」。*Ella Baker*, 1.

(13) Williams, *Long Revolution*.〔ウィリアムズ『長い革命』〕

(14) Mary Frances Berry and John Blassingame, *Long Memory: The Black Experience in America* (New York: Oxford University Press, 1982).

(15) ソール・デイヴィッド・アリンスキー (Saul David Alinsky) はシカゴ大学で社会学者のロバート・パークに学び、住民組織化《コミュニティ・オーガナイジング》の草分けだった。著書の *Rules for Radicals: A Pragmatic Primer for Realistic Radicals* (New York: Random House, 1971)〔アリンスキー『市民運動の組織論』長沼秀世訳、未來社、一九七二年〕は草の根レベルでの組織化の手引きとして大きな影響力を持つ。アリンスキーは一九四〇年に住民組織化のネットワーク団体「工業地域財団」(ＩＡＦ)を立ち上げた。アリンスキーは初めての組織化の試みとしてシカゴの家畜置場に隣接する工業地域でバックオブザヤーズ近隣協議会を組織した〔「バックオブザヤーズ」とはここでは家畜置場の裏手の意〕。ここでアリンスキーは地域内にあった二つの基礎的な社会勢力を結合させた。一つは組織された宗教(カトリック教会)、もう一つは組織労働者である。結果、住民の生活水準が向上しただけでなく、自ら組織化することの重要性について住民の理解が深まった。「住民たちの組織や機構は、外部の勢力ではなく住民自らが築き、所有し、運営するコミュニティ組織を通じてでなければ住民が権利を獲得することはできないと感じている。外部勢力はほとんどの場合、地域住民が実現を求めている重要な目的の多くに基本的に反対しているからである」。Saul Alinsky, "Community Analysis and Organization," *American Journal of Sociology* 46, no. 6 (May 1941): 807. 現在は、七〇年代前半にＩＡＦで訓練を受けたエルネスト・コルテズがＩＡＦの西部・南西部ネットワークの共同議長兼事務局長を務める。

(16) ウェストによれば、これらの問題についてもっともよく論じているのは Jeffrey Stout, *Blessed Are the Orga-*

*nized: Grassroots Democracy in America* (Princeton, NJ: Princeton University Press, 2010).

(17) FBIはベイカーを潜在的な危険分子と見なして何十年も監視したが、ベイカーが型にはまらず、所属する団体もさまざまでそれも頻繁に変わるので、ランズビーによれば「この中年のお騒がせ者をもてあましていた。分類不可能だったのだ」(Ransby, *Ella Baker*, 129)。

(18) アメリカでのブラックによる反乱と革命の可能性に関する詳しい論考は次を参照。 Harold Cruse, *Rebellion or Revolution?* (New York: Morrow, 1968).

(19)「哀れみを実に見事に書く作家」チェーホフ(“Chekhov, Coltrane and Democracy,” *The Cornel West Reader*, 555)は、ウェストの発想の源となってきた芸術家のなかでも筆頭である。一九九二年、ルカーチの歴史哲学について行なわれたハンガリーの哲学者エヴァ・L・コレドールとのインタビューで、ウェストは自分にある「非常にチェーホフ的な素質」を説明している。チェーホフにとって愛と奉仕は人生に対する楽観と結びついているのではないが、だからといってわたしたちはひねくれなくてもよい。「チェーホフのどこがすばらしいか。チェーホフがほかの誰よりもよく理解していたと思うのは、わたしたちは他者を愛し、気づかい、他者のために尽くすことができるということと——そしてこれはチェーホフの人生にも作品にも本当によく表れていることですが——そのことは、人間の性質や歴史といったものをとくに深く信用していなくても変わらないということです。そんなことを信用していなくても、わたしたちが生きるのが嫌であるとか、人生に対して斜に構えているというわけではなく、ただそうなっているのです」(“The Indispensability Yet Insufficiency of Marxist Theory,” *The Cornel West Reader*, 228)。とくに七〇年代半ばにロシア文学全般、なかでも大好きな作家チェーホフにとにかく熱中していたことについてのウェストの発言も参照。「チェーホフは破局と哀れみを表現する本物のブルーズ詩人である。チェーホフの作品には、苦悩と戦いながらよりよい生活を求めてもがきつづける平凡な人びとが愛情たっぷりに描かれている」(West, *Brother West*, 92-94)。

(20) カール・フォン・クラウゼヴィッツ(一七八〇〜一八三一年)が戦争を論じるにあたり「戦争は一種の強力行為であり、その旨とするところは相手に我が方の意志を強要するにある」と定義したことはよく知られる。クラウゼヴィッツによれば「奇異な三重性」として戦争を構成する三要素(強力行為、偶然、知力)のうち、ここでウェストが言及しているのは明らかに強力行為である。この「原始的な」強力行為は「殆ど盲目的な自然的本能とさえ言えるほどの憎悪と敵意とを伴っている」Karl von Clausewitz, *On War*, ed. Michael Howard and Peter Paret (Princeton, NJ: Princeton University Press, 1984), 89.〔クラウゼヴィッツ『戦争論』上巻、篠田英雄訳、岩波文庫、一九六八年、二九頁、六一〜六二頁〕

(21) シンガーソングライターのバーニス・ジョンソン・リーゴンは「エラ・ベイカーの政治活動面での娘の一人」で (Ransby, *Ella Baker*, 12)、公民権運動に参加し、SNCCが結成したフリーダム・シンガーズに加わるなどしていた。リーゴンはドキュメンタリー映画『フンディ』(本章注 (24) 参照) 用に「エラの歌 (Ella's Song)」を書き、歌ってもいる。歌詞はグラントによる伝記 *Ella Baker* のエピグラフとして再録されている。

(22) これはエラ・ベイカー個人の指導力に言及したものと解釈するべきではない。事実、ベイカーは「メモなど見ず、自分の心から聴衆の心に語りかける巧みな話し手」として知られていた。「たいへん説得力があり、マイクがなくても声がよく通りました。演説［…］は核心を突いており［…］たいへん人間的で温かいものでした」。NAACPで一緒に活動していた女性によるこの発言は Ransby, *Ella Baker*, 131 に引用されている。このようにベイカー個人は雄弁でカリスマ的な才能を持っていたが、女性であったために、男性がなるものとされていたカリスマ型指導者になれるとは見なされなかったのだろう。ジェンダーをめぐるアフリカ系アメリカ人指導者間の対立については次を参照。Erica E. Edwards, *Charisma and the Fictions of Black Leadership* (Minneapolis: University of Minnesota Press, 2012).

(23) 今日マーティン・ルーサー・キングとエラ・ベイカーの精神を引き継いでいるものについては、フィリップ・ハーパーが率いるドリーム・ディフェンダーズや、牧師のウィリアム・バーバー博士が率いるモラル・マンデーズによる運動を参照。

(24) 一九八一年公開のドキュメンタリー映画『フンディ――エラ・ベイカーの物語 (*Fundi: The Story of Ella Baker*)』の監督ジョアン・グラントはタイトルについてこう述べている。「『フンディ』にしたのは、それがベイカーをよく表しているように思えたからです。フンディ［…］はスワヒリ語で、共同体の中で長老の知恵、技術、知識を伝える人を指す言葉です。それは何かの制度を通じて伝えられるのではありません。ベイカーもそんなやり方はしなかったでしょう。そうではなく、口承によって世代から世代へと伝えられるのです」(Grant, *Ella Baker*, 143)。

(25) たとえば一九七七年のインタビューでベイカーはこう述べている。「大勢の貧しい人びとのニーズに応え得る唯一の社会は社会主義社会です」。Wesley Brown and Aeverna Adams, interview with Ella Baker, New York, 1977; quoted in Grant, *Ella Baker*, 218.

(26) エラ・ベイカーの政治思想に見られるラディカリズムは、ベイカーが説く体制批判に由来する。「貧しく、抑圧されたわたしたちが社会の有意義な一部になるためには、わたしたちが現在そのもとにある体制を根本から変えなければなりません。そのためにはラディカルな考え方ができるようにならなければなりません。わたしはラディカルという言葉を原義で使っています――根本原因を見極め、理解しなくてはいけないということです。人びとのニーズを顧みない体制に相対し、その体制を変える手段を編み出さなくてはなりません」。Ella Baker, "The Black Woman in the Civil Rights Struggle," speech given at the Institute for the Black World, Atlanta, 1969, in the possession of Joanne Grant, in Grant, *Ella Baker*, 227–31. 次も参照。Ransby, *Ella Baker*, 1, 377.

(27) ロリータ・レブロンは、プエルトリコの代表的な活動家で国民党党首のペドロ・アルビス・カンポスに命じられ、一九五四年三月一日にプエルトリコの独立を求めて仲間三人とともに米国議会下院を襲撃した。エラ・ベイカーのプエルトリコ連帯機構(PRSO)への関与については Ransby, *Ella Baker*, 354-55 を参照。ニューヨークのマディソン・スクエア・ガーデンで行なわれたプエルトリコ独立を求める集会でベイカーが基調演説を行なったのは一九七八年。レブロンらは二五年間服役し、一九七九年にジミー・カーター大統領による恩赦で釈放された。

## 第5章　革命の炎――マルコムX

(1) West, *Prophesy Deliverance!*, 143.

(2) West, *Race Matters*, 135–36.〔『人種の問題』一四三頁〕

(3) *The Cornel West Reader*, 7.

（4）ジャマイカ人の活動家マーカス・ガーヴィーは、二十世紀初頭のブラックの指導者でもひときわ重要で強い影響力を持っていた。ガーヴィーはブラック・ナショナリズムとアフリカ中心主義を掲げ、ブラックとしての自尊心と独立心を訴えてブラック大衆層を動員した。晩年のデュボイス同様、ガーヴィーは大衆運動の組織化には「文化ナショナリズム」が必要だと信じて疑わなかった。派手な制服や横断幕、ナショナリズムを称揚するテーマソングといった小道具を使ってきらびやかなパレードや野外劇を上演するのである。マルコムXの両親もガーヴィー主義者だった。アール・リトルはガーヴィーの組織である万国黒人《ニグロ》地位改善協会（UNIA）の支部で活動し、かわいがっていた息子のマルコムをよく会合に連れて行った。「会合の終わりにはいつも、父の後に続いて参加者が唱和した。『立て、偉大な人びとよ、あなた方にできないことは何もない！』」。Manning Marable, *Malcolm X: A Life of Reinvention* (New York: Viking, 2011), 27.

（5）一九四六年にマルコムXは強盗罪で八～一〇年の刑を宣告され、七年間服役した。姉のエラの根気強い働きかけが実り、四八年にマサチューセッツ州のノーフォーク刑務所に移送された。ノーフォーク刑務所は社会復帰を重視するとくに進歩的な施設で、マルコムが兄や姉たちからネイション・オブ・イスラムのことを聞いたのもここにいたときだった。厳格な自己教育プログラムを開始したのもここである。逆説的なことに、その経験によってマルコムは自由な人となる。「そのときから出所するまで、自由時間はいつも図書館で、でなければ寝床で読書していたといってもよいだろう。［…］囚人であることさえも忘れて数カ月が過ぎてしまった。実際、そのころは、人生でこれほど心から自由な思いをしたことはなかったのだ」。*The Autobiography of Malcolm X* (1973), with Alex Haley (New York: Ballantine Books, 1992), 188.〔『完訳マルコムX自伝』上巻、浜本武雄訳、中公文庫、二〇〇二年、三二〇頁〕

（6）イライジャ・ムハマド（イライジャ・ロバート・プールとして生まれる）は、ネイション・オブ・イスラムの創設者ウォレス・D・ファラードが失踪した一九三四年から、自身が亡くなる七五年まで指導者の地位にあった。ファラードとムハマドの教えは正統派ムスリムのものと一致しないのだが、マルコムXはメッカ巡礼時にこれに気づいた。イライジャ・ムハマドはガーヴィーと同じく、白人支配から脱却する唯一の手段はブラックとしての誇りと分離主義であるとの考えを広めた。また食事と道徳に関する厳格な規則を設け、それは白人のブラックに対する支配を妨げる規律を身に付けるためのものだとされていた。「ムハマド氏が自分を信じるよりも、私がムハマド氏を信じる気持ちのほうが強かった」(ibid., 335)〔前掲書、下巻、一三三頁〕。マルコムは、崇敬する指導者が自ら定めた道徳律に従っていなかったことを知って激しく動揺した。次も参照。"Out" in *Autobiography*.〔前掲書、下巻、一〇三〜五二頁〕

(7) ここもそうだが、本章の随所でウェストはマルコムXの発言に間接的にふれている。アフリカ統一機構をモデルとしたアフロ・アメリカン統一機構(OAAU)の設立集会で、マルコムXはパトリス・ルムンバ〔コンゴ民主共和国の独立指導者〕を称えた。「かつてアフリカ大陸をのし歩いたもっとも偉大な黒人、ルムンバ[…]は誰も恐れはしなかった。彼を恐れるあまり、権力者たちは彼を殺さなければならなかった。権力者たちはルムンバを買収することもできず、彼を脅かすこともできず、また彼に手を伸ばすこともできなかった」。一九六四年六月二十八日にハーレムのオーデュボン・ボールルームで行なった演説でマルコムXは、ルムンバがコンゴ独立宣言の式典(一九六〇年六月三十日)でベルギー国王に対して語った「まことに偉大な言葉」を引用し、ブラックの聴衆に「この言葉を選び出してドアのところに鋲でとめておくべきであろう」と勧めた。マルコムXによれば、ルムンバがアフリカ人に伝えたことはアフリカ系アメリカ人にとってもまったく同等に重要であるからだ。「ルムンバはこう語った。『あなた方権力者は、われわれに何も与えるものはない。あなた方はわれわれの身体に刻んだ傷跡を取り払うことができるだろうか? かつてあなたが切り落としたわれわれの手足を元通りにして返せるだろうか?』そうだ、白人権力者が諸君にした行為を忘れるべきではない。そして諸君の肉体ではなく、頭の中や心の中に、魂の中にいまもなお同じ種類の植民地主義や抑圧の傷跡を持っているのだ」。Malcolm X, *By Any Means Necessary: Speeches, Interviews, and a Letter by Malcolm X*, ed. George Breitman (New York: Pathfinder, 1970), 64-65.〔マルコムX著、ジョージ・ブレイトマン編『いかなる手段をとろうとも』長田衛訳、現代書館、一九七一年、九〇頁〕

(8) William Faulkner, *Light in August*, opening of chap. 6 (New York: Modern Library, 1012), 110.〔ウィリアム・フォークナー『八月の光』加島祥造訳、新潮文庫、一九六四年、第6章冒頭〕

(9) マルコムXは一つの民にとって歴史と記憶がいかに大切かを説いているが、前述のOAAU設立集会での演説でもこのことを取り上げた。このときマルコムは、委員会が作成した「アフロ・アメリカン統一機構の基本的方針と目的」から引用しながらその内容を詳しく説いた。OAAUは「洗脳されない完全な民族への文化的革命」をめざす。「この文化的革命は、われわれ自身を再発見するための旅であろう。歴史とは人々の記憶であり、記憶がなければ人間は動物のレベルに引き下げられてしまう」。「われわれの過去に関する知識で武装することができれば、自信を持って将来のコースを決定することができる。文化は解放闘争の中で不可欠の武器である。われわれは自分たちの文化をきちんと把握し、過去から未来を創出しなければならない」（Malcolm X, *By Any Means Necessary*, 54–56）。〔『いかなる手段をとろうとも』七八〜七九頁〕

（10）クロード・ルイスというブラックの記者に後世にどう記憶されたいかと尋ねられた際、マルコムXがこう答えたのである。ニューヨークで行なわれたこのインタビューの数カ月後にマルコムXは暗殺された。Peter Goldman, *The Death and Life of Malcolm X* (1973; Urbana: University of Illinois Press, 2013), 238. マルコムXが一九六四年三月十二日に出した声明も参照。「私は教育もなければ、ある特定の分野における専門家でもない。だが私は真剣である。この真剣さが私の武器である」（*Malcolm X Speaks*, 20）。〔『マルコムX・スピークス』二七頁〕

（11）Paul Laurence Dunbar, "We Wear the Mask," in *The Collected Poetry*, ed. Joanne M. Braxton (Charlottesville: University Press of Virginia, 1993), 12.

（12）ロバート・ウィリアムズについては第6章注（19）を参照。

（13）長年にわたりネイション・オブ・イスラムの指導者を務めたファラカンとウェストとの対話はどれも出版されていない。ウェストは「ファラカンの好ましくない見解」に目をつぶることはないが、ファラカンという導師のかれの民への「深い愛と奉仕」を強調する。「度胸と気骨がなければ白人優越主義に異を唱えることなどできなかった時代、ファラカンは勇敢に立ち上がった」（West, *Brother West*, 186）。一九九五年にファラカンによる「一〇〇万人行進」に参加したのは正しかったと述べる文章の中でウェストはこう書いた。「ブラックの苦難を浮き彫りにしようという点でわたしたちは一致している」。"Why I Am Marching in Washington," *Million Man March/Day of Absence: A Commemorative Anthology*, ed. Haki R. Madhubuti and Maulana Karenga (Los Angeles:

University of Sankore Press, 1996), 37.

(14) ジェームズ・ハル・コーンは画期的な三つの著作でブラックの解放の神学を展開し、ブラックのキリスト教徒としてブラックパワー運動の渦中にいるのがどんなことか、またイエスの生涯という模範が白人優越主義の名残に苦しむ抑圧されたブラックの解放にどのように貢献し得るのかという問いに取り組んだ。次を参照。James H. Cone, *Black Theology and Black Power* (New York: Harper & Row, 1969; Maryknoll, NY: Orbis Books, 1997)〔ジェイムズ・H・コーン『イエスと黒人革命』大隅啓三訳、新教出版社、一九七一年〕。これに続く著書が James H. Cone, *A Black Theology of Liberation* (Philadelphia: J. B. Lippincott, 1970; Maryknoll, NY: Orbis Books, 1990)〔ジェイムズ・H・コーン『解放の神学――黒人神学の展開』梶原寿訳、新教出版社、一九七三年〕および James H. Cone, *The Spirituals and the Blues* (1972; Maryknoll, NY: Orbis Books, 1991)〔ジェイムズ・H・コーン『黒人霊歌とブルース――アメリカ黒人の信仰と神学』梶原寿訳、新教出版社、一九八三年〕である。コーネル・ウェストのコーンへの賛辞も参照。Cornel West, "Black Theology and Human Identity," in *Black Faith and Public Talk: Critical Essays on James H. Cone's* Black Theology and Black Power, ed. Dwight N. Hopkins (Maryknoll, NY: Orbis Books, 1999), 11-19.

(15) ここでウェストは一九六四年のマルコムXの発言を言い換えている。元の発言は「白人たちが私をどれほど尊敬し、どれほど認めたところで、それが私自身に向けられたものでしかなく、この国に住む黒人の一人一人に向けられなければ、そんなものは無意味なのです」で、次からの引用。West, *Race Matters*, 35.〔『人種の問題』六三頁〕

(16) Goldman, *Death and Life of Malcolm X*, 14 を参照。

(17) ヒューイ・P・ニュートンは一九七三年の自伝で父親のことを鮮明に描いている。とくに参考になるのは第四章で、たとえば次のような記述がある。「父が普通ではなかったというのは、南部のブラック男性にはめったに見られない威厳と誇りを持っていたという意味で、南部のブラック男性の多くは父と同じような強さを持ってはいたが、白人がいるところでそれを見せることはなかったのである。そうすることはつまり自分の人生に責任を持つことだった。父は自分の強さを誰からも隠さなかった」。Huey P. Newton, with J. Herman Blake,

*Revolutionary Suicide* (New York: Penguin, 2009), 29.

(18) 第3章注(30)も参照。ボビー・シールとエリカ・ハギンズが殺人罪に問われ、最終的に全面無罪となった有名な裁判の詳細は次を参照。Donald Freed, *Agony in New Haven: The Trial of Bobby Seale and Ericka Huggins and the Black Panther Party* (New York: Simon and Schuster, 1973). ブラックパンサー党の黄金時代についてシールが書いているのは Bobby Seale, *Seize the Time: The Story of the Black Panther Party and Huey P. Newton* (New York: Random House, 1970). シールの自伝も参照。Bobby Seale, *A Lonely Rage: The Autobiography of Bobby Seale* (New York: Times Books, 1978).

(19) エリカ・ハギンズはブラックパンサー党の幹部としてまずロサンゼルス支部を指導し、その後ニューヘイヴン支部の設立と指導にあたった。しかし革命をめざしたほかの実に多くの女性活動家と同様、同党の男性幹部に比べてほとんど知られていないのは見落としてはいけない。同党がさまざまな方法で行なったコミュニティ奉仕活動が過小評価されてきたのも問題である。学術研究でも長年、同党の戦闘的で男性的なイメージばかりが取り上げられていた。これは男性の党員たち自身がそうなるように仕向けていたのが一因だったのに加え、メディアがそうしたイメージを求めていたのも確かだろう。ブラックパンサー党史の修正主義的な解釈は次を参照。Ericka Huggins and Angela D. LeBlanc-Ernest, "Revolutionary Women, Revolutionary Education: The Black Panther Party's Oakland Community School," in *Want to Start a Revolution?* 161–84. これまで顧みられてこなかったブラックパンサー党の革命運動への女性の貢献についての記述がある。ブラックパンサー党で女性がきわめて重要な役割を果たしていたことについての非常に公平で細かい評価と、党員が男女ともにジェンダー化された権力関係に 苦慮したことについては次を参照。Mumia Abu-Jamal, *We Want Freedom: A Life in the Black Panther Party* (Cambridge, MA: South End Press, 2004), 159–84. アブ=ジャマールについては本章注(26)を参照。興味深いことに、アブ=ジャマールは読者にエラ・ベイカーの「集団による指導方式」に注目させている。「要は、ベイカーは公民権運動組織が黒人教会でのやり方——ほとんどが女性である会員が、ほとんどの場合男性である一人の聖職者に付き従うかたち——を手本にしていることに異議を唱え、そうした組織の指導部に女性が入ることを求めていたのである。ベイカーはまた、こうした組織の指導体制が上意下達的なものであることも問題にしていた」(ibid., 159)。ブラックパンサー党によるコミュニティ奉仕活動を重点的に取り上げているのは *The Black Panther Party: Service to the People Programs*, ed. David Hilliard (Albuquerque: University of New Mexico Press, 2008). 学生のときにブラックパンサー党の「児童のための無料朝食提供事業」に参加していたウェストはこの本のはしがきで、同党の政治的理想像が時代に先駆けるものだったことを力説している。「ブラックパンサー党は〔…〕〔ブラックが〕ニガー化されたアメリカで、その状態から抜け出す動きの最高形態だった。ブラックパンサー党はアメリカ型人種隔離《アパルトヘイト》にとって最大の脅威だった。組織構成は土着的、戦術と戦略は人種横断的、構想と分析は国際的だったからである。土着的とは現地のコミュニティのニーズと希望に応えたという意味だ。〔…〕ブラックパンサー党は庶民の日常生活の問題と、抑圧的な現状に立ち向かう深いところからの民主的エンパワーメントとを結びつけた。人種横断的とは、進歩的な褐色、赤色、黄色、白色の活動家と戦略的連携と戦術的連合を組むことを厭わなかったということだ。そして国際的とは、アメリカ型アパルトヘイトを世界中で行なわれている反帝闘争の文脈で理解したことである」(x)。

(20) マルコムXがアミリ・バラカ(リロイ・ジョーンズ)に与えた甚大な影響については、バラカの「社会評論集」である *Home* (1966; New York: Akashi Classics, 2009) の中の「マルカムXの遺産と黒人国家の実現」("The Legacy of Malcolm X, and the Coming of the Black Nation") を参照 (266-79)〔リロイ・ジョーンズ『根拠地』木島始・黄寅秀訳、せりか書房、一九六八年、三九二〜四一一頁〕。再版時の序文も参考になる。その序文でバラカは、自分が「アフロ・アメリカ人の民族運動の考え方が開かれて、一つだったのが二つに分かれた」と定義する展開にマルコムXが多大な影響を与えたのだと述べている。「私たちの世代は、もちろんキング博士を敬愛しないわけにはいかなかったが、例の呼びかけ〔『誰かの血が流れるのなら、それはわれわれの血でなければ!』〕は到底受け入れられないとして拒んでいた。なぜか。そのころマルコムXが出てきていて、こう言ったからだ。『暴力を振るわず、礼儀正しく、法を守り、あらゆる人を尊重しなさい。ただ、もし誰かが手を出してきたら墓場送りにしてやりなさい』」(17)。

(21) 暗殺されるまでの数カ月間、マルコムXは国際的な協力関係を模索することと、米国政府による人権侵害の責任を追及することが必要であると何度も説いていた。これについてもっとも詳細なくだりは、マルコムXの演説のなかでもっとも有名なうちの一つ「投票か弾丸か」にある。一九六四年四月三日、マルコムXはブラックの聴衆にこう語りかけた。「奴らはあなた方黒人を公民権の範疇におしとどめているのだ。そのためにあなた方はずい分長い間公民権の木にかかわりあって時間を浪費しているのである。同じところに人権という木が生えているのさえ知らずに。あなた方が公民権闘争を人権闘争のレベルにまで高めたとき、その時あなた方はこの国の黒人問題を国連にもちこむことができる。国連総会にもちこむことができる。アンクル・サムを世界の法廷にひきずり出すことができるのだ」（*Malcolm X Speaks*, 34-35）〔『マルコムX・スピークス』四四頁〕。マーティン・ルーサー・キング・ジュニアに関するFBIのファイルによれば、この演説の二カ月後の一九六四年六月、マルコムXと複数の公民権団体の代表者が会合を持った。参加者のなかにキングの弁護士で相談役でもあった友人のクラレンス・ジョーンズがいた。ジョーンズにはキングの代理として発言する権限があった（当時キング本人は牢屋に入っていた）。FBI報告書にはこうある。「ジョーンズは『今日の会議を振り返ると、話し合いでもっとも重要だったのは公民権問題を国際問題として扱い、国連に持って行こうというマルコムXの案だった』と述べた。［…］ジョーンズは『今年九月の国連総会でニグロの窮状を訴えるべきだ』と述べた」。Michael Friedly and David Gallen, *Martin Luther King, Jr.: The FBI File* (New York: Carroll & Graf, 1993), 242.

(22) James H. Cone, *Martin & Malcolm & America: A Dream or a Nightmare?* (Maryknoll, NY: Orbis Books, 1991; 20th anniversary ed., 2012).〔ジェイムズ・H・コーン『夢か悪夢か？――キング牧師とマルコムX』梶原寿訳、日本基督教団出版局、一九九六年〕。コーンはこう概括する。「われわれは決して彼らを、相互に争わせてはならない。だから自分は一方の味方で、他方の味方ではないと主張する者はだれでも、黒人共同体に対する、またアメリカに対する、ないしは世界に対する彼らの意義を、理解してはいないのである。われわれにはふたりが必要なのであり、しかも一緒に必要なのである。マルコムは、マーティンが無害なアメリカ人ヒーローに成り下がるのを、防いでいる。そしてマーティンは、マルコムが単なる排斥された黒人ヒーローに終わるのを、防いでいる」(316)〔前掲書、四三一頁〕。

(23)「〔ハゲタカのように〕よほど貪欲でもなければ、資本主義制度をあやつることはできない。資本家であるためには、他人の血を吸わなければならない」（オーデュボン・ボールルームでの一九六四年十二月二十日の演説）。*Malcolm X Speaks*, 121.〔『マルコムX・スピークス』一三六頁〕。ハゲタカのたとえがもっと練られているのが次の発言。「資本主義が生き残ることは不可能だ。第一に資本主義制度は吸い取る血を必要としているからだ。資本主義はかつてはワシのようだったが今はむしろハゲタカに似ている。かつては、相手が強かろうと弱かろうと問題にせずに乗り込んで行って血を吸い取るくらい強かった。だが今はもっと臆病になった。ちょうどハゲタカのように。そして、今やそれは力つきた者の血を吸い取るくらいのことしかできない。世界の国々が自らを解放するにつれて資本主義による犠牲はより少なくなってくるし、少しの血しか吸えなくなってくる。資本主義の力はますます弱まっていく。それがいつ崩壊するかは時間の問題に過ぎないと思う」。"The Young Socialist Interview," January 18, 1965, *By Any Means Necessary*, 165-66.〔『いかなる手段をとろうとも』二〇九～一一〇頁〕。

(24) カーマイケルは演説で、ブラックのラディカルな伝統の精神を保つことの重要性をたびたび強調した。「マルコムの発言によく耳を傾けなければなりません。わたしたちにとって英雄である人の考えを、わたしたちは理解しなければなりません。わたしたち以外の誰かにかれらを利用させ、英雄たちが言っていないことを言ったと解釈させるわけにはいかないのです。英雄たちがわたしたちに何を訴えかけていたのかをわかっていなければいけない――かれらはあくまでわたしたちの英雄であり、白人左翼その他の英雄ではない」。*Stokely Speaks*, 178. ダグラスやデュボイスのほか、同時代の活動家への言及については *Stokely Speaks*, 62-63, 74-75 も参照。

(25) 革命的黒人《ブラック》労働者連盟（ＬＲＢＷ）は、非人間的な労働条件にいらだち、全米自動車労組がブラックの労働者のことを考えないことに不満を持つ自動車工場の労働者が一九六九年のデトロイト蜂起を受けて結成した革新的な団体だった。ケネス・コクレルとジェネラル・ゴードン・ベイカー・ジュニアが組合執行委員で、ダリル・ミッチェルは創設者の一人。詳しい歴史は次を参照。James A. Geschwender, *Class, Race, and Worker Insurgency: The League of Revolutionary Black Workers* (New York: Cambridge University Press, 1977). 古典とされる Dan Georgakas and Marvin Surkin, *Detroit, I Do Mind Dying: A Study in Urban Revolution* (New York: St. Martin's

Press, 1975）が二〇一二年にヘイマーケット・ブックスからマニング・マラブルの序文付きで再刊されたのは興味深い。

（26）ムミア・アブ＝ジャマールは元ブラックパンサー党員で、ラジオ・ジャーナリストと文筆家として精力的に活動していたが、一九八二年に警官を殺害したとして死刑判決を受けた。刑は二〇一二年に終身刑に減刑された。この裁判に関する被告側の見解については、弁護人レナード・I・ワイングラス（Leonard I. Weinglass）がアブ＝ジャマールの自伝的回想録に寄せたテキストを参照。"The Trial of Mumia Abu-Jamal," Abu-Jamal, *Live From Death Row*, introduction by John Edgar Wideman (Reading, MA: Addison-Wesley, 1995), 195-215〔ムミア・アブ＝ジャマール『死の影の谷間から』今井恭平訳、現代人文社、二〇〇一年、二一七〜三四頁〕。この本に所収の"Musings on Malcolm"(133-36)〔一五六〜五九頁〕でアブ＝ジャマールは、マルコムXはブラックパンサー党にとって重要な存在であると断言したうえで、全体が人種差別的である体制に対するマルコムXの戦いの継続性を強調する。「マルコムと、メッカから帰還した男、ハジ・マリク・シャバーズ〔マルコムはメッカ巡礼後にこう改名した〕は、どちらもアメリカの人種主義［…］の天敵であった。彼は人間の自衛権と人民の自決のために立ちあがり、そしてそのために死んだのだ。最高裁がいみじくも示しているように、日ごと、事件ごと、政権交代ごとにコロコロ変わる「公民権」の旗手などでは決してないのだ」(136)〔前掲書、一五八〜五九頁〕。Mumia Abu-Jamal, *Death Blossoms: Reflections from a Prisoner of Conscience*, foreword by Cornel West (Farmington, PA: Plough Publishing House, 1997) も参照。ウェストによる同書のはしがきは、本書を編む動機ともなった切迫した問いかけで終わっている。「わたしたちはいつになったら血まみれの預言者たちの声に耳を傾け、そこから学ぶのだろうか」(xii)。ＭＯＶＥという団体のパム・アフリカとラモーナ・アフリカにはブラックの預言者の炎が灯っており、二人はほかの多くの人とともに、ムミア・アブ＝ジャマールのための闘いが途絶えないように取り組んできた。アブ＝ジャマールは、もっと最近ではマーク・ラモント・ヒルとの対談でマルコムXのほかにブラックのラディカルな伝統を受け継ぐ偉大な人物を何人か挙げている。たとえばデュボイスに関する長いやりとりでアブ＝ジャマールは「デュボイスの本でいちばん好きなのは『黒人のたましい』ではなく *Darkwater* です。こちらのほうがずっとむき出しで、容赦なく、怒りに満ちています」と述べる。

Mumia Abu-Jamal and Marc Lamont Hill, *The Classroom and The Cell: Conversations on Black Life in America* (Chicago: Third World Press, 2012), 70. スティーヴン・ヴィトリア（Stephen Vittoria）によるすばらしいドキュメンタリー映画 *Long-Distance Revolutionary: A Journey with Mumia Abu-Jamal* (Street Legal Cinema, 2013) も参照。この作品はダグラスやマルコムXといった先達の話や、アンジェラ・デイヴィス、アリス・ウォーカー、コーネル・ウェストら現代の知識人や活動家のインタビューを通じて、アブ＝ジャマールを明確にブラックの預言者的精神を受け継ぐ者として位置づけている。

(27) アサタ・シャクールは、学生だった一九六〇年代半ばからラディカルな活動家である。ブラックパンサー党ハーレム支部の主要メンバーだったが、他のメンバーがブラックの歴史的伝統を踏まえていないことを理由に脱退した。自伝で述べているとおり「基本的な問題は、ブラックパンサー党には政治教育を体系的に施そうという姿勢が欠けていたことに端を発していた。党員は『毛沢東語録』を読んでいながら、ハリエット・タブマンやマーカス・ガーヴィーやナット・ターナーのことを知らなかった」。Assata Shakur, *Assata: An Autobiography* (1987; Chicago: Lawrence Hill Books, 1999), 221. 自力で学んでいくなかでシャクールは「ブラック・レジスタンス」について学ぶのがいかに重要かを強調する。「［「ナット・ターナーのことを知った」］その日以来いつなんどきも本を読んでいた。ソニア・サンチェズからハキ・マドゥブティ（ドン・L・リー）まで［…］なんでも読んだ。アミリ・バラカやエド・ブリンズなどブラックの戯曲家の作品も見た。［…］まったく新たな世界が目の前に開けた」(175)。シャクールはブラックパンサー党のなかでも急進的な分派である非合法組織の黒人《ブラック》解放軍（BLA）に加わった。いわゆるニュージャージー・ターンパイク銃撃戦事件で州警察の警官を殺したとして有罪判決を受けたが、七九年に脱獄して最終的にキューバに逃れ、八四年以降は政治亡命者として保護されている。米国では二〇〇五年に「国内テロリスト」に指定され、一三年五月にはFBIの最重要指名手配テロリストの一覧に名前が加えられた。

(28) FBI長官J・エドガー・フーヴァーが一九六八年三月に出した書簡にあるとおり、FBIの防諜プログラム（COINTELPRO）は非常に明確な五つの長期的目標を立てていた。「戦闘的なブラック・ナショナリズム団体の連合」を防ぐ、ブラック・ナショナリズム団体による暴力を防ぐ、ブラック・ナショナリズム団体が高い社会的地位を得るのを防ぐ、ブラック・ナショナリズム団体の勢力拡大を防ぐ、などである。ブラックの預言者的伝統の文脈では、五つのうち二番目の目標がとりわけ興味深い。「戦闘的なブラック・ナショナリズム運動を統一し高揚させる可能性のある『救世主』の登場を阻止すること。マルコムXはそんな『救世主』になったかもしれない。今日、マルコムXはブラック・ナショナリズム運動の殉教者である。マーティン・ルーサー・キング・ジュニア、ストークリー・カーマイケル、イライジャ・ムハマドはみなそんな救世主になりたいと考えている。イライジャ・ムハマドは年齢からしてそこまでの脅威ではない。キングは非常に現実的な候補になり得る。ただし『白人のリベラルな教義』（非暴力主義）への『服従』と見なされるいまの立場を改め、ブラック・ナショナリズムのほうを選んだ場合である。カーマイケルにはこの点で真の脅威になるだけのカリスマがある」。この書簡をはじめとするFBIのブラックパンサー党ファイルからの引用は、ウェストがここで提起する問題を論じた次の冊子に再録されている。Dhoruba Bin Wahad, Mumia Abu-Jamal, and Assata Shakur, *Still Black, Still Strong: Survivors of the U.S.War Against Black Revolutionaries* (New York: Semiotext/e, 1993), 245.

(29) 人権問題に取り組む弁護士でベテラン政治活動家のロジャー・ウェアハムは、ニューヨークを拠点とする非政府組織「十二月十二日運動」のメンバー。十二月十二日運動は、ブラックに対する継続的な人権侵害について米国を国際法廷で裁くことをめざしたマルコムXの志を継いでいる。

(30) グラフィック・アーティストでパン・アフリカ運動に長年携わったイロンベ・ブラスは、AJASS（African Jazz-Arts Society and Studios）の共同設立者でもある。これは一九五〇年代半ばに活躍していたブラックのアーティストの集まりで、マルコムX暗殺後にアミリ・バラカが立ち上げた有名なブラック・アーツ・ムーヴメント（BAM）の先駆けと見なされている。H・ラップ・ブラウンは一九六七年にストークリー・カーマイケルの後任としてSNCC議長に就任した。ブラウンはアティカ刑務所収監中（一九七一〜七六年）に正統派イスラムに改宗し、ジャミル・アブドゥッラー・アル＝アミンと改名して敬虔なイマームとなった。二〇〇〇年の発砲事件後に殺人罪に問われて有罪判決を受け、仮釈放なしの終身刑を宣告された。アメリカでブラックとして育った経験を綴ったブラウンの自伝は、ファノンによる抑圧の病理学的分析（第1章注（23）を参照）

を連想させる心理社会的な考察に富んでいる。「ある種の人びとが、競争的な個人主義の思想を助長する制度の中で抑圧される時、個人的な利益をめぐる政治的な多極化現象が集団の利益を妨げる」。H. Rap Brown, *Die Nigger Die! A Political Autobiography*, foreword by Ekwueme Michael Thelwell (1969; Chicago: Lawrence Hill Books, 2002), 16.〔H・ラップ・ブラウン『ニガーよ死ね！ 政治的自伝』鈴木主税訳、合同出版、一九七〇年、二九頁〕

（31）ハキ・R・マドゥブティ（Haki R. Madhubuti/ Don L. Lee）は一九六九年の詩集『泣くな、叫べ（*Don't Cry, Scream*）』の「はしがき」で自分の詩風をこう定義する。「黒人詩は剃刀のようなもので、よく切れ、深く差し込むことができる。怠惰な黒人の精神のことを傷つけるどころか殺してしまう」。次に収録。*Liberation Narratives: New and Collected Poems 1966–2009* (Chicago: Third World Press, 2009), 61. マドゥブティの詩は、かれがブラックの預言者的営みに身を投じていることの証である。八七年の詩集『記憶を殺し、祖先を探す（*Killing Memory, Seeking Ancestors*）』でマドゥブティはマルコムXに賛辞を捧げ、こう尋ねる。「献身的な人たちとともにあなたが生きていたら／今日わたしたちをどう導くでしょうか」。それに対する答えはこうである。「あなたが純粋だったのではない。／あなたの理想と苦痛に嘘がなく、／心と決意が誠実だから／周りの人への思いやりが本物で、あなたが／進歩的な思想を抹殺させまいとしたことが／真剣な人びとの心に刻まれている」。“Possibilities: Remembering Malcolm X,” in *Liberation Narratives*, 278.

（32）ソニア・サンチェズ（Sonia Sanchez）は、マルコムXへのたいへんな尊敬と深い感謝の念を何度も表明している。もっとも有名なのは詩集 *Home Coming* (Detroit: Broadside Press, 1969), 15–16 に収録された追悼詩「マルコム（Malcolm）」と、一九七二年の戯曲 *Malcolm Man/Don't Live Here No Mo'* である。散文詩“Homegirls on St. Nicholas”でサンチェズは、マルコムXが話すのを初めて耳にしたときに自分の人生がどれほど根底から変わったかを鮮明に描いている。それでも「マルコムの話を聞きたくなかった。マルコムの言葉を聞くと頭が痛くなった。[…] なぜマルコムはわたしの空間に手榴弾のような言葉を投げ込んできたのか」と感じた。でもマルコムXが『自分が何者かわかっていますか。自分が本当は何者だと思っていますか？ 最近鏡を見ましたかみなさん、そして自分たちが黒人《ブラックネス》であることに向き合いましたか？』と尋ねてきたとき [… ] わたしの中で何かが動きはじめた。それはアメリカという教室でずっと前になくしていたものだった。その寒くじめじめした午後、わたしはまた暖かくなった」。Sonia Sanchez, *Wounded in the House of a Friend* (Boston: Beacon Press, 1995), 52-53. マルコムXについてのサンチェズの発言については次のインタビュー集を参照。なかでもデイヴィッド・レイクとの対談（一九九九年）が参考になる。サンチェズは、マルコムXが「わたしたちの思いをはっきりと述べてくれる存在になった」と述べる。「マルコムはわたしたちが考えていたことをすべて明瞭に表現してくれました。わたしたちの多くにとって、バラカたちも含めてですが、マルコムは代弁者でした」。*Conversations with Sonia Sanchez*, ed. Joyce A. Joyce (Jackson: University Press of Mississippi, 2007), 90, 89.

（33）「大衆の当面する問題は何か。また、その根本的原因は何かを、あなた方が大衆に理解させることができれば、大衆は自分達のプログラムをつくりだすだろう。私個人としてはそう考えている」。Speech at a meeting of the Organization of Afro-American Unity on the evening of December 20, 1964, *Malcolm X Speaks*, 118-19.〔『マルコムX・スピークス』一三三頁〕。マルコムXは一九六三年十一月の有名な「草の根へのメッセージ」で、指導層は革命の炎を着火させるよりも制御しようとしがちであることを強調して人びとを指導層と対立させている。演説の前にマルコムXはハーレムのウィリアムズ・インスティテューショナルCME教会に草の根活動家のファニー・ルー・ヘイマーとともに現れ、その日の夜にオーデュボン・ボールルームで行なわれる会合にヘイマーを招いていた。*Malcolm X Speaks*, 114-15〔前掲書、一二八〜一二九頁〕を参照。

（34）本章でウェストが言及する世俗主義の台頭については、ピュー研究所「宗教と公共的生活プロジェクト」が公表した無宗教のアメリカ人に関する統計を参照。Pew Research Religion and Public Life Project, *Nones on the Rise: One in Five Adults Have No Religious Affiliation* (Washington, DC: Pew Research Center's Forum on Religion & Public Life, October 9, 2012), http://www.pewforum.org/2012/10/09 /nones-on-the-rise-religion/

（35）Ibid.

（36）ロバート・グリーン・インガーソルは十九世紀後半にたいへんな人気だった不可知論者の一人で、当時もっともすぐれた講演者のうちに数えられていた。もっともすぐれた弁士だったといえるかもしれない。インガーソルは不可知論（あるいは無神論。無神論者は神の存在を否定し、不可知論者は神の存在の有無は知り得ないとする一般的な解釈に対し、インガーソルは両者を区別する意味はないと考えていた）について論議を呼ぶ講演をすることでもっともよく知られたが、幅広いテーマで演説をし、ヒューマニズムの名のもとで人種間の平等、女性の権利、公民権を主張した。インガーソルは詩人のウォルト・ホイットマンを称える講演「文学における自由（Liberty in Literature）」を本人の前で行なったとき（その二年後にホイットマンの葬儀で頌徳演説を行なって好評を博すことになる）、シェリー、バイロン、バーンズを引き合いに出し、そのような一流の詩人が預言者としての資質を備えていたことを称えた。「偉大な詩人たちは抑圧された者、虐げられた者の側に立ってきました。かれらは投獄された者、奴隷となった者とともに苦しんできました。［…］偉大な詩人たちは［…］いつの時代にも人間の叫びを発してきました。金に買収されることもなく、権力に恐れおののくこともなく、灯火を高く上げてこの世を照らしてきたのです」。*Walt Whitman, An Address. Delivered in Philadelphia, Oct 21, 1890* (New York: Truth Seeker Co., 1890). フレデリック・ダグラスとオティリー・アシング（第1章注（17）参照）がインガーソルと親しかったのも驚きではない。Diedrich, *Love Across the Color Lines*, 358を参照。一八七五年公民権法の第一節および第二節を違憲とした一八八三年の最高裁判決に抗議するワシントンDCでの集会で、インガーソルはダグラスの紹介で登場し、最高裁判決を強く非難し、判決によってどんなことが起こるかを陰鬱な調子で表現した。「夜陰に乗じて哀れなニグロを小屋から引きずり出し、その震える身体を鞭と革紐で切り裂く覆面の卑劣漢たちが、血塗られた手で、最高裁判決に喝采を送るでしょう」。Ingersoll, "Address on the Civil Rights Act," *The Works of Robert G. Ingersoll*, vol. XI, *Miscellany* (New York: C. P. Farrell, 1900), 2. また次も参照。Susan Jacoby, *The Great Agnostic: Robert Ingersoll and American Freethought* (New Haven, CT: Yale University Press, 2013), 111. あとがきの「『新しい』無神論者たちへの手紙（"Letter to the 'New' Atheists"）」が参考になる。著者によれば「『新しい』無神論者たち」はインガーソルをほぼ無視してきた（192-202）。

（37）クラレンス・スワード・ダロウ（Clarence Seward Darrow）は著名な弁護士だった。ダロウの仕事でよく知られているもののなかに、テネシー州デイトンの学校で進化論を教えたとして訴追されたジョン・T・スコープスの弁護活動がある。ダロウは自伝でこの裁判に三章を割いている。この事件を引き受けたのはただ「この国の公立学校が無知に基づく狂信に脅かされないように、一般の人に立ち止まり、目を開き、耳を傾けてもらうため」だった。*The Story of My Life*, with a new introduction by Alan M. Dershowitz (1932; New York: Da Capo Press, 1996), 276. ダロウが神への信仰を論じている章 "Questions without Answers" (385–95) も参照。ダロウはウォレス・ライス (Wallace Rice) とともに *Infidels and Heretics: An Agnostic's Anthology* (1928; New York: Gordon Press, 1975) を編集した。ウェストが言及する今日の無神論の復活については、たとえば次の二冊を参照。*In the Clutches of the Law: Clarence Darrow's Letters*, ed. and with an introduction by Randall Tietjen (Berkeley: University of California Press, 2013); *Attorney for the Damned: Clarence Darrow in the Courtroom*, ed. and with notes by Arthur Weinberg; foreword by Justice William O. Douglas (1957; Chicago: University of Chicago Press, 2012).

(38) ジェームズ・ボールドウィン (James Baldwin) が一九六八年七月七日に世界教会協議会で行なった演説を参照。"White Racism or World Community," in *Collected Essays* (New York: Library of America, 1998), 749-56. 演説者としての適性についてボールドウィンはこう述べた。「自分がこんな場所に立つとは夢にも思っていませんでした。説教壇を降りてから二七年が経つからです。[…] そしてこの場ではっきりさせておきたいのは、今日わたしはいささか耳の痛い話をするかもしれないけれども、どうしてもしなければならない告発の核心に一つの願いが含まれているということを理解してほしいのです。その願いはイエス・キリストその人がはっきりと述べたことです。『わたしの兄弟であるこのもっとも小さい者の一人にしたのは、すなわちわたしにしたのである』と」(749)。ボールドウィンは、元は一九六三年の *The Fire Next Time*〔『次は火だ――ボールドウィン評論集』〕に収録された自伝的小論「十字架の下で」で、キリスト教抜きに道徳はあり得ないとするキリスト教の主張を退けている。「真に道徳的な人間になることを望む者はだれであれ [… ] まずキリスト教が発する禁止事項、罪、偽善のすべてから絶縁すべきだといっても差し支えない」。Baldwin, *Collected Essays*, 314.〔『次は火だ――ボールドウィン評論集』三九頁〕。とはいえ、自分がかつて教会での礼拝に強く惹かれたこともボールドウィンは認めている。「教会はひどく私を興奮させ、その興奮から醒めるには長い時間を必要とした。実に盲目的でかつ最も生理的な真実に基づいていえば、私は本当にその興奮から醒めたことはないし、これからも醒めることはないだろう。聖者たちが法悦にひたり、罪人たちがうめき声をあげ、タンバリンが音を競い合い、人々の声が一つになって神に忠誠を叫ぶ、そのような音楽は他にはないし、そのようなドラマも他にはない」(306)〔前掲書、二六頁〕。一九六五年のインタビューでボールドウィンは自分の信仰心を分析している。「わたしはどこの教会にも理解されるようなかたちの信者ではありませんし、どこの教会に行っても追い出されることは明らかです。わたしが信じているのは——何を信じているのでしょうか。［…］愛を信じています。［…］［愛とは］受動的なもののことではありません。わたしが考えているのは能動的なもの、どちらかといえば炎のような、風のようなもの、自分を変えてくれるかもしれないもの。エネルギーです。人間がなし得ること、なり得るもの、自分がいる世界を変えるためになし得ることへの情熱的な信、情熱的な知のことです」。James Mossman, "Race, Hate, Sex, and Colour: A Conversation with James Baldwin and Colin MacInnes" (1965), in *Conversations with James Baldwin*, ed. Fred L. Standley and Louis H. Pratt (Jackson: University Press of Mississippi, 1989), 48. 興味深いことに、一九八七年にボールドウィンが亡くなると、ソニア・サンチェズが敬意を込めた追悼文を書いたのだが、それがボールドウィンの「炎の遺産。わたしたちが言葉を発せないときに降らせてくれた言葉のこぬか雨」への感謝で結ばれている。「〔ボールドウィンは〕わたしたちの目に火をともした。何かを一目見たり、何かの身振りをすることに意味があるようにしてくれた。一つの民に存在意義と良心を与えてくれた。うれしいことも悲しいこともある人生に初めて責任を持たせてくれた」。Sanchez, "A Remembrance," *Wounded*, 34.

(39) マルコムXがハーレムのウィリアムズ・インスティテューショナルCME教会で一九六四年十二月二十日に行なった演説を参照。「だれも白人には非暴力であれなどとはいっていないのに、黒人にだけ非暴力であれというようなやつには味方しない。［…］さて私がいいたいのは、あなた方白人がわれわれの味方であるならば、その昔、自分達の自由を獲得するために闘っていた時代にすべての白人が行なっていたあのような献身を、いま自由への闘いのさなかにいるわが黒人にも献げよ、ということである。あなた方白人は、あの革命的な戦争(独立戦争)では、自分達の自由を求めて闘っていた。あなた方の英雄パトリック・ヘンリイは『自由か、さもなくば死か』と叫び、ジョージ・ワシントンはキャノン砲をもち出した。そしてまた、あなた方が私の英雄だぞと教えてくれたその他多くの人々も闘士であった。彼らは闘う人間だったのだ」。*Malcolm X Speaks*, 112-13.〔『マルコムX・スピークス』二二六〜二二七頁〕

（40）Du Bois, "The Propaganda of History," in *Black Reconstruction*, 594を参照。

（41）マルコムXの一九六四年十二月三日のオクスフォード・ユニオン・ソサエティ〔学生討論会組織〕主催討論会での発言の抜粋は *By Any Means Necessary*, 176-77, 182〔『いかなる手段をとろうとも』二二二〜二三頁、二二八〜二九頁〕に収録されている。論題は「自由を守るための過激主義は悪ではなく、むしろ正義の追求において中道をとることは善ではあり得ない」だった。それから約五〇年後の二〇一二年十一月二十二日、コーネル・ウェストは「ウォール街を占拠する」という論題で行なわれたオクスフォード・ユニオン・ソサエティの討論会に参加している。どちらの演説もYouTubeで視聴することができる。

（42）ブラック・ナショナリズムの徹底的な検証は次を参照。Michael Lerner and Cornel West, *Jews and Blacks: A Dialogue on Race, Religion, and Culture in America* (New York: Penguin, 1996), 91-114; reprinted as "On Black Nationalism," in West, *The Cornel West Reader*, 521-29.

（43）Marable, *Malcolm X.* マルコムXに関する事実を明らかにする証拠を集めるのにマラブルがどれほど苦労したかについては次を参照。Manning Marable, "Rediscovering Malcolm's Life: A Historian's Adventure in Living History," *Souls* 7, no. 1 (2005): 20-35; reprinted in *The Portable Malcolm X Reader*, ed. Manning Marable and Garrett Felber (New York: Penguin, 2013), 573-600.

（44）マラブルによるマルコムXの伝記への反論を最初に集めたのは *By Any Means Necessary: Malcolm X: Real, Not Reinvented; Critical Conversations on Manning Marable's Biography of Malcolm X*, ed. Herb Boyd, Ron Daniels, Maulana Karenga, and Haki R. Madhubuti (Chicago: Third World Press, 2012). これにはさまざまな批判が収められている。冒頭にはソニア・サンチェズの詩「マルコム」（本章注（32）参照）が置かれ、ムミア・アブ＝ジャマール、アミリ・バラカのほか、何よりもブラックのラディカルな伝統を是認しようとする多くの者による小論が収録された。*A Lie of Reinvention: Correcting Manning Marable's Malcolm X*, ed. Jared A. Ball and Todd Steven Burroughs (Baltimore: Black Classic Press, 2012) も参照。こちらはムミア・アブ＝ジャマール、アミリ・バラカ、ハーブ・ボイドらのテキストを収めたもので、大半がマラブルの主張の根拠が推測であることが多いと批判している。マラブルによる伝記に対して繰り返されたもっとも厳しい批判は、歴史家であるマラブルがマルコムXの訴えていたことから政治的なラディカリズムを取り除き、マルコムXを「主流志向のリベラルな民主党支持者」に変えてしまったというものである(6)。

(45) Harry Haywood, *Black Bolshevik: Autobiography of an Afro-American Communist* (Chicago: Liberator Press, 1978). ブラックの預言者的伝統の文脈で考えると、ヘイウッドがデュボイスを歴史修正主義の草分けとして評価しているのは興味深い。「傑作である『ブラック・レコンストラクション(*Black Reconstruction*)』と、同書のエピローグ「歴史のプロパガンダ(Propaganda of History)」には白人が確立させた歴史に対する厳しい批判が含まれている」(95)。

(46) ここでウェストが言及しているのは一九九二年のハリウッド映画『マルコムX』(スパイク・リー監督、デンゼル・ワシントン主演)。マルコムXの死後の評価をめぐる政治的な争いの熾烈さを考えれば、本作の脚本が『マルコムX自伝』におおむね基づいていたとはいえ、長期に及んだ本作の計画段階と製作段階、さらに公開後にもたいへんな物議を醸したのも無理はない。

(47) マルコムXの偶像化と商品化については次を参照。Angela Davis, "Meditations on the Legacy of Malcolm X," in *Malcolm X in Our Own Image*, ed. Joe Wood (New York: St. Martin's Press, 1992), 40-41.

(48) バラカらによる批判についてはEvelyn Nieves, "Malcolm X: Firestorm Over a Film Script," movie section of the *New York Times*, August 9, 1991 などを参照。活動家で学者のモラーナ・カレンガの新著はマルコムXを道徳哲学者として論じており、マルコム理解に重要な意味を持つのは確実だ。ウェストはこの本に序文を寄せている。

(49) ボールドウィンは一九六六年に、『マルコムX自伝』を原案として映画の脚本を書かないかというコロンビア・ピクチャーズからの提案に応じた。しかし「ハリウッドについては強い懸念と恐れがあった。[…]ハリウッドがマルコムの真実を描く映画を製作するなんてとても信じられなかった。それでも——残りの人生をずっと『お前がびびらなければできたかもしれない』と思いながら過ごすのは嫌だった。書かなければマルコムはけっして許してくれないだろうと思った」。James Baldwin, "To Be Baptized," in *No Name in the Street* (New York: Library of America, 1998), 413. あるインタビューで、ボールドウィンはハリウッドとの対立についてこう語った。「包み隠さずいえば、ハリウッドのいうとおりにしていたら、ハリウッドは満足するけれどもみなさんは激怒し、ひどく落胆するようなマルコム像を創り出すのを自分に許したということになります。脚本ではマルコムのメッカへの旅にいっさいの政治的含意を与えてはいけない、という内容の通達を受け取ったことがありました。そう言われても、マルコムXについて書くのにメッカ行きとその政治的含意にふれずにいられるわけがないでしょう。でも驚くことではありませんでした。わたしが脚本を書いていたとき、ハリウッドではチェ・ゲバラについての映画が製作されているところでした。その映画はラテンアメリカともユナイテッド・フルーツ社ともチェ・ゲバラともキューバとも……大事なこととはなんの関係もない映画になっていた。救いようのないひどい代物でした。ハリウッドが作ったのはファンタジー映画で、見る人に、あの惨めで不運なばか者はなるべくしてああなったのだと思わせるようにできているのです」。Interview with Jewell Handy Grasham (1976), in Standley and Pratt, *Conversations with James Baldwin*, 167.『マルコムX自伝』に基づいたボールドウィンの脚本 *One Day, When I Was Lost: A Scenario* も参照。

(50) *The Black Agenda Report: News, Commentary & Analysis from the Black Left* は二〇〇六年に始まったラジオおよびテレビ番組。立ち上げたのはラジオ・ジャーナリストとして長年活躍するグレン・フォード、ベテラン活動家でコミュニティ・オーガナイザーのブルース・ディクソン、ハーレムの伝説的活動家のネリー・ベイリー、作家で平和活動家のマーガレット・キンバリー、政治学者で活動家のルティシャ・スティルズである。

(51) 自分のことを「六〇年代以来のベテラン革命戦士」というカール・ディクスは、一九七五年に発足した革命共産党（ＲＣＰ）の共同創設者である。熱心な活動家としても、たとえばムミア・アブ゠ジャマールの支援や、ニューヨーク市警による「ストップ・アンド・フリスク」への反対運動に力を入れている。Carl Dix, "Why I Am Getting Arrested Today" (*Huffington Post*, October 21, 2011) を参照。この寄稿でディクスは、市民的不服従行為をする側の論理を説明する。このときのアクションにはコーネル・ウェストら三〇人の活動家も加わった。ディクスとウェストは「オバマの時代、若者の未来はどうなる？ (In the Age of Obama: What Future for our Youth?)」と題した公開対談を何度か行なったほか、「大量収監をめぐる対話 (Mass Incarceration Dialogues)」という連続対談も行なっている。ボブ・アヴァキアンは創設以来ＲＣＰ議長を務め、ラディカルな政治活動に一貫して取り組んできた。Bob Avakian, *From Ike to Mao and Beyond: My Journey from Mainstream America to*

*Revolutionary Communist; a Memoir* (Chicago: Insight Press, 2005) を参照。アヴァキアンはコーネル・ウェストの助言に基づいてこの自伝を書いた。同書の序文を参照（ix）。

（52）ピュリツァー賞を受賞したジャーナリストでベストセラー作家、活動家でもあるクリス・ヘッジスは『ニューヨーク・タイムズ』紙の元海外特派員（一九九〇～二〇〇五年）で、現在は「トゥルースディグ（Truth-dig）」にコラムを連載している。二〇一一年十一月、ヘッジスやウェストらはニューヨークのズコッティ公園でゴールドマン・サックスを被告とする模擬裁判を行なった。グレン・グリーンウォルドは憲法と公民権を専門とする弁護士だが、その後ジャーナリストとして複数の賞を受け、ベストセラー作家にもなった。二〇一三年六月、内部通報者エドワード・スノーデンが提供した米国政府の盗聴行為関連資料を『ガーディアン』紙に掲載するのにかかわって世界的に有名になった（マーガレット・キンバリーについては本章注（50）を参照）。ラリー・ハムはプリンストン大学在学中から有名だったが、卒業後は革命主義組織「進歩のための市民団体（People's Organization for Progress）」の伝説的な創始者兼指導者となった。

（53）*African American Religious Thought*, edited by Cornel West and Eddie Glaude Jr. (Louisville, KY: Westminster John Knox Press, 2003）は、いまも変わらずブラックの預言者的伝統に関するもっともすぐれたアンソロジーである。

## 第6章　預言者の炎――アイダ・B・ウェルズ

（1）Guy Gugliotta, "New Estimate Raises Civil War Death Toll," *New York Times*, April 2, 2012 を参照。ググリオッタの記事は、ニューヨークのビンガムトン大学の歴史人口学者J・デイヴィッド・ハッカーによる研究に基づいている。ハッカーの再計算の結果、死者数がそれまでの推計値を二割以上上回った。

（2）一八八一年にロシア皇帝アレクサンドル二世が暗殺されると、犯人がユダヤ人であるとの噂が流れ、一八八四年まで続くユダヤ人大虐殺（ポグロム）が起き、相当数のユダヤ人がアメリカに移住した。

（3）ウェルズは自伝で、メンフィスでのリンチ事件で「人生が変わった」と述べている。*Crusade for Justice: The Autobiography of Ida B. Wells*, ed. Alfreda M. Duster (Chicago: University of Chicago Press, 1970), 47. トーマス・モ

ス、カルヴィン・マクダウェル、ウィル（ヘンリー）・ステュワート――ステュワートのことをウェルズは「ヘンリー」とも「リー」とも呼ぶ（*Crusade*, 47, 64 を参照）――の三人は、協同組合方式の食料雑貨店「みんなの食料品店」を共同で所有、経営していた。同店は、メンフィス郊外のかなりの人口密集地で顧客を独占していた白人の食料雑貨店の向かいにあった。

（4）ウェルズと同様、T・トーマス・フォーチュンは先駆的なジャーナリストで、新聞の編集者でもあり、信念を持った活動家でもあった。フォーチュンは一八九〇年にアフロ・アメリカン連盟を設立した。少し遅れて発足するNAACPよりも闘争的な組織だったが、資金不足で失速した。ウェルズとフォーチュンは数年間支え合ったが、九八年までのことだった。私生活と財政面で何度か打撃を受けたフォーチュンは次第にやぶれかぶれになり、ブッカー・T・ワシントンに助けを求めた。ワシントンはフォーチュンの『ニューヨーク・エイジ』紙に出資し、支援を申し出た。次を参照。Paula J. Giddings, *Ida: A Sword Among Lions; Ida B. Wells and the Campaign Against Lynching* (New York: Harper Collins, 2009), 191.

（5）ウェルズの目を覚ましたのはメンフィスでのリンチ事件だった。「南部で起こるリンチのことを読んで知っていたほかの多くの人と同じく、当初はわたしも、書いた側の意図したとおりの考え方をしていた。つまり、リンチは非合法で法と秩序に反するものではあるが、強姦という恐ろしい犯罪に対する理不尽な怒りがリンチの原因であり、強姦をした人でなしはいずれにせよ死んで当然で、群衆がその男を殺すのも無理もないのだと」（*Crusade*, 64）。しかし、メンフィスでのリンチで殺された三人の男性は「白人女性に対してなんの罪も犯していなかった。これでわたしはリンチの正体が何であるかに気づいたのである。リンチとは、富と財産を手に入れはじめたニグロを処分することでニグロ人種全体を恐怖で圧倒しておく、『ニガーを倒しておく』ための口実なのだ」（ibid）。

（6）しかしウェルズの伝記を書いたポーラ・ギディングズ（Paula Giddings）が指摘するように、アイダ・B・ウェルズ＝バーネットや夫のファーディナンド・バーネットのようにラディカルな思想を持ち米国の帝国主義政策に非常に批判的なブラックでも、ブラックの兵士のことは支援するべきだと感じていた。「アイダやファーディナンドもそうだったが、抵抗勢力のいるフィリピンなどで兵士が実行する帝国主義的な攻勢にうんざりしていた人たちも、兵士の忍耐強さと勇気を誇りに思い、資金集めパーティを開いて支援した」(Giddings, *Ida*, 467)。他方で「アイダとファーディナンドはシカゴのベセル教会で大規模な集会を開くのに協力した。その集会は、キューバ人の自由を求め、キューバで活躍したアフリカ系キューバ人の軍人アントニオ・マセオ・イ・グラハレスの殺害を非難するものだった」(378)。

(7)この引用部分に続き、デュボイスが目撃した暴力が描写される。「人種の問題についての知識がより明確なものになった。それまで夢にも見なかったような差別を目の当たりにした。南部の鉄道では乗客を人種によって分けて乗せるのが始まったばかりで、どの都市や町でも居住地域がはっきりと分かれていたし、街頭で接触する際に公然と軽蔑し、侮辱さえするさまには毎回息をのんだ。ニューイングランドでは思いもよらなかった類の暴力にも初めて接した。ある公共の建物の扉が大粒の散弾の穴だらけになっているのを見に行って仰天したのを覚えている。前日に当地の有名紙の編集長が公然と殺されたのだった」(Du Bois, *Dusk of Dawn*, 15)。そして事実、デュボイスは「学生時代、リンチは途絶えることなく何度も訪れる恐怖だった」と述べるが、サム・ホーズ事件によってたいへんな衝撃を受けるのはそれから一〇年もあとの一八九〇年代後半、アトランタ大学で社会科学の研究をしていたときのことである(34)。ウェルズ=バーネットがホーズ事件について小冊子 *Lynch Law in Georgia* (1899) を刊行しているのは興味深い。

(8)ウェルズ本人が日記で「わたしの荒々しく反抗的で融通の利かない頑固さ、周りにかけた迷惑、あの人[ラスト・カレッジ学長のW・W・フーパー]にすんなり従おうとしなかったことを考えれば」と書いている。*The Memphis Diary of Ida B. Wells*, ed. Miriam DeCosta-Willis (Boston: Beacon Press, 1995), 78.

(9)「卒業生たちの意気揚々とした姿を目の当たりにし、自分がそんな機会に恵まれなかったことを思うと涙がこみ上げてきた。口にできない望み、『だったかもしれない』姿に思い焦がれた」(ibid., 78)。ウェルズは反抗的な態度のせいでラスト・カレッジを退学処分になっていた。その後、教師として生計を立てなくてはならなくなると、正規の学校教育を続けることはできなかった。

(10)パトリシア・A・シェクター(Patricia A. Schechter)の論文がたいへん有用である。"'All the Intensity of My Nature': Ida B. Wells, Anger and Politics," *Radical History Review* 70 (1998): 48–77.「〔ウェルズが〕社会的な自立や

男性の友人とのプラトニックな関係を切望していたのが『異常』とされたことから、ブラックの中流階級の独身女性が選べる社会的アイデンティティが限られていたことがわかる。女性は妻か元妻、あるいは将来の妻のいずれかであるしかなく、それ以外はどれも普通ではないか、例外的だった」(52–53)。

(11) Giddings, *Ida*, 69. Wells, *Crusade*, 31 も参照。ジャーナリストのルーシー・ウィルモット・スミスが指摘するとおり「新聞業界のプリンセスと呼ばれたこともある」ウェルズは、「新聞ほど、ある民に影響を与え向上させる力のあるものはないと考えている」(*Crusade*, 33 に引用)。ウェルズに対する同時代のジャーナリストたちの賞賛からは、ウェルズが恐れずに発言していたことがよくわかる。たとえばT・トーマス・フォーチュンはウェルズを「度胸たっぷりで頭も冴えわたっている」と評した(*Crusade*, 33)。

(12) *American Slavery As It Is: Testimony of a Thousand Witnesses* (New York: American Anti-Slavery Society, 1839)は、アメリカ奴隷制反対協会の創設者の一人であるセオドア・ドワイト・ウェルド(Theodore Dwight Weld)が編集した。筋金入りの奴隷制廃止活動家で女性の権利擁護の草分けだったサラ・グリムケとアンジェリーナ・グリムケ・ウェルド姉妹も寄稿し、父親がサウスカロライナ州に持つ農園で目の当たりにした奴隷制の残酷な実態を記した。

(13) ウィリアム・コベットについては第1章注(23)を参照。

(14) ハリエット・マーティノー(Harriet Martineau)は、一八三四年から三六年までアメリカに長期間滞在した際、奴隷制廃止運動に加わってアメリカ社会を間近で観察し(*Society in America*, 1837)、社会調査方法論を考察した(*How to Observe Morals and Manners*, 1838)。アメリカを論じたこの二冊でマーティノーは、「社会学」という言葉が成立する前にその分野の先駆者となった。

(15) Wells, *Crusade*, 65-66.

(16) Giddings, *Ida*, 214 を参照。「かれらはわたしが全財産をつぎ込んだ新聞を破壊していた。真実をほのめかしたことを理由にわたしを追放し、殺すと脅してきた。わたしは自分と自分が属する人種のために真実をくまなく明らかにしなければならないと感じた」(Wells, *Crusade*, 62-63)。

(17) 社会主義者のジャーナリストで小説家のアプトン・シンクレアはシカゴの食肉産業の労働環境を調査し、その結果をまず一九〇五年に社会主義の新聞 *Appeal to Reason* に連載小説として発表した。この小説 *Jungle*〔アプトン・シンクレア『ジャングル』大井浩二訳・解説、松柏社、二〇〇九年〕が一九〇六年にダブルデイ社から単行本として刊行されると、ジャック・ロンドンが書評で同書を「『アンクル・トムの小屋』の賃金奴隷版」と形容したことはよく知られている。Repr. in *Jack London: American Rebel; a Collection of His Social Writings Together with an Extensive Study of the Man and His Times*, ed. Philip S. Foner (New York: Citadel, 1947), 524.

（18）「この一件から学ぶべき、アフロ・アメリカ人全員がよくよく考えるべき教訓とは、どの黒人家庭もウィンチェスター・ライフルを一丁、大事に持っておき、法がけっして守ってくれない身を守るために使うべきだということ。攻撃に出るのはいつでも白人だが、その攻撃の対象であるアフロ・アメリカ人が死ぬ際に白人である自分も死ぬ危険が大きいことがわかれば、アフロ・アメリカ人の生命をもっと尊重するようになるだろう。アフロ・アメリカ人は譲歩し、へつらい、請えば請うほどますますそうせざるを得なくなり、いっそう侮辱され、乱暴を働かれ、リンチされるのである」。Ida B. Wells, *Southern Horrors: Lynch Law in All Its Phases* (New York: New York Age Print, 1892), 70.

（19）ロバート・F・ウィリアムズは、一九五七年に「南部［ノースカロライナ州モンロー］でニグロのコミュニティが人種差別的暴力に対する自衛として銃で武装し、実際に銃を使った」話を書いている。Robert F. Williams, *Negroes With Guns* (New York: Marzani and Munsell, 1962), 39. ウィリアムズがこの本を書いたのは亡命先のキューバでのことで、そこでかれは「自由南部放送（*Radio Free Dixie*）」を運営していた。同書のプロローグでウィリアムズは「わが国の西部諸州の歴史が示すとおり、法によって秩序が維持されない、あるいは法による秩序維持をしようという意思がない場合、市民は無法な暴力に対して自衛することができるし、そうしなければならない。これはアメリカ人の権利として一般に認められている」と述べ、「この権利は白人アメリカ人だけでなく黒人アメリカ人にもある」と主張した。これがヒューイ・P・ニュートンとブラックパンサー党に着想を与えた。次を参照。Timothy B. Tyson, *Radio Free Dixie: Robert F. Williams and the Roots of Black Power* (Chapel Hill: University of North Carolina Press, 1999).

（20）「トム・モスがリンチされたあと、わたしはすぐにピストルを買っていた。リンチ犯が何か卑怯な報復をしてくると思ったからだ。罠に掛かった犬かネズミのように死ぬよりは、不正と戦って死ぬほうがいいと思った。もし襲われたら、自分の命をできるだけ高い値で売ってやろうと決めていた」(Wells, *Crusade*, 62)。

(21)ウェルズ＝バーネット同様、急進的な『ボストン・ガーディアン』紙の編集長のウィリアム・モンロー・トロッターは生涯現役の活動家で、ナイアガラ運動の呼びかけ人の一人でもあり、大胆不敵さとみなぎる闘志で知られていた。トロッターとウェルズ＝バーネットはそれほど急進的でない活動家から退けられることが多かった。たとえば、二人はNAACPの創設を準備した組織の中でも闘争的な一派に属していたため、デュボイスは二人を「四〇人の創設者《ファウンディング・フォーティ》」のうちに数えるのにふさわしくないと考えた。

(22)一九〇九年、ウェルズがイリノイ州カイロでリンチ事件に関与した保安官の復職を阻止すると、『スプリングフィールド・フォーラム』紙はウェルズを「わたしたちが当然誇りにする婦人」で「同世代のどの男性と比べても傑出してすぐれ、平均的な男性よりも積極性を備えている」として褒め称えた(December 11, 1909, quoted in Giddings, *Ida*, 487)。とはいえ、当時は女性が人前で積極性や怒りを見せるとたいていは弾圧や中傷の対象になった。Schechter, "All the Intensity of My Nature" を参照。この論文は、ウェルズのようなラディカルな(ブラックの)女性活動家にどんな圧力がかけられたかを入念な調査に基づいて明らかにしている。圧力の手段として、女性は激しい怒りをあらわにするべきではないとする礼儀作法が利用された。

(23)事実、ウェルズは一八八五年、T・トーマス・フォーチュンが編集する『ニューヨーク・フリーマン』紙で、「真の女性性」という理想について「女性の使命」という題で小論を発表しさえした。ギディングズが *Ida* で述べるとおり、ウェルズの「小論は好評で、彼女はこのテーマの権威のようになった」。「十九世紀に理想とされていた女性には、ヴィクトリア期の美徳である慎ましさ、信心深さ、清らかさ、従順さ、家庭的であることが求められていた。どれも奴隷制下の状況では黒人女性が持つことができなかった、しかし彼女たち自身だけでなく、家族やコミュニティの向上のために不可欠だと考えられていた美徳である」(Giddings, *Ida*, 12, 86-87)。

(24)ウェルズは一八八七年四月十一日の日記にこう書いている。「わたしの民一般には実に失望した。法はわたしたちの味方であり、それに頼れば正義をもたらしてくれると固く信じてきた。そんな信念は奪い取られ、やる気もすっかりなくしてしまった。いまこの瞬間は、できることなら同じ人種のみんなを抱えてどこかに飛んで行きたい。神様、わたしたちはこの国で償いも、安らぎも、正義も得られないのでしょうか」。The unpublished diary of Ida B. Wells, quoted by her daughter Alfreda M. Duster in the introduction to *Crusade*, xvii.

(25) Evelyn Higginbotham, *Righteous Discontent: The Women's Movement in the Black Baptist Church, 1880-1920* (Cambridge, MA: Harvard University Press, 1993); Kevin Gaines, *Uplifting the Race: Black Leadership, Politics, and Culture During the Twentieth Century* (Charlotte: University of North Carolina Press, 1996).

(26) ウェルズ＝バーネットの *Selected Works* にあるトゥルディア・ハリスによる序文を参照。「〔ウェルズは〕たしかに黒人にもてはやされていたものの、なかにはウェルズのことを自己中心的、あるいは頭がおかしい女性だと言い表す人もいた。進歩的な考え方をする黒人知識人の大半とは意見が異なる一匹狼だというのだ」。Trudier Harris, "Introduction", in *Selected Works of Ida B. Wells-Barnett*, compiled with an introduction by Trudier Harris (New York: Oxford University Press, 1991), 11.

(27) ウェルズは自伝 *Crusade for Justice* で、自分の「急進的な」政治的目標をワシントンの政策と対比させることでワシントンを批判している。この表現方法によりワシントンはただただ荒唐無稽であるように映る。「わたしたちの方針は、わたしたちの民が耐え忍ばなければならなかった虐待や不正を強く非難し、あるだけの影響力を使ってその状況を正そうとするものだった。とくに強く非難したのはリンチによる制裁と、その制裁を実行する者たちだった。ワシントン氏の理屈でいけば、わたしたちは権利獲得のための運動に時間を使うべきではない、ジムクロウ列車を廃止するべきだと訴えるよりも、ジムクロウ列車の一等車に乗れるようにするほうに力を入れるべきだ、大学に行ったり大学教育を受けるために奮闘したりするのではなく、産業界で仕事をし、そのために役立つ教育を受けるのに時間を使うべきだ、ということになる。いうまでもなく、政治的権利を求めて闘うことなどワシントン氏の構想のどこにもなかった」(265)。一九〇三年にデュボイスの『黒人のたましい』が刊行されると、デュボイスによるワシントン批判が白人やブラックのあいだで熱く議論された。「〔デュボイスの見解を〕支持し、その理由を示したのはほぼわたしたち夫妻だけだった。わたしたちは、この国の白人がワシントン氏の産業教育観に取り憑かれていることをおそらく以前よりもずっと明確に理解していた。どんなものであれ、一つの教育制度が一つの人種全体の必要に応えるなどというのは詭弁であること、高等教育をばかにし、妨害するのは、これほどまでに必要とされている指導者の出現を妨げることになること、そして産業教育をいくら施しても人間としての成熟には代えられないことを白人に示す義務がわたしたちにはあると思った」(281)。

(28) ウェルズ=バーネットは、リンチに甘いワシントンの姿勢に公然と抗議しただけでなく、ワシントンの政治的な動きを厳しく批判することも何度もあった。一例として、一九〇〇年にワシントンが全米黒人《ニグロ》実業連盟という新組織を立ち上げたときのことがある。これはアフロ・アメリカ人評議会と、ウェルズ=バーネットが率いる同評議会の反リンチ局とに対抗してのことだった(Giddings, *Ida*, 423-26 を参照)。この動きをウェルズ=バーネットが社説で非難すると、ワシントンの秘書エメット・J・スコットはワシントンを代弁し、「ミス・ウェルズのばかばかしさには拍車がかかる一方で、みな愛想を尽かしている」と書いた(426)。

(29) ウェルズ=バーネットの大敵手だったメアリー・チャーチ・テレルは高い教育を受け、教師そしてジャーナリストであり、生涯にわたって活動家だった。テレルもブラックの女性クラブ運動を推進した。事実、アンジェラ・デイヴィスによれば「メアリー・チャーチ・テレルはブラックの女性クラブ運動を強力な政治勢力にした立役者だった」。Angela Davis, "Black Women and the Club Movement," in Angela Davis, *Women, Race & Class* (New York: Vintage, 1983), 135. デイヴィスはウェルズとテレルのことを「当時の社会で傑出したブラックの女性だったことは間違いない」と高く評価しているが、残念なこととして、二人の「不和が数十年も続いたのは、ブラックの女性クラブ運動の歴史に流れる悲しい一面だった」と述べてもいる(136)。

(30) メアリー・ホワイト・オヴィントンは、奴隷制廃止や女性の権利を求める運動にかかわる進歩的な白人ユニテリアン主義者の両親のもとに生まれた。ＮＡＡＣＰ創設者の一人で、同協会でさまざまな役割を果たしながら三八年間働いた。オヴィントンとウェルズが衝突したのはＮＡＡＣＰ創設期、デュボイスがウェルズをいわゆる「四〇人の創設者」名簿から外したときだった。ウェルズはオヴィントンがデュボイスの決定を支持していると思ったのである(Wells, *Crusade*, 325 を参照)。ウェルズは、ＮＡＡＣＰが「創設者たちの期待に応えられなかった」のは「ミス・メアリー・オヴィントンを執行委員会の委員長の座に据えたからだ」と述べて雪辱した。「〔オヴィントンは〕自分を取り巻く数人の大卒のニグロ数人にちやほやされて満足し、黒人女性の魂というものを理解する努力をほとんどしていない。その意味では、白人女性がけっして味わうことも理解することもないような苦しみに耐えてきた黒人を助けているというには程遠い」(327–28)。

(31)女子キリスト者禁酒連盟〔禁酒運動だけでなく、女性参政権など幅広い問題について活動した団体〕の会長、フランシス・E・ウィラードとの論争について、ウェルズは *A Red Record: Tabulated Statistics and Alleged Causes of Lynchings in the United States, 1892–1893–1894* (Chicago: privately published, 1895)で丸々一章("Chapter VIII: Miss Willard's Attitude," 138-48)を割いている。"A Regrettable Interview," Wells, *Crusade*, 201-12も参照。ウィラードには発言力があった。なんといっても、その時代で最大かつ最強の白人女性団体を率いていたのである。ブラックにとってより有害だったのは、ウィラードがブラックの男性はアルコールとセックスに溺れていると、南部の住人の発言を匿名で「引用」して主張したことだった。その結果として、南部の女性にとって偏在する脅威となったというのである。「有色人種はエジプトのイナゴのように増殖する。その権力の中枢は酒場にある。『いまこの瞬間にもいたるところで女や子供や家庭の安全が脅かされているため、男たちは自宅のそばを離れられないのである』」(Wells, *Red Record*, 142)。

(32)ウェルズ=バーネットによると、日曜学校で教えることでシカゴでの生活が「もっとも楽しい時期の一つになった。十八歳から三十歳までの若い男性のクラスが担当だった。[…]毎週日曜日、平易なわかりやすいやり方で聖書の内容を話し合い、その真実を日々の生活に応用させようとした。そうして一〇年間このクラスを教えた」(*Crusade*, 298-99)。

(33)ジェーン・アダムズがシカゴのセツルメント事業として有名なハルハウスを建てたのは、ウェルズ=バーネットにとってすばらしい模範だった。事実、ウェルズ=バーネットはアダムズを「米国でもっとも偉大な女性」(*Crusade*, 259)と考えていたので、米国を訪れたデンマーク人に「ニグロのジェーン・アダムズ」と呼ばれたことを誇りに思ったに違いない(Giddings, *Ida*, 538)。ウェルズ=バーネットは非常にすぐれた社会事業家であるアダムズに感服してはいたものの、法的見地からリンチを非難する記事を書いたアダムズが、リンチ被害者に強姦の嫌疑がかけられることが多いのを問題にしなかったことを厳しく批判した。Jane Addams, "Respect for Law," *New York Independent*, January 3, 1901 と、これに対するウェルズ゠バーネットの反論 "Lynching and the Excuse for It," *Independent*, May 1901 を参照。どちらの記事も、この論争を明るみに出した Bettina Aptheker, *Lynching and Rape: An Exchange of View*, by Addams and Wells, occasional papers, no. 25 (New York: American Institute for Marxist Studies, 1977) に再録されている。次も参照。Maurice Hamington, "Public Pragmatism: Jane Addams and Ida B. Wells on Lynching," *Journal of Speculative Philosophy* 19, no. 2 (2005): 167-74. この論文はウェルズとアダムズという二人の活動家の論争を「公共プラグマティズム哲学のすばらしい例」として提示する。ウェルズがアダムズを批判したにもかかわらず、二人は「公の場で論争をしたものの、市民の正義のために」共同作業を続けるのである (173)。

(34) hooks and West, *Breaking Bread* を参照。

(35) ウェルズは活動を始めたばかりのころに周りのブラックから支持されないことを経験した。まだ教師として働いていた一八八九年、ブラックの子供が通う学校の悲惨な状況についてメンフィスの『フリースピーチ・アンド・ヘッドライト』紙に寄稿したのだが、その批判が原因で教育委員会はウェルズを教師として再採用しなかったのである。「わたしは子供たちのことを思って賭けに出て、負けたのだった。この経験でいちばんつらかったのは、子供たちの親がわたしの行為が正しいと認めてくれなかったことだった。いくら子供のためでも、いい働き口を失う危険を冒すことなど理解できなかったのである。［…］でもわたしは紛れもない悪に一撃を加えるのは正しいと考えたのであり、悔いもしなかった。そのときまでは、黒人の利益のための戦いならどんなものでも支持されると思っていた。その経験を通じて、そうとは限らないことを学んだ」(*Crusade*, 37)。正義を求めて戦意丸出しで戦ったウェルズは生涯をとおして孤立していた。末娘のアルフリーダはこう回想している。「母がどこかの団体の集まりから帰ってきて涙を流しているのを見たことがあります。その団体を改善しようとたいへんな努力をしたのに……頑固な反対に遭ったのでした」(Giddings, *Ida*, 623)。次を参照。Thomas C. Holt, "The Lonely Warrior: Ida B. Wells-Barnett and the Struggle for Black Leadership," in *Black Leaders of the 20th Century*, ed. John Hope Franklin and August Meier (Urbana: University of Illinois Press, 1982), 39-61. とくに 58 が参考になる。

（36）*Crusade*, 123. ウェルズによれば、イギリス人ジャーナリストで改革論者のウィリアム・T・ステッドは「万博が始まってしばらくしてからやってきた。三カ月滞在し、『キリストがシカゴに来たら（*If Christ Came to Chicago*）』を書いて、この街の市民の道徳的勢力をまとめて、実際的な活動ができるようにした」（122–23）。ステッドが書いたその *If Christ Came to Chicago! A Plea for the Union of All Who Love in the Service of All Who Suffer*（1894）はベストセラーになった。次を参照。Joseph O. Baylen, "A Victorian's 'Crusade' in Chicago, 1893-1894," *Journal of American History* 51 (December 1964): 418-34.

（37）ウェルズは早くも一八九一年に、一丸となるために具体的な組織化戦略が必要であることに気づいていた。テネシー州ノックスヴィルで開かれたアフロ・アメリカン連盟の第二回全国大会に出席したウェルズは、その会合で「もっとも重大な問題」が取り上げられなかったことに不満だった。「運動をどう進めていくか？ みんなを本当の勢力、力があり、欠けるところのない一つの集団にまとめるにはどんな段取りをつければいいのか？」（Giddings, *Ida*, 170 に引用）。

（38）James Melvin Washington, *Frustrated Fellowship: The Baptist Quest for Social Power*（Macon, GA: Mercer, 1986）; paperback edition 2004, with a new preface by Quinton H. Dixie, foreword by Cornel West.

（39）一九一〇年五月、ウェルズ＝バーネットの主導により、シカゴのブラック・ベルトにあるステート通りに、酒場や賭博場に並んでニグロ・フェローシップ・リーグの読書室とソーシャルセンターが開設された。ウェルズ＝バーネットは「有頂天で、上機嫌で読書室に入れる本を選ぶのを手伝った」が、「会員のなかにはそこに行くことに強い反対を唱える者もいた。ステート通りに足を踏み入れるなど論外だという考えだった」（*Crusade*, 304）。

（40）ウェストが言及しているのは Hazel Carby, *Reconstructing Black Womanhood*（New York: Oxford University Press, 1987）; Angela Y. Davis, *Women, Race & Class*（New York: Vintage, 1983）, especially chap. 5, "The Meaning of Emancipation According to Black Women"（87-98）.

（41）ウェルズ同様、ヴィクトリア（ヴィッキー）・ガーヴィン（一九一五～二〇〇七年）もラディカルな「長距離走者」だったが、生涯にわたる政治活動がしかるべく評価されるようになったのは最近のことである（そのため本項目で取り上げる次第である)。ガーヴィンは主にブラックの労働者の権利闘争にかかわったが、そのほかの分野でも活動した。一九五〇年代には全米黒人《ニグロ》労働評議会(NNLC)ニューヨーク支部の事務局長と、NNLC全米部門の副会長を務めた。NNLCは他の労働組合から共産党の隠れ蓑ではないかと疑われていた(一九五一年には米国司法長官が公式にそう発表した)。ガーヴィンは一九三〇年代に急進化した左派女性のネットワークの一員で、マッカーシー時代に攻撃されても信条を曲げなかった。次の画期的な研究を参照。Dayo F. Gore, *Radicalism at the Crossroads: African American Women Activists in the Cold War* (New York: New York University Press, 2011). 同書はそれまでほとんど注目されていなかった、五〇年代の急進的なブラックの女性たちの歴史を明らかにする。同じ著者による論文も参照。"From Communist Politics to Black Power: The Visionary Politics and Transnational Solidarities of Victoria (Vicki) Ama Garvin," in the essay collection *Want to Start a Revolution?*, 71-94. ガーヴィンは五〇年代後半にアフリカに移り、六一年にガーナのアクラに落ち着いた。アクラではW・E・B・デュボイスとシャーリー・グレアム・デュボイスを中心とするアフリカ系アメリカ人のコミュニティに属し、ハーレムで緊密な協力関係にあったマルコムXにも再会した。デュボイスに促されたガーヴィンは中国からの招待に応じ、六四年から七一年まで上海外国語学院で英語を教えた。ガーヴィンの生涯については、ロバート・ウィリアムズ、ヒューイ・ニュートン、アミリ・バラカら、文化面での革命を支持したブラックの急進的活動家たちに関する情報を満載した次の論文を参照。Robin D. G. Kelley and Betsy Esch, "Black Like Mao: Red China and Black Revolution," *Souls* 1, no. 4 (September 1999): 6-41. 一九七〇年代に米国に戻ったガーヴィンは、住民を組織するコミュニティ・オーガナイザーとしての活動を通じて社会正義のための闘争を続け、ムミア・アブ=ジャマールなどの政治囚を支援する集会に参加したほか、講演も行なった。たとえば一九八一年三月には、コーネル・ウェストも出席した講演会にハリー・ヘイウッドとともに出ている。West, *Prophesy Deliverance!*, 176 を参照。ゴアが *Radicalism at the Crossroads* に的確に記しているとおり「ガーヴィンが政治面で後世に残した大切なものは、ガーヴィンの公式の肩書きにではなく、常にローカルな組織化とグローバルな見通しを併せ持っていた革命の経験と連帯の努力に見出せるのである」(73)。

(42) 政党政治に関しては、バーネット夫妻はリンカン率いる共和党を一貫して支持していたが、ウェルズ=バーネットは労働組合を積極的に支援してもいた。たとえば一九二〇年代半ばには、結成されたばかりのBSCPM〔寝台車で働く労働者の組合〕が、新たに指導者となった社会党員のA・フィリップ・ランドルフのもと、プルマン社の本拠地シカゴで強い抵抗に遭いながらも奮闘するのを助けた（Giddings, *Ida*, 634-41）。

（43）*Crusade*, 302. 皮肉なことに、ユダヤ人慈善家ジュリアス・ローゼンウォルドの主導のもとで努力が実り、一九一三年にアフリカ系アメリカ人用のYMCAが設立された。ギディングズによる記述を参照。「以前なら、白人しか入れないYMCAにアフリカ系アメリカ人を受け入れるよう求める代わりに初めから黒人専用の施設の設立を支援することの妥当性について、シカゴの黒人指導者のあいだでもっと議論があっただろう。しかし一九一二年には、そのような施設の必要性、著名な白人による尽力への感謝、そしてそれ自体が実体である黒人コミュニティが生まれつつあるという感覚やそんなコミュニティが欲しいという気持ちから、ほとんどの黒人が黒人用YMCAの建設を支持する結果になった」（Giddings, *Ida*, 506）。

（44）*Crusade*, 301-2.

（45）Wells, *A Red Record*, 75.

（46）ウェルズは自伝で、一八九三年のシカゴ万国博覧会でのダグラスとの共同作業を生き生きと描いている（*Crusade*, 115-20）。ウェルズによればこの冊子は「『アメリカ黒人がシカゴ万博に参加していない理由（*The Reason Why the Colored American Is Not in the World's Columbian Exposition*）』というなかなか立派な小本になった。この『自由なる大地、勇者の故郷』で行なわれている黒人の抑圧に関する事実を明解に述べたもので、博覧会が終わるまでの三カ月間で何万部も配布した」（117）。

（47）ウェルズ゠バーネットとデュボイスの仲は、デュボイスがウェルズ゠バーネットをNAACPの「四〇人の創設者」名簿から外したことで険悪になった（本章注（30）参照）。ギディングズが述べるように、ウェルズ゠バーネットの「イデオロギーと闘争的な見解はNAACPにとって文字どおり受け入れられないものだった」（*Ida*, 497）。

（48）ウェルズ゠バーネットとガーヴィーとの関係については*Crusade*, 380-82 を参照。ガーヴィーはウェルズ゠バーネットを「われわれの地位向上の戦いを生死にかかわるほど重大なこととして扱う［…］実直な運動家」の一人に数えて賞賛した（Giddings, *Ida*, 585）。一九一八年の秋には、自分が創設した万国黒人《ニグロ》地位改善協会（UNIA）の会合で演説をするよう何度かウェルズを招いている。当時、ウェルズ＝バーネットのほかウィリアム・トロッターやA・フィリップ・ランドルフなどラディカルな活動家が選ばれ、UNIAを代表してヴェルサイユ講和会議に出席することになっていた（しかし政府が旅券を発給しなかった）。一九年には、ファーディナンド・バーネットがガーヴィーの名誉毀損訴訟で弁護人を務めた。Giddings, *Ida*, 619 を参照。

（49）例外として、ロバート・T・モッツを支援したことは詳しく書いている。モッツは所有していた酒場を「ペキン・シアター」に造り変え、劇場専属のブラックの俳優陣とアフリカ系アメリカ人の音楽隊を置いた。次の記述にいかにもウェルズらしい心の広さが出ている。社会的に活発なほかの女性たちにモッツと協力するよう説得しようとして、「モッツ氏が建設的な事業にかかわることになったいま、わたしたちのするべきことは過去を忘れてモッツ氏を助けることであり、モッツ氏がわたしたちの地位向上のために私費を投じる用意があるのならわたしたちもみな力を貸すべきだと考えた」。さらに「わたしたちには、どこでも好きな席に坐れる劇場をモッツ氏が与えてくれたことに報いるべき義理があると感じた」とも記している（*Crusade*, 290）。自伝とは対照的に、少しだけ残っているウェルズのシカゴ時代の日記からは、ウェルズが音楽を大好きでコンサートや舞台や映画に頻繁に通っていたことがよくわかる。*Memphis Diary* 所収の *The 1930 Chicago Diary of Ida B.Wells-Barnett* を参照。

（50）ウェルズより若いメアリー・ジェーン・マクロード・ベシューンは、一九三二年の大統領選に出たフランクリン・D・ローズヴェルトの選挙運動を熱心に支援し、大統領夫人エレノア・ローズヴェルトの親友になった。ベシューンは熱心な教育者で（一九〇四年にフロリダ州デイトナビーチにブラック向けの女子校を設立したことでもっともよく知られる）、ブラックの女性がつくるさまざまな組織に注力した活動家でもある（全米有色人女性協会フロリダ支部代表を務め、一九三五年には二八組織の連合体として全米黒人《ニグロ》女性協議会を設立した）。

（51）*Prophesy Deliverance!* でウェストはウッドビーを「黒人神学とマルクス主義思想の結合」の一例として提示する。ウッドビーは「社会の構造変革の推進とリベラル資本主義下のアメリカでの反覇権的文化の創造に生涯を捧げた」(126)。

## 終章――オバマ時代の預言者的精神

(1) Jason DeParle, "Harder for Americans to Rise from Lower Rungs," *New York Times*, January 4, 2012.

# 訳注

＊1　レオパルディ『カンティ』脇功・柱本元彦訳、名古屋大学出版会、二〇〇六年。「えにしだ　または荒れ地の花」（二二五〜三二頁）より。

＊2　ウェストが指しているのは、米国で麻薬犯罪取り締まり強化により刑務所収監者数が激増し、かつ収監者のなかで黒人の割合が不釣り合いに大きい状況。詳しくは Michelle Alexander, *The New Jim Crow: Mass Incarceration in the Age of Colorblindness*, The New Press, 2010 を参照。

＊3　原文では weapons of mass distraction。大量破壊兵器（weapons of mass destruction）にかけている。

＊4　ゲイツはアフリカン・アメリカン学部長としてコーネル・ウェストやウィリアム・ジュリアス・ウィルソンほか著名なブラックの学者をハーヴァードに集めた。

＊5　警察が外観から判断して特定の人種（ここではブラック）に対象を絞って呼び止め（ストップ）、身体検査（フリスク）を行なうなどすること。

＊6　北部への逃亡後に出した自伝が評判になり、元所有者に捕まることを恐れたため。

＊7　一八五九年十月、白人の奴隷制廃止論者ジョン・ブラウンらがハーパーズフェリーの連邦武器庫を占領した。襲撃は失敗に終わったが、ブラウンから計画を知らされていたダグラスに逮捕状が出た。

＊8　ブラックの連邦最高裁判事。

＊9　十九世紀のアメリカの小説家。貧しい出身の少年が努力して身を起こしていく話を多く書いた。

＊10　自由黒人の身分証明書。

＊11　ダグラスは、北部への逃亡直後はジョンソンと名乗っていた。

＊12　十八世紀末に黒人によって組織されたアフリカン・メソディスト監督ザイオン（ＡＭＥＺ）教会の

母教会（本山）。ダグラスはAMEZ教会の説教師の資格を持っていた。

＊13　この原案は奴隷制を廃止する権力を議会に与えるような憲法修正を禁じる内容で、成立しなかった。南北戦争後、奴隷制を廃止する憲法修正第十三条が成立した。

＊14　ヴァッシュ島。

＊15　一八五六〜一九一五年。ブラックは公民権や高等教育を直接求めることよりも職業技能を身につけて働くほうに集中するべきだと説いた。

＊16　ヴァカンによれば、二十世紀半ばのゲットーは工場などに未熟練労働者を供給し共同体としての機能を有していたのに対し、産業の空洞化と金融資本主義への移行などに伴ってそうした機能を失ったのがハイパーゲットーである。

＊17　Whoopingという、牧師の説教が歌に変わっていくときのこと。C・L・フランクリンはこれの名手とされる。

＊18　ニグロの綴り（Negro）を組み替えるとOrgneになる。

＊19　訳注＊3参照。

＊20　産獄複合体と大量収監問題については訳注＊2を参照。

＊21　初のブラックのフラタニティ「アルファ・ファイ・アルファ」、またその会員のこと。

＊22　二〇一五年四月に死去。

＊23　ファラカンは一九七五年からネイション・オブ・イスラムの指導者。

＊24　マルコムXは、奴隷制時代に畑で重労働をする奴隷と主人により近い屋内で働く奴隷がいたことをもとに、大衆をフィールド・ニグロ、また当時のマルコムに言わせれば白人に同一化していたブラックの指導者らをハウス・ニグロと呼んだ。

＊25　ラヴ・トレインについてウェストはインタビューでこう述べている。「ブラックの人びとが四〇〇年にわたって恐怖による支配や苦痛や侮辱と格闘してきた結果、何が生み出されたか。愛の隊列、ラヴ・トレインである。正義への愛、貧しい人びとへの愛、労働する人びとへの愛。最近になってこの愛が弱り、衰えているが、どうにかして立ち直ろうとしている」。"Black Prophetic Fire: Cornel West on the Revolutionary Legacy of Leading African-American Voices," *Democracy Now!* October 16, 2014.

＊26　当時、結婚した女性が自分の姓と夫の姓をハイフンでつなげたものを新たな姓とするのは珍しかった。

＊27　一八二二?〜一九一三年。タブマンは奴隷の逃亡を援助する非合法組織（地下鉄道）の「車掌」として三〇〇人の奴隷を逃亡させたといわれる。

＊28　この演説の日本語訳は次に収録されている。『アメリカの黒人演説集――キング・マルコムX・モリスン他』荒このみ編訳、岩波文庫、二〇〇八年、四九〜九八頁。

＊29　日本語訳は次を参照した。『ロバート・バーンズ詩集』ロバート・バーンズ研究会編訳、国文社、二〇〇九年、一四〜二〇頁。

＊30　この演説の全編は次に収録されている。クレイボーン・カーソン、クリス・シェパード編『私には夢がある――M・L・キング説教・講演集』梶原寿監訳、新教出版社、二〇〇三年。

＊31　前掲書、一五八〜八四頁。

＊32　デイヴィスの著書のもっとも新しい邦訳はアンジェラ・デイヴィス『監獄ビジネス――グローバリズムと産獄複合体』上杉忍訳、岩波書店、二〇〇八年。

# 訳者あとがき

本書はCornel West, *Black Prophetic Fire: In Dialogue with and Edited by Christa Buschendorf*, Beacon Press, 2014の全訳である。

著者コーネル・ウェストは、肩書きや職業だけではとてもとらえきれない人物である。強烈なひとつの魂、ひとつのパワーがとりあえず哲学者の姿をとっているとでもいおうか。実際のウェストはどんな日も黒のスリーピーススーツに黒のネクタイ、白のシャツにゴールドのカフリンクスという印象に残る装いである。本書に、マーティン・キングが自分は毎朝、墓場に行く服を身に着けるのだと話していた、つまり常に死ぬ覚悟をして戦っていた、というくだりがある。実は、ウェストが着けているのも本気で戦いに臨む装備なのだ。「死んだらこのまま棺桶に入れられるから」と本人は言う。「あとはアフロだけきれいに整えてくれ」。

いつも真剣勝負のウェストは、講演などでよく聴衆に次のように問いかける。人は誰もがいつか死ぬ運命にある。だからこそ考えるべきは、死ぬまでに何をして生きるのか、どのように生きるのかである、と。これに対するウェスト自身の答えは、「知的生活の中で貪欲に読み、書き、話すこと。そうして人の心を揺さぶり、魂を動かし、人が自分自身や社会や世界を見つめ直すきっかけを作ること」。

ウェストは小学校低学年のころ、家が貧しいので毎日昼食を抜く同級生がいる一方でいつも大きなお弁当を持ってくる同級生がいるのが我慢ならず、持っているほうの生徒に食べ物を分けさせようと殴りかかって教師や両親を困らせていたそうだ。体の大きな生徒が小柄な生徒をいじめるのにも耐えられず、自分も大柄ではないのにいじめる生徒に襲いかかって止めさせていたという。腕力に訴えることはなくなっても、不公平に対する憤りに突き動かされているのはそのころから変わらない。自分の天職は知性のブルーズマンであることだと語るウェストは、「もっとも小さい者」の苦しみに光を当てるため、著書や講演、ヒップホップやテレビ番組を通じて自分だけのブルーズを歌い上げる。

本書が取り上げるダグラス、デュボイス、キング、ベイカー、マルコムX、ウェルズの六人はみな、ブラックの人びとを苦しめる悪――奴隷制やリンチやジムクロウ――にひとたび気づくと、金や地位や人気などに構わず、場合によっては命の危険も顧みずに、信念を持ってその悪に立ち向かった。そんな行為にはたいへんな困難はもちろん、途方もない悲しさ、悔しさ、寂しさも伴った。しかし六人それぞれの中にはウェストの言葉を借りれば「預言者的な炎」が燃えていて、かれらはその炎を原動力としてありのままを語り、行くべきだと考えた道を進んだのである。

とはいえ、本書でウェストが伝えたいのは六人の奮闘が「人種問題」の解決にどれほど貢献したかにとどまらない。ダグラスたちがブラックの人びとを助けようと全力を尽くしたのはいうまでもないが、かれらが共通して示すのは、「人種問題」「アメリカ社会の問題」といった枠を超えて、苦しんでいる他者を前にしたときの人間としてのあり方なのである。六人はそれぞれが生きていた時代にあった悪と戦った。しかし本書で繰り返し述べられているとおり、この世の悪はいったん消えたように見えても形を変えて必ずまた現れる。現代にも存在しているのである。その悪に苦しめられている人に気づいたとき、わたしたちはどうするか？　人間としてそこからどう進むのか？　ウェストは本書を通じてそんな普遍的な問いを突きつけ、読む者の心に揺さぶりをかける。

講演でも対談でも、ウェストの語りにはリズムがあり、ときに聴衆とのコール・アンド・レスポンスもあって、まさにブルーズ歌手が魂を込めて歌っているのと変わらず、つい聴き入ってしまう。本書にはそんなウェストの語りがたっぷりと収録されている。そこにあるリズムや調子を日本語というすっかり異なる言語で完全に再現するのは不可能だとしても、訳出する際には発言の勢いや鋭さを鈍らせないように注意した。ウェストのブルーズマン魂を少しでも伝えることができていればと思う。

翻訳にあたっては、原注や訳注に記載のある文献に加えて次の日本語文献を参考にした。

上杉忍『アメリカ黒人の歴史　奴隷貿易からオバマ大統領まで』中公新書、二〇一三年
本田創造『新版　アメリカ黒人の歴史』岩波新書、二〇〇八年
梶原寿『マーティン＝L＝キング』清水書院、二〇一六年
ポーラ・ギディングズ『アメリカ黒人女性解放史』河地和子訳、時事通信社、一九八九年
荒このみ『マルコムX』岩波新書、二〇〇九年
岩本裕子「反リンチ運動家アイダ・B・ウェルズ」『史苑』第五一巻第一号、一九九一年一月

最後に、社会思想史の用語については鈴木英生さんに、また校閲については木名瀬由美さんにたいへんお世話になった。厚くお礼申し上げたい。そしてアイディアをくれた箱田徹さん、貴重な機会をくださった白水社の阿部唯史さんには心から感謝している。

秋元由紀

二〇一六年六月

著者略歴
コーネル・ウェスト　Cornel West
アメリカの哲学者、社会運動家。1953年生まれ。プリンストン大学で博士号を取得（哲学）。イェール大学やハーヴァード大学などで教鞭を執り、現在はユニオン神学校教授、プリンストン大学名誉教授。主な邦訳書は『哲学を回避するアメリカ知識人』（未來社）、『民主主義の問題』（法政大学出版局）、『人種の問題』（新教出版社）。近著には本書のほか、マーティン・ルーサー・キング・ジュニアのラディカルな面を再評価しようと、キングによる演説や文章を選集した *The Radical King* (Beacon Press, 2015) がある。行動する知識人としてメディア出演も多く、最近ではBlack Lives Matter運動に積極的に関与している。

編者略歴
クリスタ・ブッシェンドルフ　Christa Buschendorf
フランクフルト大学教授、同北米研究センター所長。ハインリッヒ・ハイネ大学で博士号を取得。デュッセルドルフ大学准教授、ハーヴァード大学客員研究員などを経て現職。専門は思想史、アメリカ研究。

訳者略歴
秋元由紀（あきもと・ゆき）
米国弁護士。ジョージ・ワシントン大学ロースクール修了。著書に *Opportunities and Pitfalls: Preparing for Burma's Economic Transition* (Open Society Institute, 2006)、訳書にウェイド・デイヴィス『沈黙の山嶺』、タンミンウー『ビルマ・ハイウェイ』（第26回アジア・太平洋賞特別賞受賞）、ベネディクト・ロジャーズ『ビルマの独裁者 タンシュエ』（以上、白水社）がある。

コーネル・ウェストが語る　ブラック・アメリカ
現代を照らし出す6つの魂

二〇一六年七月二〇日　印刷
二〇一六年八月一〇日　発行

著　者　コーネル・ウェスト
編　者　クリスタ・ブッシェンドルフ
訳　者　秋元由紀
発行者　及川直志
発行所　株式会社白水社
〒一〇一－〇〇五二
東京都千代田区神田小川町三－二四
電話　〇三－三二九一－七八一一（営業部）
　　　〇三－三二九一－七八二一（編集部）
振替　〇〇一九〇－五－三三二二八
http://www.hakusuisha.co.jp
乱丁・落丁本は、送料小社負担にてお取り替えいたします。

装　幀　小林　剛（UNA）
DTP　閏月社
印刷所　株式会社理想社
製本所　誠製本株式会社

ISBN978-4-560-09249-1

# 人名索引

## ア行

## カ行

## サ行



## タ行

## ナ行

## ハ行

## マ行



## ラ行



## ワ行

# 引用文献


Abu-Jamal, Mumia. *Death Blossoms: Reflections from a Prisoner of Conscience*. Farmington, PA: Plough Publishing House, 1997.

______. *Live From Death Row*. Reading, MA: Addison-Wesley, 1995.（ムミア・アブ=ジャマール『死の影の谷間から』今井恭平訳、現代人文社、2001 年）

______. *We Want Freedom: A Life in the Black Panther Party*. Cambridge, MA: South End Press, 2004.

Abu-Jamal, Mumia, and Marc Lamont Hill. *The Classroom and the Cell: Conversations on Black Life in America*. Chicago: Third World Press, 2012.

Addams, Jane, and Ida B. Wells. *Lynching and Rape: An Exchange of View*. 1901. Occasional papers, no. 25. Edited by Bettina Aptheker. New York: American Institute for Marxist Studies, 1977.

Alexander, Michelle. *The New Jim Crow: Mass Incarceration in the Age of Colorblindness*. New York: New Press, 2010.

Alinsky, Saul D. "Community Organizing and Analysis." *American Journal of Sociology* 46, no. 6 (May 1941): 797–808.

______. *Rules for Radicals: A Pragmatic Primer for Realistic Radicals*. New York: Random House, 1971.

Allen, Gay Wilson. *Waldo Emerson: A Biography*. New York: Viking Press, 1981.

Aptheker, Herbert, ed. *Book Reviews by W. E. B. Du Bois*. Millwood, NY: KTO Press, 1977.

Avakian, Bob. *From Ike to Mao and Beyond: My Journey from Mainstream America to Revolutionary Communist; a Memoir*. Chicago: Insight Press, 2005.

Baldwin, James. *Collected Essays*. New York: Library of America, 1998.（J・ボールドウィン『次は火だ――ボールドウィン評論集』黒川欣映訳、弘文堂新社、1968 年）

Ball, Jared A., and Todd Steven Burroughs, ed. *A Lie of Reinvention: Correcting Manning Marable's Malcolm X*. Baltimore: Black Classic Press, 2012.

Baraka, Amiri. *Home: Social Essays*. 1966. New York: Akashi Classics, 2009.（リロイ・ジョーンズ『根拠地』木島始・黄寅秀訳、せりか書房、1968 年）

Baylen, Joseph O. "A Victorian's 'Crusade' in Chicago, 1893–1894." *Journal of American History* 51 (December 1964): 418–34.

Benjamin, Walter. "Theses on the Philosophy of History." 1940. In *Illuminations*, edited by Hannah Arendt. Translated by Harry Zohn. New York: Harcourt, Brace & World, 1968.（ヴァルター・ベンヤミン『[新訳・評注] 歴史の概念について』鹿島徹訳・評注、未來社、2015 年ほか）

Bercovitch, Sacvan. *The American Jeremiad*. Madison: University of Wisconsin Press, 1978.

Berry, Mary Frances, and John Blassingame. *Long Memory: The Black Experience in America*. New York: Oxford University Press, 1982.

Bin Wahad, Dhoruba, Mumia Abu-Jamal, and Assata Shakur. *Still Black, Still Strong: Survivors of the War Against Black Revolutionaries*. Edited by Jim Fletcher, Tanaquil Jones, and Sylvère Lotringer. New York: Semiotext/e, 1993.

Blackmon, Douglas A. *Slavery by Another Name: The Re-Enslavement of Black Americans from the Civil*

War to World War II. New York: Random House, 2008.

Blum, Edward J. *W. E. B. Du Bois: American Prophet*. Philadelphia: University of Pennsylvania Press, 2007.

Bontemps, Arna. *Free At Last: The Life of Frederick Douglass*. New York: Dodd, Mead, 1971.

Bourdieu, Pierre. *In Other Words: Essays Towards a Reflexive Sociology*. Translated by Matthew Adamson. Cambridge, UK: Polity, 1994.

______. *Pascalian Meditations*. Translated by Richard Nice. Stanford, CA: Stanford University Press, 2000.（ブルデュー『パスカル的省察』加藤晴久訳、藤原書店、2009 年）

Boyd, Herb, Ron Daniels, Maulana Karenga, and Haki R. Madhubuti, ed. *By Any Means Necessary: Malcolm X: Real, Not Reinvented; Critical Conversations on Manning Marable's Biography of Malcolm X*. Chicago: Third World Press, 2012.

Bradley, Stefan. "The First and Finest: The Founders of Alpha Phi Alpha Fraternity." In *Black Greek-Letter Organizations in the Twenty-First Century*, edited by Gregory S. Parks, 19–39. Lexington: University Press of Kentucky, 2008.

Branch, Taylor. *Parting the Waters: America in the King Years 1954–63*. New York: Simon & Schuster, 1988.

Brown, H. Rap. *Die Nigger Die! A Political Autobiography*. 1969. Chicago: Lawrence Hill Books, 2002.（ラップ・ブラウン『ニガーよ死ね！——政治的自伝』鈴木主税訳、合同出版、1970 年）

Brown, Robert McAfee, Abraham J. Heschel, and Michael Novak. *Vietnam: Crisis of Conscience*. New York: Association Press, 1967.

Buell, Lawrence. *Emerson*. Cambridge, MA: Belknap Press of Harvard University Press, 2003.

Buschendorf, Christa. *"The Highpriest of Pessimism": Zur Rezeption Schopenhauers in den USA*. Heidelberg: Winter Verlag, 2008.

______. "'Properly speaking there are in the world no such men as self-made men': Frederick Douglass's Exceptional Position in the Field of Slavery." In *Intellectual Authority and Literary Culture in the US, 1790–1900*, edited by Günter Leypoldt, 159–84. Heidelberg: Winter Verlag, 2013.

______. "The Shaping of We-Group Identities in the African American Community: A Perspective of Figurational Sociology on the Cultural Imaginary." In *The Imaginary and Its Worlds: American Studies after the Transnational Turn*, edited by Laura Bieger, Ramón Saldívar, and Johannes Voelz, 84–106. Hanover, NH: Dartmouth College Press/University Press of New England, 2013.

Byron, George Gordon. *The Works of Lord Byron*. New York: Blake, 1840.

Carby, Hazel. *Reconstructing Black Womanhood*. New York: Oxford University Press, 1987.

Carlyle, Thomas. "Occasional Discourse on the Nigger Question." 1849. In *Collected Works*. Vol. 11, *Critical and Miscellaneous Essays: Collected and Republished in Six Volumes*, vol. VI. London: Chapman and Hall, 1870.

Carmichael, Stokely. *Stokely Speaks: From Black Power to Pan-Africanism*. 1971. Chicago: Chicago Review Press, 2007.

______. "What We Want." *New York Review of Books*, September 1966.

Carmichael, Stokely, and Charles V. Hamilton. *Black Power: The Politics of Liberation in America*. New York: Random House, 1967.

Chester, Michael A. *Divine Pathos and Human Being: The Theology of Abraham Joshua Heschel*. London: Mitchell, 2005.

Clarke, John Henrik, et al., ed. *Black Titan: W. E. B. Du Bois*. Boston: Beacon Press, 1970.

Clausewitz, Carl von. *On War*. Edited by Michael Howard and Peter Peret. Princeton, NJ: Princeton University Press, 1984.（クラウゼヴィッツ『戦争論（上中下）』篠田英雄訳、岩波文庫、1968 年）

Colbert, Soyica Diggs. *The African American Theatrical Body: Reception, Performance, and the Stage*. New York: Cambridge University Press, 2011.

Coles, Romand. "'To Make This Tradition Articulate': Practiced Receptivity Matters, Or Heading West of West with Cornel West and Ella Baker." In *Christianity, Democracy, and the Radical Ordinary: Conversations Between a Radical Democrat and a Christian*, edited by Stanley Hauerwas and Romand Coles, 45–86. Cambridge, UK: Lutterworth Press, 2008.

Cone, James H. *Black Theology and Black Power*. 1969. Maryknoll, NY: Orbis Books, 1997.（ジェイムズ・H・コーン『イエスと黒人革命』大隅啓三訳、新教出版社、1971 年）

______. *A Black Theology of Liberation*. 1970. Maryknoll, NY: Orbis Books, 1990.（ジェイムズ・H・コーン『解放の神学——黒人神学の展開』梶原寿訳、新教出版社、1973 年）

______. "'Let Suffering Speak': The Vocation of a Black Intellectual." In *Cornel West: A Critical Reader*, edited by George Yancy, 105–14. Malden, MA: Blackwell, 2001.

______. *Martin & Malcolm & America: A Dream or a Nightmare?* Maryknoll, NY: Orbis Books, 1991.（ジェイムズ・H・コーン『夢か悪夢か？ キング牧師とマルコムX』梶原寿訳、日本基督教団出版局、1996 年）

______. *The Spirituals and the Blues*. 1972. Maryknoll, NY: Orbis Books, 1991.（ジェイムズ・H・コーン『黒人霊歌とブルース——アメリカ黒人の信仰と神学』梶原寿訳、新教出版社、1983 年）

Cruse, Harold. *Rebellion or Revolution?* New York: Morrow, 1968.

Darby, Henry E., and Margaret N. Rowley. "King on Vietnam and Beyond." *Phylon* 47, no. 1 (1986): 43–50.

Darrow, Clarence. *Attorney for the Damned: Clarence Darrow in the Courtroom* (1957). Edited and annotated by Arthur Weinberg. Chicago: University of Chicago Press, 2012.

______. *Infidels and Heretics: An Agnostic's Anthology*. With Wallace Rice. 1928. New York: Gordon Press, 1975.

______. *In the Clutches of the Law: Clarence Darrow's Letters*. Edited by Randall Tietjen. Berkeley: University of California Press, 2013.

______. *The Story of My Life*. 1932. New York: Da Capo Press, 1996. Daughtry, Herbert. *No Monopoly on Suffering*. Trenton, NJ: Africa World Press, 1997.

Davis, Angela Y. *An Autobiography*. New York: Random House, 1974.（アンジェラ・デービス『アンジェラ・デービス自伝』加地永都子訳、現代評論社、1977 年）

______. "Black Women and the Club Movement." In *Women, Race & Class*. New York: Vintage, 1983.

______. *The Meaning of Freedom*. San Francisco: City Lights Books, 2012.

______. "Meditations on the Legacy of Malcolm X." In *Malcolm X in Our Own Image*, edited by Joe Wood, 36–47. New York: St. Martin's Press, 1992.

Davis, Angela Y., et al., ed. *If They Come in the Morning: Voices of Resistance*. New York: Third Press, 1971.（アンジェラ・デービス『もし奴らが朝にきたら——黒人政治犯・闘いの声』袖井林二郎訳、現代評論社、1972 年）

Diedrich, Maria. *Love Across the Color Lines: Ottilie Assing and Frederick Douglass*. New York: Hill and Wang, 1999.

Douglass, Frederick. *Autobiographies*. Edited by Henry Louis Gates Jr. New York: Library of America, 1994.

______. *Frederick Douglass: Selected Speeches and Writings*. Edited by Philip S. Foner. Chicago: Lawrence Hill Books, 1999.

______. *The Frederick Douglass Papers*. Series 1. Edited by John W. Blassingame and John R. McKivigan. New Haven, CT: Yale University Press, 1992.

______. "Lynch Law in the South." *North American Review* (July 1892): 17–24.

Du Bois, Shirley Graham. *His Day Is Marching On: A Memoir of W. E. B. Du Bois*. New York: Lippincott, 1971.

Du Bois, W. E. B. *Autobiography of W. E. B. Du Bois: A Soliloquy on Viewing My Life from the Last Decade*

*of Its First Century*. New York: International Publishers, 1968.

______. *Black Reconstruction in America: An Essay Toward a History of the Part Which Black Folk Played in the Attempt to Reconstruct Democracy in America, 1860–1880*. New York: Harcourt, Brace, 1935.

______. *The Correspondence of W. E. B. Du Bois*. Edited by Herbert Aptheker. Amherst: University of Massachusetts Press, 1954.

______. "Criteria of Negro Art." *Crisis* 32 (October 1926): 290–97.

______. *Darkwater: Voices from Within the Veil*. 1920. New York: Washington Square Press, 2004.

______. *Dusk of Dawn: An Essay Towards an Autobiography of a Race Concept*. 1940. Oxford, UK: Oxford University Press, 2007.

______. *The Negro*. New York: Holt, 1915.

______. *The Oxford W. E. B. Du Bois*. Edited by Henry Louis Gates Jr. Oxford, UK: Oxford University Press, 2007.

______. *The Philadelphia Negro: A Social Study*. Boston: Ginn, 1899.

______. "The Revelation of Saint Orgne, the Damned." Commencement speech, 1938, Fisk University. Reprinted in *W. E. B. Du Bois Speaks: Speeches and Addresses, 1920-1963*, ed. Philip S. Foner, 100–23. New York: Pathfinder, 1970.

______. *The Souls of Black Folk*. 1903. New York: Modern Library, 2003.（W・E・B・デュボイス『黒人のたましい』木島始ほか訳、岩波文庫、1992 年）

______. *W. E. B. Du Bois Speaks: Speeches and Addresses, 1920–1963*. Edited by Philip S. Foner. New York: Pathfinder, 1970.

______. *The World and Africa: An Inquiry into the Part Which Africa Has Played in World History*. 1946. Oxford, UK: Oxford University Press, 2007.

Dunbar, Paul Laurence. *The Collected Poetry*. Edited by Joanne M. Braxton. Charlottesville: University Press of Virginia, 1993.

Edwards, Erica E. *Charisma and the Fictions of Black Leadership*. Minneapolis: University of Minnesota Press, 2012.

Fairclough, Adam. "Was Martin Luther King a Marxist?" *History Workshop Journal* 15 (Spring 1983): 117–25.

Fanon, Frantz. *The Wretched of the Earth*. French original, 1961. Translated by Constance Farrington. Preface by Jean-Paul Sartre. New York: Grove Press, 1963. Richard Philcox translation, New York: Grove Press, 2004.（フランツ・ファノン『地に呪われたる者（新装版）』鈴木道彦・浦野衣子訳、みすず書房、2015 年）

Feuerbach, Ludwig Andreas. *The Essence of Christianity*. 1841. Translated from the second German edition by Marian Evans. London: Chapman, 1854; New York: Blanchard, 1855.（フォイエルバッハ『キリスト教の本質』舩山進一訳、岩波文庫、1965 年）

Fisch, Audrey, ed. *The Cambridge Companion to the African American Slave Narrative*. Cambridge, UK: Cambridge University Press, 2007.

Fleischman, Harry. *Norman Thomas: A Biography: 1884–1968*. New York: W. W. Norton, 1969.

Foner, Philip S. *The Life and Writings of Frederick Douglass*. Vol. 1, *Early Years, 1817–1849*. New York: International Publishers, 1950.

Foner, Philip S., ed. *Jack London: American Rebel: A Collection of His Social Writings Together with an Extensive Study of the Man and His Times*. New York: Citadel, 1947.

Frazier, E. Franklin. *Black Bourgeoisie*. Glencoe, IL: Free Press, 1957.（E・F・フレイジア『ブラック・ブルジョアジー――新興中産階級の勃興』太田憲男訳、未來社、1977 年）

Freed, Donald. *Agony in New Haven: The Trial of Bobby Seale and Ericka Huggins and the Black Panther*

*Party*. New York: Simon & Schuster, 1973.

Friedly, Michael, and David Gallen. *Martin Luther King, Jr.: The FBI File*. New York: Carroll & Graf, 1993.

Gaines, Kevin. *Uplifting the Race: Black Leadership, Politics, and Culture During the Twentieth Century*. Charlotte: University of North Carolina Press, 1996.

Garrow, David J. *Bearing the Cross: Martin Luther King, Jr., and the Southern Christian Leadership Conference*. New York: Vintage, 1988.

Gates, Henry Louis, Jr., and Cornel West. *The Future of the Race*. New York: Vintage, 1997.

Georgakas, Dan, and Marvin Surkin. *Detroit, I Do Mind Dying: A Study in Urban Revolution*. New York: St. Martin' s Press, 1975.

Geschwender, James A. *Class, Race and Worker Insurgency: The League of Revolutionary Black Workers*. New York: Cambridge University Press, 1977.

Giddings, Paula J. *Ida: A Sword Among Lions; Ida B. Wells and the Campaign Against Lynching*. New York: Harper Collins, 2009.

Goldman, Peter. *The Death and Life of Malcolm X*. 1973. Urbana: University of Illinois Press, 2013.

Gore, Dayo F. "From Communist Politics to Black Power: The Visionary Politics and Transnational Solidarities of Victoria (Vicki) Ama Garvin." In *Want to Start a Revolution?*, edited by Dayo F. Gore et al., 71–94.

______. *Radicalism at the Crossroads: African American Women Activists in the Cold War*. New York: New York University Press, 2011.

Gore, Dayo F., Jeanne Theoharis, and Komozi Woodard, ed. *Want to Start a Revolution? Radical Women in the Black Freedom Struggle*. New York: New York University Press, 2009.

Gramsci, Antonio. *Selections from the Prison Notebooks*. Translated and edited by Quintin Hoare and Geoffrey Nowell Smith. New York: International Publishers, 1971.

Grant, Joanne. *Ella Baker: Freedom Bound*. New York: John Wiley, 1998.

Gregory, Raymond F. *Norman Thomas: The Great Dissenter*. New York: Algora, 2008.

Hamer, Fannie Lou. *The Speeches of Fannie Lou Hamer: To Tell It Like It Is*. Edited by Maegan Parker Brooks and Davis W. Houck. Jackson: University Press of Mississippi, 2011.

Hamington, Maurice. "Public Pragmatism: Jane Addams and Ida B. Wells on Lynching." *Journal of Speculative Philosophy* 19, no. 2 (2005): 167–74.

Harding, Vincent. *Martin Luther King: The Inconvenient Hero*. Maryknoll, NY: Orbis Books, 2008.

Haywood, Harry. *Black Bolshevik: Autobiography of an Afro-American Communist*. Chicago: Liberator Press, 1978.

Higginbotham, Evelyn. *Righteous Discontent: The Women's Movement in the Black Baptist Church, 1880–1920*. Cambridge, MA: Harvard University Press, 1993.

Hilliard, David, ed. *The Black Panther Party: Service to the People Programs*. Albuquerque: University of New Mexico Press, 2008.

Hirschfelder, Nicole. "Oppression as Process: A Figurational Analysis of the Case of Bayard Rustin." PhD dissertation, University of Tübingen, 2012.

Holt, Thomas C. "The Lonely Warrior: Ida B. Wells-Barnett and the Struggle for Black Leadership." In *Black Leaders of the 20th Century*, edited by John Hope Franklin and August Meier. Urbana: University of Illinois Press, 1982.

hooks, bell, and Cornel West. *Breaking Bread: Insurgent Black Intellectual Life*. Boston: South End Press, 1991. Horne, Gerald. *Black and Red: W. E. B. Du Bois and the Afro-American Response to the Cold War, 1944–1963*. Albany: State University of New York Press, 1986.

Horne, Gerald, and Margaret Stevens. "Shirley Graham Du Bois: Portrait of the Black Woman Artist as a Revolutionary." In *Want to Start a Revolution?*, edited by Dayo F. Gore et al., 95–114.

Howard, Michael, and Peter Paret, ed. *On War.* Princeton, NJ: Princeton University Press, 1984.

Huggins, Ericka, and Angela D. LeBlanc-Ernest. "Revolutionary Women, Revolutionary Education: The Black Panther Party's Oakland Community School." In *Want to Start a Revolution?*, edited by Dayo F. Gore et al., 161–84.

Ingersoll, Robert Green. *Walt Whitman. An Address*. New York: The Truth Seeker, 1890.

______. *The Works of Robert G. Ingersoll*. New York: C. P. Farrell, 1900.

Jacoby, Susan. *The Great Agnostic: Robert Ingersoll and American Freethought*. New Haven, CT: Yale University Press, 2013.

Johnson, James Weldon. *Along This Way: The Autobiography of James Weldon Johnson*. New York: Viking, 1933.

______. *The Autobiography of an Ex-Colored Man*. New York: Alfred A. Knopf, 1927.

Kazantzakis, Nikos. *Russia: A Chronicle of Three Journeys in the Aftermath of the Revolution*. Translated by Michael Antonakes and Thanasis Maskaleris. Berkeley, CA: Creative Arts, 1989.

______. *The Selected Letters of Nikos Kazantzakis*. Edited by Peter Bien. Princeton, NJ: Princeton University Press, 2012.

Kelley, Robin D. G., and Betsy Esch. "Black Like Mao: Red China and Black Revolution." *Souls* 1, no. 4 (September 1999): 6–41.

King, Coretta Scott. *My Life with Martin Luther King, Jr.* London: Hodder and Stoughton, 1970.

King, Martin Luther, Jr. *The Autobiography of Martin Luther King, Jr*. Edited by Clayborne Carson. New York: Warner, 1998.（クレイボーン・カーソン編『マーティン・ルーサー・キング自伝』梶原寿訳、日本基督教団出版局、2001 年）

______. *I Have a Dream: Writings and Speeches that Changed the World*. Edited by James M. Washington. New York: Harper, 1992.

______. *A Testament of Hope: The Essential Writings and Speeches of Martin Luther King, Jr.* Edited by James M. Washington. San Francisco: HarperCollins, 1991.

______. *Where Do We Go From Here: Chaos or Community?* 1967. Boston: Beacon Press, 2010.（マーティン・ルーサー・キング『黒人の進む道――世界は一つの屋根のもとに』猿谷要訳、明石書店、1999 年）

Lerner, Michael, and Cornel West. *Jews and Blacks: A Dialogue on Race, Religion, and Culture in America*. New York: Penguin, 1996.

Levine, Robert S. *Dislocating Race and Nation: Episodes in Nineteenth-Century Literary Nationalism*. Chapel Hill: University of North Carolina Press, 2008.

Levine, Robert S., and Samuel Otter, eds. *Frederick Douglass and Herman Melville: Essays in Relation*. Chapel Hill: University of North Carolina Press, 2008.

Lind, Michael. *The Next American Nation: The New Nationalism and the Fourth American Revolution*. New York: Free Press, 1995.

Litwack, Leon F. *Trouble in Mind: Black Southerners in the Age of Jim Crow*. New York: Knopf, 1998.

Lohmann, Christoph, ed. *Radical Passion: Ottilie Assing's Reports from America and Letters to Frederick Douglass*. Translated by Christoph Lohmann. New York: Peter Lang, 1999.

London, Jack. *Jack London: American Rebel; a Collection of His Social Writings Together with an Extensive Study of the Man and His Times*, 517–24. Edited by Philip S. Foner. New York: Citadel, 1947.

Macey, David. *Frantz Fanon: A Biography* (2000). London: Verso, 2012.

Madhubuti, Haki R. *Liberation Narratives: New and Collected Poems, 1966–2009*. Chicago: Third World Press, 2009.

Marable, Manning. *Malcolm X: A Life of Reinvention*. New York: Viking, 2011.

______. "Rediscovering Malcolm's Life: A Historian's Adventure in Living History," *Souls* 7, no. 1 (2005): 20–35.

Marable, Manning, and Garrett Felber, ed. *The Portable Malcolm X Reader*. New York: Penguin, 2013.

McClory, Robert. *Radical Disciple: Father Pfleger, St. Sabina Church, and the Fight for Social Justice*. Chicago: Chicago Review Press, 2010.

Melville, Herman. *Moby-Dick; or The Whale*. 1851. Evanston: Northwestern University Press/Newberry Library, 1988.（ハーマン・メルヴィル『白鯨』、阿部知二訳、岩波文庫、1957 年）

Moore, Howard, Jr. "Angela: Symbol in Resistance." In *If They Come in the Morning: Voices of Resistance*, edited by Angela Davis et al., 191–92.

Mossman, James. "Race, Hate, Sex, and Colour: A Conversation with James Baldwin and Colin MacInnes." 1965. In *Conversations with James Baldwin*, edited by Fred L. Standley and Louis H. Pratt, 46–58. Jackson: University Press of Mississippi, 1989.

Newton, Huey P. *Revolutionary Suicide*. With J. Herman Blake. New York: Penguin, 2009.

O'Connor, Emmet. "James Larkin in the United States, 1914–1923." *Journal of Contemporary History* 37, no. 2 (2002): 183–96.

Pannekoek, Anton. *Workers' Councils*. 1946. Edinburgh: AK, 2003.

Petie, William L., and Douglas E. Stover, ed. *Bibliography of the Frederick Douglass Library at Cedar Hill*. Fort Washington, MD: Silesia, 1995.

Rabaka, Reiland. *Against Epistemic Apartheid: W. E. B. Du Bois and the Disciplinary Decadence of Sociology*. Boulder, CO: Lexington Books, 2010.

Rabaka, Reiland, ed. *W. E. B. Du Bois*. Farnham, UK: Ashgate, 2010.

Ransby, Barbara. *Ella Baker and the Black Freedom Movement: A Radical Democratic Vision*. Chapel Hill: University of North Carolina Press, 2003.

Raper, Arthur. *The Tragedy of Lynching*. Chapel Hill: University of North Carolina Press, 1933.

Rowan, Carl T. "Martin Luther King's Tragic Decision." *Reader's Digest*, September 1967.

Ruskin, John. *The Crown of Wild Olive*. New York, n.d. [1866].（ジョン・ラスキン『野にさく橄欖の冠』御木本隆三訳、東京ラスキン協会、1931 年）

Saint-Arnaud, Pierre. *African American Pioneers of Sociology: A Critical History*. French original, 2003. Translated by Peter Feldstein. Toronto: University of Toronto Press, 2009.

Sanchez, Sonia. *Conversations with Sonia Sanchez*. Edited by Joyce A. Joyce. Jackson: University Press of Mississippi, 2007.

______. *Home Coming*. Detroit: Broadside Press, 1969.

______. *Wounded in the House of a Friend*. Boston: Beacon Press, 1995. Schechter, Patricia A. "'All the Intensity of My Nature': Ida B. Wells, Anger and Politics." *Radical History Review* 70 (1998): 48–77.

Seale, Bobby. *A Lonely Rage: The Autobiography of Bobby Seale*. New York: Times Books, 1978.

______. *Seize the Time: The Story of the Black Panther Party and Huey P. Newton*. New York: Random House, 1970.

Shakur, Assata. *Assata: An Autobiography*. 1987. Chicago: Lawrence Hill Books, 1999.

Sharlet, Jeff. "The Supreme Love and Revolutionary Funk of Dr. Cornel West, Philosopher of the Blues." *Rolling Stone*, May 28, 2009.

Smiley, Tavis, and Cornel West. *The Rich and the Rest of Us: A Poverty Manifesto*. New York: Smiley Books, 2012.

Smith, J. Alfred, Sr. *On the Jericho Road: A Memoir of Racial Justice, Social Action, and Prophetic Ministry*. With Harry Louis Williams II. Downers Grove, IL: InterVarsity Press, 2004.

Spanos, William V. *The Errant Art of Moby-Dick: The Canon, the Cold War, and the Struggle for American*

*Studies*. Durham, NC: Duke University Press, 1995.

______. *The Exceptionalist State and the State of Exception: Herman Melville's* Billy Budd, Sailor. Baltimore: Johns Hopkins University Press, 2011.

______. *Herman Melville and the American Calling: Fiction After Moby-Dick, 1851–1857*. Albany: State University of New York Press, 2008.

Stanfield, John H. "King, Martin Luther (1929–1968)." In *Blackwell Encyclopedia of Sociology*, edited by George Ritzer. Oxford, UK: Blackwell, 2007.

Stauffer, John. "Frederick Douglass's Self-Fashioning and the Making of a Representative American Man." In *The Cambridge Companion to the African American Slave Narrative*, edited by Audrey A. Fisch, 201–17. Cambridge, UK: Cambridge University Press, 2007.

______. *Giants: The Parallel Lives of Frederick Douglass and Abraham Lincoln*. New York: Twelve, 2008.

Stout, Jeffrey. *Blessed Are the Organized: Grassroots Democracy in America*. Princeton, NJ: Princeton University Press, 2010.

Thomas, Norman. *Human Exploitation in the United States*. New York: Frederick A. Stokes, 1934.

Tyson, Timothy B. *Radio Free Dixie: Robert F. Williams and the Roots of Black Power.* Chapel Hill: University of North Carolina Press, 1999.

Wacquant, Loïc. *Punishing the Poor: The Neoliberal Government of Social Insecurity.* Durham, NC: Duke University Press, 2009.

Washington, James Melvin. *Frustrated Fellowship: The Baptist Quest for Social Power.* Macon, GA: Mercer, 1986.

Weld, Theodore Dwight, ed. *American Slavery As It Is: Testimony of a Thousand Witnesses*. New York: American Anti-Slavery Society, 1839.

Wells-Barnett, Ida B. *Crusade for Justice*: *The Autobiography of Ida B. Wells*. Edited by Alfreda M. Duster. Chicago: Chicago University Press, 1970.

______. *The Memphis Diary of Ida B. Wells*. Edited by Miriam DeCosta-Willis. Boston: Beacon Press, 1995.

______. *A Red Record: Tabulated Statistics and Alleged Causes of Lynchings in the United States, 1892–1893–1894*. Chicago: Privately published, 1895. Reprinted in *Selected Works of Ida B. Wells-Barnett*, compiled by Trudier Harris, 138–252. New York: Oxford University Press, 1991.

______. *Selected Works of Ida B. Wells-Barnett*. Compiled by Trudier Harris. New York: Oxford University Press, 1991.

______. *Southern Horrors: Lynch Law in All Its Phases*. New York: New York Age Print, 1892. Reprinted in *Selected Works of Ida B. Wells-Barnett*, compiled by Trudier Harris, 14–45. New York: Oxford University Press, 1991.

West, Cornel. *The American Evasion of Philosophy: A Genealogy of Pragmatism*. Madison: University of Wisconsin Press, 1989.（コーネル・ウェスト『哲学を回避するアメリカ知識人――プラグマティズムの系譜』村山淳彦・堀智弘・権田建二訳、未來社、2014 年）]

______. "Black Strivings in a Twilight Civilization." In *The Future of the Race*, edited by Henry Louis Gates Jr. and Cornel West, 53–112, 180–96. New York: Vintage, 1997.

______. "Black Theology and Human Identity." In *Black Faith and Public Talk: Critical Essays on James H. Cone's* Black Theology and Black Power, edited by Dwight N. Hopkins, 11–19. Maryknoll, NY: Orbis Books, 1999.

______. *Brother West: Living and Loving Out Loud*. With David Ritz. Carlsbad, CA: Smiley Books, 2009.

______. *The Cornel West Reader.* New York: Civitas, 1999.

______. *Democracy Matters: Winning the Fight Against Imperialism*. New York: Penguin Press, 2004.（同『民主主義の問題――帝国主義との闘いに勝つこと』越智博美・松井優子・三浦玲一訳、法政大

学出版局、2014 年）
______. *The Ethical Dimensions of Marxist Thought*. New York: Monthly Review, 1991.
______. *Keeping Faith: Philosophy and Race in America*. New York: Routledge, 1993.
______. "On the Legacy of Dorothy Day." *Catholic Agitator* 44, no. 1 (February 2014): 1–3, 6.
______. *Prophesy Deliverance! An Afro-American Revolutionary Christianity*. 1982. Anniversary ed. with a new preface by the author. Louisville, KY: Westminster John Knox Press, 2002.
______. *Prophetic Fragments: Illuminations of the Crisis in American Religion and Culture*. 1988. Grand Rapids, MI: Eerdmans Publishing, 1993.
______. *Prophetic Thought in Postmodern Times*. Vol. 1, *Beyond Eurocentrism and Multiculturalism*. Monroe, ME: Common Courage Press, 1993.
______. *Race Matters*. New York: Vintage, 1994.（同『人種の問題――アメリカ民主主義の危機と再生』山下慶親訳、新教出版社、2008 年）
______. "Why I Am Marching in Washington." In *Million Man March/Day of Absence: A Commemorative Anthology*, edited by Haki R. Madhubuti and Maulana Karenga, 37–38. Chicago: Third World Press, 1996.
West, Cornel, and Eddie Glaude Jr., ed. *African American Religious Thought*. Louisville, KY: Westminster John Knox Press, 2003.
Wiley, Anthony Terrance. "Angelic Troublemakers: Religion and Anarchism in Henry David Thoreau, Dorothy Day, and Bayard Rustin." PhD dissertation, Princeton University, 2011.
Wilkerson, Isabel. *The Warmth of Other Suns: The Epic Story of America's Great Migration*. New York: Random House, 2010.
Williams, Raymond. *The Long Revolution*. London: Chatto, 1961.（レイモンド・ウィリアムズ『長い革命』若松繁信・妹尾剛光・長谷川光昭訳、ミネルヴァ書房、1983 年）
Williams, Robert F. *Negroes With Guns*. New York: Marzani and Munsell, 1962.
Willie, Charles V. "Walter R. Chivers: An Advocate of Situation Sociology." *Phylon* 43, no. 3 (1982): 242–48.
Wolin, Sheldon S. "Fugitive Democracy." *Constellations* 1, no. 1 (1994): 11–25.
Wortham, Robert. "Du Bois and the Sociology of Religion: Rediscovering a Founding Figure." *Sociological Inquiry* 75, no. 4 (2005): 433–52.
______. "W. E. B. Du Bois, the Black Church, and the Sociological Study of Religion." *Sociological Spectrum* 29, no. 2 (2009): 144–72.
Wortham, Robert, ed. *W. E. B. Du Bois and the Sociological Imagination: A Reader, 1897–1914*. Waco, TX: Baylor University Press, 2009.
Wright, Richard. *Black Power: A Record of Reactions in a Land of Pathos*. New York: Harper, 1954.
X, Malcolm. *The Autobiography of Malcolm X*. With the assistance of Alex Haley. New York: Ballantine Books, 1992.（マルコム X『完訳マルコム X 自伝』浜本武雄訳、中公文庫、2002 年）
______. *By Any Means Necessary: Speeches, Interviews, and a Letter by Malcolm X*. Edited by George Breitman. New York: Pathfinder, 1970.（ジョージ・ブレイトマン編『いかなる手段をとろうとも』長田衛訳、現代書館、1971 年）
______. *Malcolm X Speaks: Selected Speeches and Statements*. Edited by George Breitman. New York: Pathfinder, 1990.（ジョージ・ブレイトマン編『マルコム X・スピークス』長田衛訳、第三書館、1993 年）
Yancy, George, ed. *Cornel West: A Critical Reader*. Malden, MA: Blackwell, 2001.
Zinn, Howard. *Howard Zinn on Race*. New York: Seven Stories Press, 2011.
Zuckerman, Phil, ed. *The Social Theory of W. E. B. Du Bois*. Thousand Oaks, CA: Sage, 2004.